"十三五"国家重点出版物出版规划项目
智慧物流：现代物流与供应链管理丛书
普通高等教育物流类专业系列教材

物流信息管理

第2版

林自葵　刘建生　编著

机械工业出版社

本书对应的课程——"物流信息管理"或"物流信息系统"是物流、供应链管理类专业的一门必修课程。本书按照循序渐进的知识结构，首先介绍物流信息管理的基本概念、管理过程与方法等基础理论；其次介绍物流信息技术、物流信息系统等技术方面的内容；然后讨论不同物流系统、不同物流职能、不同管理层次对物流信息的需求，并介绍物流信息管理系统的分析、设计与实施的过程、方法与技术及应用案例；最后从应用的角度介绍物流信息管理系统项目管理及物流信息管理新的应用技术。本书在上一版教材的基础上，吸收了大数据、物联网、区块链、云计算等新成果，在保证学科系统性的基础上与时俱进，把理论与实践紧密地结合起来。

本书可作为高等院校经济管理类专业的本科生和研究生的教材或参考书，也可作为相关领域的科技工作者和从业人员的参考书。

图书在版编目（CIP）数据

物流信息管理/林自葵，刘建生编著 . —2版 . —北京：机械工业出版社，2021.3（2024.1重印）

（智慧物流：现代物流与供应链管理丛书）

普通高等教育物流类专业系列教材 "十三五"国家重点出版物出版规划项目

ISBN 978-7-111-67633-1

Ⅰ.①物⋯ Ⅱ.①林⋯②刘⋯ Ⅲ.①物流－信息管理－高等职业教育－教材 Ⅳ.① F253.9

中国版本图书馆 CIP 数据核字（2021）第 036171 号

机械工业出版社（北京市百万庄大街22号 邮政编码 100037）

策划编辑：易　敏　　责任编辑：易　敏
责任校对：王　欣　　封面设计：张　静
责任印制：刘　媛

涿州市般润文化传播有限公司印刷

2024年1月第2版第4次印刷

184mm×260mm・15印张・359千字

标准书号：ISBN 978-7-111-67633-1

定价：48.00元

电话服务　　　　　　　　网络服务
客服电话：010-88361066　机　工　官　网：www.cmpbook.com
　　　　　010-88379833　机　工　官　博：weibo.com/cmp1952
　　　　　010-68326294　金　书　网：www.golden-book.com
封底无防伪标均为盗版　机工教育服务网：www.cmpedu.com

前　言

现代物流业属于生产性服务业,是国家重点鼓励发展的行业。现代物流业作为国民经济的基础产业,融合了运输业、仓储业和信息业等多个产业,可以推动许多产业结构调整升级,其发展水平成为衡量综合国力的重要标志之一。

物流信息管理运用现代信息技术,分析、控制物流信息,以管理和控制物流、商流和资金流,提高物流运作的自动化程度和物流决策的水平,达到合理配置物流资源、降低物流成本、提高物流服务水平的目的。物流信息化管理是现代物流发展的关键,更是主要的发展趋势。

有的同类教材受传统学科影响较深,没有跳出传统的教学模式框架,未体现物流信息管理综合性与应用性的特点,过于强调理论或技术体系。本书为实现培养下一代复合型人才的目标,从物流信息管理的基本概念切入,介绍了物流信息管理过程与方法,强调了物流信息管理系统的特点,结合物流管理的需求,分析了物流信息需求。教学过程可以围绕具体的物流系统进行物流信息管理系统分析、设计及实施的实训,加强实践教学,以学生为主体开展教学活动,实行"教、学、做"一体化的互动式教学,激发学生的学习兴趣和积极性。

本书的编写吸取了近年来物流信息领域的新知识,系统、全面地展现了与物流信息管理相关的概念、技术,以及设计开发和系统应用知识。本书遵循基本概念、原理与方法、支撑技术、综合应用、技术发展的逻辑展开,讲述通俗易懂,可供教学使用和相关领域的科技工作者和各类企业相关人员学习参考。

本书由北京交通大学林自葵、刘建生编著,北京交通大学研究生梁敏杰、王乾、杨潇潇、张庆莹、靳宸、李晶晶、白冰轮、陈宇丹、王绍庆等做了大量协助工作。本书在编写过程中参考了国内外大量有关物流信息技术与管理信息系统方面的文献资料,在此向有关作者表示感谢。

由于编写时间紧、编写人员水平有限,书中难免存在不妥之处,恳请读者指正。

编　者

目 录

前言

第1章 物流信息管理的基本概念 ... 1
1.1 物流概述 ... 1
1.2 信息与信息管理 ... 5
1.3 物流信息与物流管理 ... 13
1.4 物流信息管理概述 ... 16
思考题 ... 19

第2章 物流信息的管理过程与方法 ... 20
2.1 物流信息采集 ... 20
2.2 物流信息组织 ... 24
2.3 物流信息存储 ... 29
2.4 物流信息检索 ... 32
2.5 物流信息应用 ... 34
2.6 物流信息反馈 ... 37
思考题 ... 38

第3章 物流信息技术 ... 39
3.1 数据采集技术 ... 39
3.2 信息储存技术 ... 51
3.3 EDI 技术 ... 60
3.4 跟踪与控制技术 ... 63
思考题 ... 68

第4章 物流信息系统 ... 69
4.1 物流信息系统概述 ... 69
4.2 物流信息系统的组成与功能 ... 73
4.3 面向第三方物流企业的物流管理信息系统 ... 78
4.4 面向供应链的物流管理信息系统 ... 81
思考题 ... 87

第5章 物流信息系统的信息需求 ... 88
5.1 物流信息需求概述 ... 88
5.2 物流作业层信息需求 ... 91

5.3 物流管理层信息需求 ··· 100
5.4 物流决策层信息需求 ··· 112
思考题 ··· 117

第6章 物流信息系统分析与设计 ··· 118
6.1 信息系统分析与设计概述 ··· 118
6.2 系统调查与分析 ··· 121
6.3 系统设计 ··· 132
6.4 系统分析设计文档 ··· 147
思考题 ··· 149

第7章 物流信息系统实施与运行维护 ··· 150
7.1 物流信息系统实施概述 ··· 150
7.2 物流信息系统程序设计 ··· 151
7.3 物流信息系统的测试与调试 ··· 154
7.4 物流信息系统交付与维护 ··· 159
思考题 ··· 165

第8章 物流信息系统应用 ·· 166
8.1 仓储管理信息系统 ··· 166
8.2 运输管理信息系统 ··· 174
8.3 供应商管理信息系统 ··· 183
8.4 客户管理信息系统 ··· 187
思考题 ··· 190

第9章 物流信息系统项目管理 ·· 191
9.1 物流信息系统项目概述 ··· 191
9.2 物流信息系统项目立项管理 ··· 193
9.3 物流信息系统项目规划管理 ··· 199
9.4 物流信息系统项目执行与监控管理 ·· 202
9.5 物流信息系统项目验收与评价 ·· 208
思考题 ··· 212

第10章 物流信息管理新技术 ·· 213
10.1 大数据技术 ·· 213
10.2 云计算技术 ·· 218
10.3 物联网技术 ·· 222
10.4 区块链技术 ·· 229
思考题 ··· 232

参考文献 ·· 233

第 1 章
物流信息管理的基本概念

学习目标

1. 了解物流和物流信息的概念，以及信息管理对物流的影响；
2. 理解物流信息与物流管理的关系及物流信息管理的重要性；
3. 掌握物流信息管理的定义、特点和模式。

1.1 物流概述

1.1.1 物流的概念和效用

1. 物流的概念

物流是物品从供应地向接收地的实体流动过程，是将运输、仓储、装卸、搬运、包装、流通加工、配送及信息处理等基本功能有机结合的综合服务系统。

物流的概念最早是在美国形成的，当初被称为 Physical Distribution（PD），译成汉语是"实物分配"或"货物配送"。物流的概念于 1963 年被引入日本，当时的物流被理解为"在连接生产和消费间对物资进行保管、运输、装卸、包装、加工等的功能，以及作为控制这类功能后援的信息功能，它在物资销售中起桥梁作用"。

我国是在 20 世纪 80 年代才出现"物流"这个概念的，此时的物流已被称为 Logistics，不是过去 PD 的概念了。Logistics 的原意为"后勤"，这是"二战"期间军队在运输武器、弹药和粮食等给养时使用的一个名词，是用来维持战争需要的一种后勤保障系统。后来，人们把 Logistics 一词转用于物资的流通，这时，物流就不能只单纯地考虑从生产者到消费者的货物配送问题，还要考虑从供应商到生产者的原材料的采购问题，以及生产者本身在产品制造过程中的运输、保管和信息处理等各个方面的问题，以全面、综合性地提高经济效益和效率。因此，现代物流是以满足消费者的需求为目标，把产品制造、运输、销售等市场情况统一起来予以考虑的一种战略措施。这与传统物流仅把自身看作"后勤保障系统"和"销售活动中起桥梁作用"的概念相比，在深度和广度上又有了进一步的拓展，被赋予了新的含义。

2. 物流的效用

作为一种社会经济活动，物流对社会生产和百姓生活的效用主要表现在创造时间效用和创造空间效用两个方面。

（1）物流创造时间效用。物品从供给者到需求者之间本来就有时间差，由于改变这一时间差而创造出的价值，称为时间效用。物流创造的时间效用形式有以下几种。

1）缩短时间。缩短物流时间，可获得多方面的好处，如减少物流损失、降低物流消耗、加速物的周转、节约资金等。物流周期的结束是资本周转的前提条件。这个时间越短，资本周转越快，越能表现出资本的较高增值速度。从全社会物流的总体来看，加快物流速度、缩短物流时间，是物流必须遵循的一条经济规律。

2）弥补时间差。经济社会中，需求和供给之间普遍存在着时间差。例如，粮食集中产出，但是人们每天都要消费，一年365天，天天有需求，因而供给和需求之间出现时间差。类似情况不胜枚举。

供给与需求之间存在时间差，是一种客观存在。正是因为有了这个时间差，商品才能实现最大的价值，商品生产和流通才能获得十分理想的经济效益，才能起到"平丰歉"的作用。但是商品本身是不会自动弥合这个时间差的，如果没有有效的方法，集中生产出的粮食除了当时的少量消耗外，更多的就会损坏掉、腐烂掉，而在非产出时间，人们就会找不到粮食吃。物流便是以科学的、系统的方法弥补、改变这种时间差，以实现其时间效用。

3）延长时间差。在某些具体物流活动中，也存在人为地延长物流时间来创造价值的情形。例如，秋季集中产出的粮食、棉花等农作物，通过物流的储存、储备活动，有意地延长物流的时间，以均衡人们的需求。此外，配合待机销售的囤积性营销活动的物流是一种有意地延长物流时间、增大时间差来创造价值的活动。

（2）物流创造空间效用。商品的供给者和需求者往往处于不同的空间，由于改变这种空间差距而创造出的价值称为物流的空间效用。

物流能够创造空间效用是由现代社会产业结构、社会分工所决定的。物流创造的空间效用有以下几种具体形式。

1）从集中生产地流入分散需求地。现代化大生产的特点之一，是通过集中的、大规模的生产提高生产效率，降低成本。在一个小空间内集中生产的产品可以覆盖大面积的需求地区，有时甚至可覆盖一个国家乃至若干个国家。通过物流，产品从集中生产的低价位区转移到分散于各处的高价位区，有时可以获得很高的利益。物流的空间效用也依此决定。

2）从分散生产地流入集中需求地。和上面相反的情形在现代社会中也不少见。例如，粮食是在农村分散生产出来的，而大城市的粮食需求却相对集中；一家汽车厂的零配件生产经常分布得很广，但却集中在一地装配。这就形成了分散生产和集中需求的矛盾，物流也依此取得了空间效用。

3）从低价值生产地流入高价值需求地。在现代社会中，供给与需求的空间差随处可见，十分普遍。除了受社会化大生产影响之外，有不少是由自然、地理和社会发展因素决定的。例如，农村生产粮食、蔬菜而城市集中消费，南方生产荔枝而大量销往北方各地消费，北方生产高粱而大量销往南方各地消费，等等。这些商品在遥远的地方能卖出远高于产地的价格，而复杂交错的供给与需求的空间差都是靠物流来弥合的。

在经济全球化的浪潮中，国际分工的发展和全球供应链的构筑，使商品生产和销售的一个基本选择是在成本最低的地区进行生产，通过有效的物流系统和全球供应链，在价值最高的地区销售，而信息技术和现代物流技术为此创造了条件。

1.1.2 物流的职能

物流的基本职能是指物流活动的基本能力，以及通过对物流活动中各要素的有效组合，形成的物流总体功能。一般认为，物流职能应该由包装、装卸搬运、运输、仓储、流通加工，以及与上述职能相关的信息处理等构成。也就是说，物流的任务是通过实现上述职能来完成的。

1．包装

包装具有保护物资、便利储存运输的功能。包装存在于物流过程中的各个环节，包括产品的出厂包装，生产过程中的在制品、半成品的换装，物流过程中的包装、分装、再包装等。一般来讲，包装分为工业包装和商业包装。工业包装既是生产的终点，又是外部物流的起点；其作用在于按储运单元包装，便利运输和保护物品。商业包装的目的在于吸引消费者的注意，方便消费者购买等。商业包装按销售单元包装。

2．装卸搬运

装卸搬运是指在一定的区域内，以改变物品存放状态和位置为主要内容的活动。它是伴随输送和保管而产生的物流活动，是衔接运输、保管、包装、流通加工、配送等物流活动的中间环节。在物流活动中，装卸搬运作业的频率比较高，也是产生物品损坏的重要因素之一。

3．运输

运输职能主要是实现物质资料的空间移动。社会生产专业化程度的提高，使得生产与消费在同一地点几乎不可能，运输本身就是要解决物质资料在产品生产地点和需要地点之间的空间差异，创造物流的空间效用，实现物质资料的使用价值。运输包括企业内部的运输以及城市之间、农村与城市之间、国与国之间的运输等。所以，实现物质资料的空间位移，运输是一个极为重要的环节，并在物流活动中处于中心地位，是物流的一个支柱。

4．仓储

仓储是物流的另一个极为重要的职能。一般来讲，它是通过仓库的功能来实现的。由于生产与消费各自具有独特的规律，两者在同一时间内完成是很不现实的。在生产过程中，没有一定数量的原材料、半成品的储存，生产的连续性就可能受到破坏；或者由于经济运输的需要，或者为了预防突发事件等，都需要有一定数量的物质资料的储存。所以，物质资料的储存是社会再生产过程中客观存在的现象，也是保证社会再生产连续不断进行的基本条件之一。

5．流通加工

在流通过程或生产过程中，为了向用户提供更有效益的商品，或者为了弥补加工不足，或者为了合理利用资源，更有效地衔接产需，往往需要在物流过程中进行一些辅助的加工活动，这些加工活动，被称为流通加工。流通加工的内容非常丰富，如流通过程中的装袋、单元小包装、配货、挑选、混装等，以及生产外延流通加工中的剪断、打孔、组装、改装、配套等。

6．信息处理

物流整体职能的发挥，是通过物流各种职能之间的相互联系、相互依赖和相互作用实现的。也就是说，各种职能的作用不是孤立存在的。这就需要及时交换情报信息。信息处理的基本职能集中体现在对信息的收集、加工、传递、存储、检索、使用上，其目的在于保证信息的可靠性和及时性，以促进物流整体功能的发挥。

1.1.3 物流的分类

根据物流的需求、在社会再生产过程中的地位与作用等不同角度，物流活动可以划分为不同的类型。在物流研究与实践过程中，针对不同类型的物流活动，需要采取不同的运作方式、管理方法等；针对相同类型的物流活动，可以进行类比分析、规模整合等。

1．按物流活动在企业中的地位分类

从物流活动在企业中的地位角度分，物流可以分为供应物流、生产物流、销售物流、回收物流和废弃物物流。

供应物流：为生产企业提供原材料、零部件或其他物品时，物品在提供者与需求者之间的实体流动。

生产物流：在生产过程中，原材料、在制品、半成品、产成品等在企业内部的实体流动。

销售物流：生产企业、流通企业出售商品时，物品在供给方和需求方之间的实体流动。

回收物流：不合格物品的返修、退货以及周转使用的包装容器从需求方返回到供给方所形成的物品实体流动。

废弃物物流：将经济活动中失去原有使用价值的物品，根据实际需要进行收集、分类、加工、包装、搬运、储存等，并分送到专门处理场所时所形成的物品实体流动。

2．按物流作业执行者分类

从物流作业执行者的角度分，物流可以分为企业自营物流和第三方物流。

自营物流：企业自己成立物流部门，执行自身供应或需求物流。

第三方物流：由供给方与需求方以外的物流企业提供物流服务的业务模式。

随着社会经济的发展和社会分工的不断深化，第三方物流得到了巨大发展，日益成为重要的物流模式。

3．按物流活动地域范围分类

从物流活动地域范围的角度分，物流可以分为国际物流和国内物流。

国际物流：不同国家（地区）之间的物流。

国内物流：可以分为区域物流和城乡物流，前者又可以细分为行政区域物流和经济区域物流；后者又可以细分为城镇物流和乡村物流。

4．按物流活动主体分类

从物流活动发生主体的角度分，物流可以分为工业企业物流、商业企业物流（包括批发企业物流、零售企业物流等）、非营利组织物流（包括医院、社会团体、学校、军队等

单位物流）及废品回收企业物流等。

5．按物流活动所属产业分类

从物流活动所属产业的角度分，可以分为第一产业物流（农业物流）、第二产业物流（工业物流和建筑业物流）、第三产业物流（商业物流、服务业物流及军事物流等）等，也可以根据各产业中的具体业态对物流活动做进一步的划分，如钢铁业物流、建材业物流、连锁业物流、餐饮业物流等。

隶属于不同产业的物流活动，在物品、载体、流量、流向与流程上有各自的特点，相互之间差异很大，对物流服务的需求也各不相同。

1.2 信息与信息管理

1.2.1 信息的概念

1．信息的定义

信息和数据是我们经常使用的词汇和术语，也是信息系统中最基本的概念。信息系统处理的主要对象是大量的各式各样的信息和数据。当今社会已进入日新月异的信息时代，信息和数据广泛存在于社会生活的各个领域。那么，什么是信息？

信息概念的内容是十分广泛的。世间万物的运动，人间万象的更迭，都离不开信息的作用。李太白的诗"日照香炉生紫烟，遥看瀑布挂前川。飞流直下三千尺，疑是银河落九天。"给我们带来了庐山瀑布的信息；苏东坡的词"大江东去，浪淘尽，千古风流人物。……"给我们传递的是赤壁怀古的信息。

信息作为科学的概念，首先是在信息论中得到专门研究的。信息论是一门年轻的科学，信息论的研究工作是从20世纪20年代的通信工程研究开始的。1928年，哈特莱（R. V. L. Hartley）在《贝尔系统技术杂志》上发表了一篇题为《信息传输》的论文。在这篇论文中，哈特莱把"信息"理解为选择通信符号的方式。他指出，发信息者所发出的信息，就是他从通信符号表中选择符号的具体方式。例如，假定他在符号表中选择了"I am well"这样的符号，他就发出了"我平安"的信息；如果他选择了"I am sick"这些符号，他就发出了"我病了"的信息。他还注意到，不管符号所代表的意义是什么，只要从符号表中选择的符号数目一定，发信者所能发出的信息的数量就被限定了。哈特莱的思想和研究成果，为信息论的创立奠定了基础。

基于不同的领域和不同的研究目的，人们对信息的定义也是五花八门。例如：信息是数据加工处理的结果；信息是一种有用的知识；信息是对现实世界某一方面的客观认识等。由此可见，信息是一种包容性很强，也很难被确切定义的术语。本节主要从信息系统的角度对信息进行定义。在给信息进行定义之前，首先让我们了解一下数据的概念。

所谓数据，就是用来反映客观事物的性质、属性及其相互关系的任何字符、数字和图形。例如，"五艘集装箱货轮"，其中的"五"和"集装箱"就是数据。"五"表示了货轮的数量特征，"集装箱"反映了货轮的类型。在信息系统中，我们可以这样定义数据：数据是记录客观事物的可以鉴别的符号。数据不仅包括数字，还可以是文字、图形及声音等。

数据是一种原始记录，没有经过加工的数据是粗糙的、杂乱的，但是，它是真实的、可靠的，有积累的价值。现代科技的飞速发展已经使计算机能够处理数量惊人的各种数据，而我们也更关注这些数据，这是因为我们可以从这些数据中得到有用的信息。

一般说来，信息总是通过数据形式来表示，加载在数据之上并对数据的具体含义进行解释。信息是对客观世界的反映，它提供了有关现实世界某些事物的知识，这种知识对信息的接收者来说是有价值的。所以，信息与数据是两个不同的概念，数据经过加工处理后才能成为信息，同时，信息也需要通过数据来表示。

综上所述，信息是通过一定的物质载体形式反映出来，表征客观事物变化特征的，由发生源发生，经加工与传递，可以被接收者接收、理解和利用的消息、数据、资料、知识等。

2．信息的特征

（1）普遍性。信息是事物运动的状态和方式，只要有事物存在，只要有事物的运动，就会有其运动的状态和方式，就存在着信息。信息与物质、能量一起，构成了客观世界的三大要素。

（2）表征性。信息不是客观事物本身，而只是事物运动状态和存在方式的表征。一切事物都会产生信息，信息就是表征事物属性、状态、内在联系与相互作用的一种普遍形式。宇宙时空中的事物是无限的，表征事物的信息也是无限的。

（3）动态性。客观事物本身都在不停地运动变化，信息也在不断发展更新。特别是从语用信息的观点来看，事物运动状态及方式的效用是会随时间的推移而改变的。因此，在获取与利用信息时必须树立时效观念，不能一劳永逸。

（4）相对性。客观上信息是无限的，但相对于认知主体来说，人们实际获得的信息（实得信息）总是有限的。并且，由于不同主体有着不同的感受能力、不同的理解能力和不同的目的性，从同一事物中获取的信息（语法信息、语义信息和语用信息）肯定各不相同，即实得信息量的大小是因人而异的。

（5）依存性。信息本身是看不见、摸不着的，它必须依附于一定的物质形式（如声波、电磁波、纸张、化学材料、磁性材料等），不可能脱离物质形式单独存在。我们把这些以承载信息为主要任务的物质形式称为信息的载体。没有语言、文字、图像、符号等记录手段，信息便不能表述；没有物质载体，信息便不能存储和传播，但其内容并不因记录手段或物质载体的改变而发生变化。

（6）可传递性。信息可以通过多种渠道、采用多种方式进行传递。我们把信息从时间或空间上的某一点向其他点移动的过程称为信息传递。信息传递要借助于一定的物质载体，因此，实现信息传递功能的载体又称为信息媒介。一个完整的信息传递过程必须具备信源（信息的发出方）、信宿（信息的接收方）、信道（媒介）和信息四个基本要素。

（7）可干扰性。信息是通过信道进行传递的。信道既是通信系统不可缺少的组成部分，同时又对信息传递有干扰和阻碍作用。我们把任何不属于信源原意而加之于其信号上的附加物都称为信息干扰。

（8）可加工性。信息可以被分析或综合、扩充或浓缩。也就是说，人们可以对信息进行加工处理。所谓信息加工，是把信息从一种形式变换成另一种形式，同时在这个过程中保持一定的信息量。如果在信息加工过程中没有任何信息量的增加或损失，并且信息内容保持不变，那么就意味着这个信息加工过程是可逆的，反之则是不可逆的。

（9）可共享性。信息区别于物质的一个重要特征是它可以被共同占有、共同享用。也就是说，信息在传递过程中不但可以被信源和信宿共同拥有，而且还可以被众多的信宿同时接收利用。物质交换遵循易物交换原则，失去一物才能得到一物；信息交换的双方不仅不会失去原有信息，而且还会增加新的信息；信息还可以广泛地传播扩散，供全体接收者共享。

3．信息的传递

两个事物（系统）之间的信息传递称为通信，信息传递过程也称为通信过程。申农把信息看作一个过程、一个统一的系统，并以通信系统模型对对象进行描述。其模型如图1-1所示。

图1-1 通信模型

一个典型的通信过程，必须具有以下几个因素：

（1）信源。信源也称信息源（信息的来源），或信息的发生源（生成源）。任何事物都可发出信息，因此，任何事物都可成为信源。换句话说，客观事物的存在就是该事物信息的发生源。

信源发出信息时，一般都以一种符号（图像、文字）或信号（语言、电磁波、声波、光波）的形态表现出来，通过各种物质载体，以各种形式传递出去。

信源按时间不同分为一次信源和二次信源。直接发出信息的客观事物和直接记录社会活动信息的事物被称为直接信源或一次信源。转发原始信源发出的信息或将其加工整理后再发出的事物，被称为二次信源。按地点不同，信源可分为内源和外源，内源即事件（事物）本身或系统内部的信息来源；外源涉及系统的外部环境，即系统外的信息来源。按发出信息方式的不同，信息源还可分为连续信息源和离散信息源。

（2）编码和解码。编码是基于传递方式的要求，通过编码器将信息由一种信号形式转换成另一种信号形式。编码按照一定规则将符号排列成为一定序列。编码过程就是符号编排过程。编码过程分为两个部分：信源编码和信道编码。信源编码是把信源输出的原始符号序列，用某种给定的符号编排成能为其他事物所接收和理解的最佳符号序列。信道编码就是把信源编码后的符号序列，转换成适于信道传输的信号序列。由于传输工具不同，这种信号序列可能是不同的信号序列，如光信号序列、电信号序列、声音信号序列等。

解码过程也称反转换过程，由解码器完成。按性质说，它仍应属于信道编码过程，只不过它是靠近输出端的信道编码过程。为了区别信道两端的这两个过程，我们将靠近输入端的称为编码，靠近输出端的称为解码。

（3）信道。信息传递必然要有传输路线，即传输道路。这种信息传递所经过的空间路线即为信道。

信道是信息流通系统的干线,是通信系统的重要组成部分。从理论上讲,信道不只担负信息的传输任务,还具有一定的储存作用。

研究信道问题的关键是信息容量问题,就是信道在单位时间内可以传输多少信息的问题。信道容量与信道储存信息量的能力成正比。因此,通信技术总是向着传输速度快、传输数量大、传输功能高的方向发展。

研究信道还有一个问题,即信道的方向性问题。信道除按传输工具不同分为有线信道和无线信道外,还可根据方向性分为单路单向、单路双向、多路双向和多路多向的网络状信道等。

(4)信宿。信宿一般是指信息的接收者,也称接收源。

在一个多通路、多方向、多级次的传输过程中,信息有一个较长的流程,有时有多个信息接收者。在一个简单的通信过程中,那个处于终端位置的接收者,可以称为信宿;而在一个复杂的系统中,有的接收者仅起传输作用,从作用上看是信道的一部分,不应称为信宿。

信宿应是那些接收信息并使用信息的接收者。信宿可以是人,也可以是物(包括机器)。信宿通过自己的感受器接收信息。收音机、电视机的信息感受器是天线,人的信息感受器就是眼、鼻、耳、口、手、足和皮肤等感觉器官。

随着科技的发展,人们不断研制出各种仪器,去感知与破译那些不能或不易为人体的感受器所接收或破译的信息,从而增强了人的信息接收能力。

1.2.2 管理的概念

1. 管理的含义

管理是人们在一定组织环境下所从事的一种智力活动。它是伴随着组织的出现而产生的。人类社会存在各式各样的组织,其使命、目标和性质不尽相同,管理的具体内容和方法也不完全一样,但从基本管理职能和管理原理、原则方面看,各种不同类型组织的管理实践又具有共同性和普遍性。

在各种类型组织中,管理者所面对的主要难题是什么?概括地说,就是有限的资源与相互竞争的多种目标间的矛盾。这就是管理的基本问题。

所谓管理,就是通过计划、组织、指导、协调和控制,使所管辖的范围内的一切资源得到充分利用,以达到预定目标的活动。管理的主体是一个人或更多的人,管理的对象包括人、财、物、时间和信息等。管理的任务是在一定的周期内,在掌握必要的信息的基础上,对各管理对象进行优化组合,使资源得到充分利用,取得最佳的经济效益,以达到预期的目标。

从以上定义中不难明确管理的含义:

(1)计划、组织、领导和控制是管理的四项主要工作。这四项工作又被称为管理的四大基本职能。

(2)管理的对象是组织所拥有的资源,包括人、财、物、时间和信息五个方面。其中人是管理的主要对象,时间是管理中最稀有的资源,因为时间具有不可逆性。

(3)管理要解决的基本矛盾是有限的资源与互相竞争的多种目标之间的矛盾。

(4)管理是为实现组织目标服务的,是一个有意识、有目的的行为过程。

2．管理的职能

管理的职能也就是管理的作用或功能，它跟管理者的职能是统一的。管理的职能还有另外一种含义，即管理过程中的基本要素或步骤。

人们对管理的职能有多种不同的划分，概括起来，包括计划、组织、决策、指挥、领导、激励、人事、控制、协调、创新等。其中，计划、组织、领导、控制是最主要的管理职能。

计划、组织、领导、控制也可以认为是管理过程中的四个主要步骤。一般而言，制订好计划后，就要进行组织设计和安排、实施领导，然后对计划的执行情况和组织的运行情况进行控制。但是，计划、组织、领导、控制这四项职能并没有一个严格的次序，其中某几项职能往往同时进行，而且常常是交织在一起的。它们是相互联系、相互影响、互为条件、共同发生作用的。

3．企业要素及其管理层次

企业是用一定的生产资料为社会提供产品和服务，并以此获得利润的经济单位，包括工业、农业、商业、交通运输业、建筑业、金融业、服务业和其他一切从事生产、经营活动的单位。每一个企业都是一个开放的系统，企业系统及其所属的子系统是由六个要素组成，这六个要素被分为三类，它们之间的关系如图 1-2 所示。

企业的管理一般分为三个层次或三个级别，即高层管理，也称战略管理；中层管理，也称战术管理；基层管理，也称事务管理。这三个管理层次的任务和目标是不同的，如图 1-3 所示。

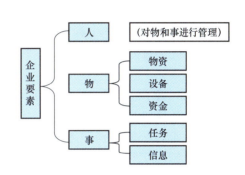

图 1-2　企业系统六要素

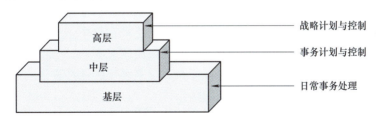

图 1-3　管理的三个层次

高层管理负责战略性决策，确定企业的发展目标，制定企业的长远规划、经营方针，安排实现这些目标所需的资源，以及获取和使用这些资源所应遵循的政策。

中层管理负责战术决策，根据企业的既定目标和经营方针，确定部门目标和中期计划，安排资源，组织基层单位实施。

基层管理是对日常业务活动的处理，即按照中层管理者制定的计划，具体组织人员完成各自承担的任务，如确定采购的品种和批量、制定作业计划等。

1.2.3　管理与信息

1．信息在管理中的作用

（1）信息是企业活动的基础。企业的活动可以分为两大类：生产经营活动和管理活动。

生产经营活动从购进原材料开始，经仓库到车间，利用设备、消耗动力进行加工，最后制成成品，运输、销售出去。管理活动从收集内、外信息开始，进行决策和计划，组织协调全厂职工进行生产经营活动，将执行中的情况及时反馈给领导人，再采取措施，加以控制与调节。

信息流在整个企业的活动中起主导作用，它的通畅与否不仅决定着生产活动能否正常进行，还决定着管理活动是否有效。我国企业较普遍的问题是物流不通、指挥不灵，其重要原因就是信息流不畅通，信息反馈不及时，或者根本没有反馈，从而对物流失去控制。

信息的流通，尤其是信息的反馈对企业来说是个实质性的问题，没有信息的流通，就没有真正的管理活动，生产活动也就无法正常进行。在企业管理中引入计算机技术，正是为了提高信息处理的能力，保证信息流的畅通，从而达到提高企业管理水平和经济效益之目的。

（2）信息是管理的工具。管理的任务是合理组织和有效利用企业的各种基本资源，达到企业预定的目标。管理的每一项职能的实现，都必须依靠与利用各种管理信息，即与管理有关的现象、情况、消息、资料、知识和政策法令等，这是管理得以进行的工具。

例如，为了达到既定目标，或解决存在的问题，企业编制了具体的执行计划。企业在组织、指挥计划的实施时，一方面必须对各方面的工作，如产量、质量、材料消耗、成本等规定一定的标准（"应该怎样"），以及允许偏离的范围；另一方面要检查、考察与监督实际执行情况（"实际怎样"），及时发现"应该怎样"和"实际怎样"之间的差异，分析原因，采取必要的措施，纠正偏差。为有效地进行控制，企业必须建立信息反馈制度。

管理的每一项职能的实现都离不开信息的收集、传递和处理。

（3）信息是经营决策的依据。企业管理工作的重心在经营，经营的重心在决策。

企业的经营决策，就是制定企业总体活动以及各重要经营活动目标、方针、战略和策略，在解决与此有关的问题的多种方案中择优。经营决策在整个企业管理工作中处于核心地位，决策的正确与否在很大程度上决定了企业的兴衰成败。

靠什么才能做好经营决策呢？靠信息，靠全面反映客观的经济进程的信息。没有充足信息支撑的决策只能是拍脑袋的主观臆断与瞎指挥。

企业的决策，不论是产品品种决策、销售决策、财务决策，还是企业改造决策，或者是原材料、能源决策，或是职工收入、福利决策，都需要以大量的信息为依据。例如，为了经营决策，首先要做好市场调查，这就需要调查市场需求和竞争者的信息。市场的需求受政治、经济、文化、社会、自然、心理和产品本身状况等许多因素的影响，这就要获得有关购买力、购买动机和潜在的需求等信息，需要获得竞争对手的基本情况、竞争能力，以及竞争对手发展新产品的动向和潜在的竞争对手的信息。

营口造纸厂 20 世纪 80 年代在信息不灵的情况下，盲目增加新设备、上新品种，结果产品刚出来，市场就饱和了，产品没有销路，只好停产下马，白白浪费了几十万元资金。他们从失败中获得教训，开始重视信息研究，并做了许多成功的决策。例如，卫生纸是该厂的主要产品之一，从当时看，市场情况不错，但从同行业得来的信息表明，生产这个产品的厂家骤增，不久将出现供过于求的现象。他们着眼未来，决定开发新产品并在香港开发市场，建立了新的销售基地。又如，该厂的商品浆由于用户减少，濒临停产，但他们得知北京市限制城市污染，制浆业受到限制的信息，分析到北京造纸必然要购买商品浆，于是立即派人联系，签订长年供货合同，并做出增加商品浆产量的决策。

如果信息不灵，情况不明，反应迟钝，就无法及时做出正确的、可靠的决策，就会贻误时机，造成损失。所以，信息是企业经营决策的依据。决策的水平与质量在很大程度上依赖于信息工作的水平与质量。要搞好经营决策必须重视信息工作，重视对信息的研究，尤其是对外部信息的研究。

（4）信息是提高经济效益的重要保证。信息能不能增加财富？信息与经济效益有什么关系？这是企业经营者尤为关心的问题。

提高企业经济效益的途径是什么？主要有：减少决策失误；增加符合社会需要的产品产量；降低产品成本；提高产品质量；减少固定资产和流动资金占用量。而这一切，必须有大量的信息保证。下面我们从两个方面举例来说明这一点。

1）由于信息不准、不灵、不全面而决策失误，造成的经济损失最为严重；反之，信息灵，决策准，又会带来巨大的经济效益。

合肥某个体食品厂生产鸡蛋面包，没有销路，在风雨飘摇中惨淡经营，准备关门另谋生路。一个偶然的机会，中国科技大学的一位教授告诉他现在许多国家都在生产新兴的营养品——赖氨酸，建议他改变面包配方，生产赖氨酸营养强化面包。该个体户采用了这条信息，结果产品很受顾客欢迎，并获得高于过去3倍的利润，两个月就收回建厂的全部投资。而同样是这个信息，该教授也向其他食品厂介绍过，但一个个石沉大海，杳无音信，当然就不会转化为经济效益了。

2）从对物流与信息流的分析来看，要求物流要快，质量要高，在保证生产正常进行的前提下，随进随投产，减少贮留，缩短物流的非生产用时间。为此，物流必须是有目标的流，要根据生产经营活动中的技术、经济规律，进行计划、组织和控制。而这一切，要靠信息流。信息流的通畅能保证实现对物流的上述要求，从而消除物品滞留，缩短生产周期，减少物资储备，使资金周转更快，劳动生产率更高，成本降低，盈利增多，经济效益更好。

以往，我国的汽车厂，在每道工序上要留半年储备，积压了大量零部件和材料，即使这样还常常闹"饥荒"。日本丰田汽车厂年产270万辆汽车，每道工序只留半小时储备。这些数据反映了我们与先进国家在企业管理上的差距，但另一方面也说明，如果我们能加强企业的信息工作，促进物资的有效流动，在经济效益方面能挖掘出来的潜力是很大的。

2. 管理的信息需求

在企业中，不同的管理层次对信息的需求是不同的。

高层管理所需要的信息是对环境（政治、经济、技术、市场、竞争）的形势和内部的优势与弱点的综合分析报告。高层管理所需的信息一般要经过较复杂的处理，但在数量、种类、格式和时间范围上不那么固定，对提供信息的速度、结构化程度及精确度等方面的要求并不很高。

中层管理所需要的信息随各部门的职能不同而异，但大部分是企业内部的信息。对信息的要求通常是明确而固定的，有时对时效性也有需要，精确度较高，但信息处理的复杂程度比高层低。

基层管理所需要的信息一般是内部的、当前的、以及直接操作反馈的信息。对信息的结构化程度和精确度要求很高，信息处理量大，但并不复杂。

现代管理要求企业的经济活动信息化、最优化，能与环境的变化相协调，创造好的经济效益，使企业的目标得以实现。这就要求企业协调好六个要素之间的相互关系，保持纵向和横向结构之间流通顺畅，特别是信息的通畅。信息在企业内部进行上、下、左、右的纵横沟通及传递，并与外部环境不断进行交换和转换，促使企业搞好产、供、销、人、财、物，进口与出口的平衡。没有信息的流通，企业各要素无法协调，企业的经营管理也无法进行，企业则无法生存。

人是企业的第一要素，是决定性的因素，企业职工在不同的岗位上对物和事进行管理。信息在企业中的地位则类似人体的神经系统，起着控制全局的作用。

1.2.4 信息管理

由于信息管理的综合属性及其应用领域的错综交叉，人们对信息管理的定义存在着学科角度的差异和应用角度的分歧，在概念使用上也有不同的看法。信息管理概念应从信息管理对象及其构成要素来定义。因为从不同学科或不同应用领域来定义，必然会导致概念分歧，而如果从管理对象来分析，则比较容易得出一致意见。信息管理的对象是信息资源（包括信息、技术、人员三要素）及与其相关的信息活动，它较好地概括了各种定义的核心问题和要素结构，能够从根本上涵盖信息管理的系统特征、要素特征和过程特征。

从系统特征来看，信息管理是由人员、技术设施、信息、环境等构成的一个信息输入输出系统。系统各部分之间相互联系相互作用，不断从外部环境收集信息，进行可控性处理后向环境输出信息，借以影响环境并维持系统的生存与发展。

信息管理的要素特征则表现为信息活动过程中各要素的独特作用：信息人员的主体作用、信息技术的工具作用和信息内容的对象作用。

信息管理的过程特征则涵盖了信息活动的全过程：信息的产生、记录、传播、收集、加工、处理、存储、检索、传递、吸收、分析、选择、评价、利用等。它是一个信息生命周期，是信息资源的形成过程和利用过程，是任何信息管理活动必然要涉及的过程。

基于上述分析可认为：信息管理是信息人员围绕信息资源的形成与开发利用，借助信息技术进行的信息活动。但是，这个理解还没有穷尽信息管理这一概念的内涵。因为从信息管理主体来看，"信息人员"这一概念过于专业化，未能反映信息管理的普遍性与社会性，而且"信息活动"这一概念也没有反映其管理特征与过程。

基于这一考虑，在上述概念的基础上，应把信息管理定义为：信息管理是个人、组织和社会为了有效地开发和利用信息资源，以现代信息技术为手段，对信息资源实施计划、组织、指挥、控制和协调的社会活动。这一定义概括了信息管理的三个要素：人员、技术、信息；体现了信息管理的两个方面：信息资源和信息活动；反映了管理活动的基本特征：计划、控制、协调等。

同时，我们还应当认识到：信息管理是一种社会化的活动，它反映了信息管理活动的普遍性和社会性。它是由涉及广泛的社会个体、群体和国家参与的、普遍性的信息获取、控制与利用的活动。不同的信息管理活动只是规模大小不同，管理水平不一罢了。

此外，信息管理作为一种社会活动，又涉及许多相关问题。

1. 观念问题

必须把信息看作组织的战略性资源，看作组织赖以生存和发展的智力财产。信息共享

第 1 章 物流信息管理的基本概念

应是组织成员最基本的共识，如此才能对组织拥有的信息资源进行有效管理。

2．规范问题

信息管理必须具有明确的规范，包括信息管理的职责规范、权利与义务规范和信息共享规范等。

3．业务活动和管理活动结合问题

信息管理必须把业务活动和信息管理活动结合起来进行。

4．优化集成问题

必须对信息管理的各种技术和方法进行优化和集成，如信息处理技术和通信技术、网络技术、信息系统设计等的集成和优化。在数字图书馆建设中，就体现了数据库、信息处理和通信等技术的集成与优化。

5．实现信息增值

信息管理必须体现信息增值的活动目标，必须把提高信息质量、促进信息交流、实现信息效用作为信息管理的根本宗旨。

1.3 物流信息与物流管理

1.3.1 物流信息

1．物流信息的概念

物流信息包含的内容可以从狭义和广义两方面来考察。从狭义范围来看，物流信息是指与物流活动（如运输、保管、包装、装卸、流通加工等）有关的信息。在物流活动的管理与决策中，如运输工具的选择、运输路线的确定、每次运送批量的确定、在途货物的跟踪、仓库库存的有效利用、最佳库存数量的确定、订单管理、如何提高顾客服务水平等，都需要详细和准确的物流信息。

从广义的范围来看，物流信息不仅包含与物流活动有关的信息，还包含与其他流通活动有关的信息，如商品交易信息和市场信息等。商品交易信息是指与买卖双方的交易过程有关的信息，如销售和购买信息、订货和接受订货信息、发出货款和收到货款信息等。市场信息是指与市场活动有关的信息，如消费者的需求信息、竞争者或竞争商品的信息、与销售促进活动有关的信息、交通通信等基础设施信息等。在现代经营管理活动中，物流信息与商品交易信息、市场信息相互交叉、融合，有着密切的联系。如零售商根据对消费者需求的预测以及库存状况制订订货计划，向批发商或直接向生产商发出订货信息；批发商在接到零售商的订货信息后，在确认现有库存水平能满足订单要求的基础上，向物流部门发出发货配货信息；如果批发商发现现有库存不能满足订单要求则马上组织订货，再按订单上的数量和时间要求向物流部门发出发货配送信息。广义的物流信息不仅能连接整合从生产厂家开始，经过批发商和零售商最后到消费者的整个供应链，还能在应用现代信息技术（如EDI、EOS、POS 互联网、电子商务等）的基础上实现整个供应链活动的效率化。具体地说，就是利用物流信息对供应链上各个企业的计划、顾客服务和控制活动进行有效管理。

2．物流信息的作用

物流信息是物流系统的功能要素之一。物流信息的作用，如同人们对一般的信息作用的认识一样，可以从不同的角度进行描述。物流信息在发挥物流系统整体效能上的作用体现在以下几个方面：

（1）物流信息是物流系统的中枢神经。物流系统是一个有着自身运动规律的有机整体。物流信息经收集、加工、处理后，成为系统决策的依据，对整个物流活动起着运筹、指挥和协调的作用。如果信息失误，则运筹、指挥活动便会失误；如果信息系统发生故障，则整个物流活动将陷入瘫痪。

（2）物流信息是物流系统变革的决定性因素。人类已进入信息时代，信息化将改变现有社会经济的消费系统和生产系统，从而改变社会经济的秩序。物流是国民经济的服务性系统，社会经济秩序的变革必将要求现有的物流系统结构、秩序随之变革。物流信息化既是这种变革的动力，也是这种变革的实质内容。

（3）支持交易系统。交易系统是用于启动和记录个别的物流活动的最基本的层次。交易活动包括记录订货内容、安排存货任务、作业程序选择、装船、定价、开发票以及消费者咨询等。

（4）支持管理控制。管理控制，要求把主要精力集中在功能衡量和报告上。功能衡量对于提供有关服务水平和资源利用等管理反馈来说是必要的。因此，管理控制以可估价的、策略上的、中期的焦点问题为特征，它涉及评价过去的功能和鉴别各种可选方案。普通衡量包括每吨的运输和仓储成本（成本衡量）、存货周转（资产衡量）、供应比率（顾客服务衡量）、每工时生产量（生产率衡量）以及顾客的感觉（质量衡量）等。

当物流信息系统有必要报告过去的物流系统功能时，物流系统是否能够在其被处理的过程中鉴别出异常情况也是很重要的。管理控制的例外信息对于鉴别潜在的顾客或订货问题是有用的。例如，有超前活力的物流系统应该有能力根据预测的需求和预期的入库数来预测未来的存货短缺情况。基本的管理控制衡量方法，如成本，有非常明确的定义，而另一些衡量方法，如顾客服务，则缺乏明确的定义。例如，顾客服务既可以从内部（企业的角度）来衡量，也可以从外部（顾客的角度）来衡量。内部衡量相对比较容易跟踪，而外部衡量却难以获得，因为它们要求的是建立在对每一个顾客监督的基础上的。

（5）支持决策分析。决策分析主要是指集中精力在决策应用上，协助管理人鉴别、评估经比较物流战略和策略后的可选方案。典型分析包括车辆日常工作和计划、存货管理、设施选址，以及有关作业比较和安排的成本——收益分析。对于决策分析，物流信息系统必须包括数据库维护、建模和分析，以及范围很广的潜在可选方案的报告构件。与管理控制层次相同的是，决策分析也以策略上的和可估计的焦点问题为特征。与管理控制不同的是，决策分析的主要精力集中在评估未来策略上的可选方案，并且它需要相对松散的结构和灵活性，以便做范围很广的选择。因此，用户需要有更多的专业知识以便利用它。既然决策分析的应用要比交易应用少，那么，物流信息系统的决策分析就趋向于更多地强调效果（如鉴别出有利可图的品目），而不是强调效率（如利用更少的人力资源实现更快的处理或增加交易量）。

（6）支持制定战略规划。制定战略规划主要精力集中在信息支持上，以期开发和提炼物流战略。这类决策往往是决策分析层次的延伸，但通常更加抽象、松散，并且注重长期。作为战略规划的例子，决策中包括通过战略联盟使协作成为可能、厂商能力和市场机会的开发和提炼,以及改进顾客体验。在战略层次,必须把较低层次的数据结合进范围很广的交易计划,以及有助于评估各种战略的损益概率的决策模型中去。

3. 物流信息的特点

(1)信息量大。物流信息随着物流活动以及商品交易活动展开而大量产生。多品种少量生产和多频度小数量配送使库存、运输等物流活动的信息大量增加。零售商广泛使用销售点信息管理系统(POS)读取销售时点的商品品种、价格、数量等即时销售信息,并对这些销售信息加工整理,通过电子数据自动交换(EDI)向相关企业传递。同时,为了使库存补充作业合理化,许多企业采用电子自动订货系统(EOS)。随着企业间合作倾向的增强和信息技术的发展,物流信息的信息量在今后将会越来越大。

(2)更新快。多品种少量生产、多频度小数量配送与利用POS系统的即时销售使得各种作业活动频繁发生,从而要求物流信息不断更新,而且更新的速度越来越快。

(3)来源多样化。物流信息不仅包括企业内部的物流信息(如生产信息与库存信息等),还包括企业间的物流信息和与物流活动有关的基础设施的信息。企业竞争优势的获得需要供应链上各参与企业之间相互协调合作,协调合作的手段之一是信息即时交换和共享。许多企业把物流信息标准化和格式化,利用EDI在相关企业间进行传送,实现信息分享。另外,物流活动往往要利用道路、港湾、机场等基础设施,因此为了高效率地完成物流活动,必须掌握与基础设施有关的信息,如在国际物流过程中必须掌握报关信息、港湾作业信息。

此外,不同类别的物流信息还有一些不同的特点。例如,对物流系统自身的信息要求全面、完整地收集;而对其他系统信息的收集,则需根据物流要求有选择地进行。

1.3.2 物流管理

物流管理(Logistics Management)是指在社会再生产过程中,根据物质资料实体流动的规律,应用管理的基本原理和科学方法,对物流活动进行计划、组织、指挥、协调、控制和监督,使各项物流活动实现最佳的协调与配合,以降低物流成本,提高物流效率和经济效益。现代物流管理是建立在系统论、信息论和控制论的基础上的。

根据美国物流管理协会2005年给出的定义,物流管理是以满足客户需求为目的,对产品、服务和相关信息从生成点到消费点的有效率和有效果的正向和逆向流动和储存进行计划、执行和控制的供应链过程。物流管理活动主要包括内向和外向运输管理、车队管理、仓储、物料处理、订单完成、物流网络设计、存货管理、供应/需求计划和第三方服务供应商管理。在不同程度上,物流功能也包括外包和采购、生产计划、包装、组装和客户服务,它也涉及各种层面的计划和执行——战略的、运营的和战术层面的计划和执行活动。

物流管理是一个综合的功能,它对所有物流活动与包括营销、销售、生产、财务和信息技术在内的其他功能进行协调和优化。

1.3.3 物流信息对物流管理的作用

物流管理过程实际上是物流信息沟通的过程。信息沟通是使组织成员团结一致、共同努力来达到组织目标的重要手段。通过有效的信息沟通,可以使组织内部分工合作更为协调一致，实现高效率的管理；也可以使组织与外部环境更好地配合，增强组织的应变能力。可见，信息对组织的生存和发展具有重要的意义，组织必须依靠信息、掌握信息、运用信息。

现代物流管理的核心是决策。决策的基础是物流信息，决策的形成过程也就是物流信息收集、加工、分析和利用，以及新的物流信息的形成过程。决策者只有迅速准确地获得物流信息，充分有效地利用物流信息，才能把握决策时机，提高决策效益。传统的决策依靠决策者个人的经验、凭直觉判断，因而决策被认为是一种艺术和技巧。随着物流业务形态的日益复杂，物流管理对决策的要求越来越高。显然在这种情况下，仅凭个人直接经验和主观认识的经验决策远不能满足日益复杂的物流管理决策的需要。需要注意的是，物流信息贯穿于科学决策的全过程，并渗透到决策过程的每一环节。

近年来，物流管理者由于两个主要的原因越来越注重物流信息管理。其一，企业生存环境变得日益复杂，竞争越来越激烈。其二，计算机技术发展惊人，很多原来不敢想的事已经可以很容易地由计算机来实现了。现代组织的物流管理者必须改变传统的管理习惯，适应新的管理模式。

与此同时，物流信息对组织也提出了新的要求，并对其产生了前所未有的影响。一方面，随着信息时代的到来，要求组织具有"快速应变"的能力，及时做出科学正确的决策，从而把握发展契机。另一方面，随着信息技术越来越多地被用于组织管理，原有的组织越来越不能适应新的、竞争日益激烈的环境，于是物流管理学界提出要在组织管理的方方面面进行创新。例如，"虚拟企业"主张为顺应日益动荡的市场形势，抓住市场机遇，由不同企业为完成某一特定任务而临时组建经济实体；"学习型企业"主张企业应进行自我调整和改造，以适应变化的环境、获得发展，等等。

1.4 物流信息管理概述

1.4.1 物流信息管理的必要性

1. 物流信息资源意义的实现在于对物流信息实施管理

物流信息使用价值的相对性特征，意味着物流信息的资源功能并不表示物流信息可以自动地实现其资源意义，必然地产生对企业物流管理者有用的价值。

物质资源的资源功能是客观的、确定的，资源的获得与开发者无关，其资源意义的实现与使用者无关。以煤炭为例，不论它是否被开采，其可以燃烧的资源功能是确定的、客观的。不论是现代化的采煤工，还是个体小煤窑的雇工，都可把它开采出来，其作为资源的获得，与开发者无关；不论是高级知识分子，还是大字不识的人都一样能使它燃烧，其资源意义的实现与使用者无关。

企业物流信息"资源"意义的实现，不在于信息本身，也不在于你是否掌握这一信息，而在于你掌握物流信息后对物流信息的思考和围绕物流信息所进行的策划，即对物流信息和物流信息活动进行的管理。

可见，物流信息并不就是资源。物流信息只是信息，它不可能自动地变为企业物流管理者的资源，不会必然地对企业物流管理产生作用。信息是被动的，只有物流管理者将其活化之后才会成为企业的资源。我们只能说企业物流信息可能成为企业资源，要将这种可能性变为现实性，就必须对企业物流信息和企业物流信息活动实施管理。

可见，企业信息管理是企业物流信息资源意义实现的必要前提条件。

信息经济学家奈斯比特说过，没有经过整理的信息，不是我们的朋友，甚至是我们的敌人，当然更不是财富和资源。

美国国家公共服务署前首席信息官（CIO）托马斯·巴克霍尔兹说得更明白：信息是一种需要管理的资源。

2. 企业环境的变化要求企业实施物流信息管理

企业环境是指围绕着企业的空间以及其中可以直接、间接影响企业生存与发展的各种自然因素和社会因素的集合。

根据环境的范围不同，可以将企业环境划分为企业内部环境和企业外部环境。

内部环境包括管理主体（管理者）、管理客体（被管理者、财、物、时间、信息）、管理媒介（信息）、管理工具（机构、法规、操作工具等）、管理目标。

外部环境包括社会环境和自然环境。社会环境又包括人口环境、经济环境、技术环境、政治法律环境、社会文化环境、国际环境、市场环境、行业环境。通常把前面六种合称为一般社会环境。

21世纪的企业所面临的外部环境，主要是指处于急速变化的过程之中的社会环境。企业管理者只有把握这些变化的特征，才能驾驭变化，赢得成功。

首先，企业面临着更大的竞争压力。企业间的竞争越来越激烈，竞争的激烈程度表现为竞争层次高、竞争的参与者多、市场需求变化快、竞争对手的反应也快。企业面对着越来越复杂的客户需求，客户消费水平越来越高：从满足基本生活需求的低层次需求上升为满足高层次的心理需求，从温饱型消费转向更高层次消费。企业面临的市场也呈现出高度的不确定性，越来越难以预测。企业的各项成本和费用也因此不断攀升，企业利润率越来越低。

其次是全球化经济和"互联网+"的影响。20世纪中叶以来，在世界范围内，跨国公司的数目急剧增长，世界贸易组织（WTO）成员越来越多，占全世界70%的国家都已是WTO的成员，所有成员都必须遵照统一的规则、标准体系、市场规范和经商惯例来进行生产经营活动。

"互联网+"正以雷霆万钧之力、迅雷不及掩耳的速度铺天盖地而来。人类正通过无数个彼此相连的终端和纵横交错的电子网络紧密地联系在一起，资本、信息、技术、能源、人力资源突破国界在全球范围内大量、迅速地流动，整个世界正走向经济一体化，并直接导致竞争从本土竞争转化为国际竞争，经济领域的"世界大战"在持续进行。

最后，传统经济学理论影响下的企业经营实力、组织结构、运营模式、管理方法都已经不能适应形势的需要，工业经济时代顶礼膜拜的规模经济、专业化分工、垂直一体化、进入壁垒等已经失去昔日的光环，代之而来的是柔性管理、反应能力、学习能力、管理变革、流程再造、电子商务、标准化管理等。

综上所述，企业面对着迅速变化的环境，只有一个选择：适应环境。所谓适应环境，就是必须走社会信息化的道路。这已经为越来越多的人所认识。不搞信息化就要落后，落后就要挨打，就会在当代信息战争面前毫无还手的能力。

1.4.2 物流信息管理的定义

信息管理,在英语中是 Information Management,简称 IM,在日语中是"情报管理"。作为一个术语,信息管理在全世界的范围内已经广泛使用开来。

物流信息管理是信息管理的一种。物流信息管理包括两个方面,一是对"物流信息"的管理,二是对"物流信息活动"的管理。

1. 物流信息管理是对企业信息的管理

对企业信息的管理应该按照"采集—加工—存储—传播—利用—反馈"的内容和程序进行。这个程序规定了对信息进行管理的六项工作及其先后次序。这六项工作,哪一项都不能少,少了哪一项,信息管理工作都会出差错;这六项工作的先后次序也不能颠倒,因为每一步都是在为下一个步骤做准备,如果提前做下一步的工作,不是无法进行,就是浪费劳动。

2. 物流信息管理是对物流信息活动的管理

物流信息管理是物流管理者为了达到收集、整理、传输、存储、利用和充分实现物流信息资源意义的目的所开展的各种活动。物流信息管理不仅包括采购、销售、存储、运输等物流活动的信息管理和信息传送,还包括对物流过程中的各种决策活动(如采购计划、销售计划、供应商的选择、顾客分析等)提供决策支持,并充分利用计算机的强大功能,汇总和分析物流数据,进而做出更好的进销存决策。能够充分利用企业资源,增加对企业的内部挖潜和外部利用,将会大大降低生产成本,提高生产效率,增强企业竞争优势。

1.4.3 物流信息管理的特点

1. 专业性

物流信息管理是专门收集、处理、储存和利用物流全过程的相关信息,为物流管理和物流业务活动提供信息服务的管理活动。

2. 广泛性

物流信息管理涉及的信息对象广泛,如货物信息、作业人员信息、所使用的设施设备信息、操作技术和方法信息、物流的时间和空间信息等。

3. 灵活性

物流信息管理的规模、内容、模式和范围等,根据物流管理的需要,可以有所不同、有所侧重。

1.4.4 物流信息管理的模式

物流信息管理与企业信息管理一样,根据管理体制、所采用的管理技术与方法、手段的不同,也有不同的模式,可以归纳为下列四种基本模式。

1. 手工管理

利用纸介质,通过人工记录、计算、整理等活动进行管理,这是早期的传统物流信息管理模式。

2. 子系统管理

利用计算机系统,对单项物流活动的信息进行管理,如销售点信息管理系统(POS)、库存管理系统（WMS）等。

3．系统管理

利用计算机网络技术，将多种物流信息管理子系统进行集成，达到物流信息共享、减少冗余和不一致，以利于提高物流信息管理效率和效果的目的。

4．资源管理

利用现代信息技术，特别是网络互联技术，将物流信息管理系统与企业以及相关行业的信息系统集成到统一的平台上，形成信息资源，便于信息的挖掘和充分利用。

总之，物流信息管理的任务就是要根据企业当前物流过程和可预见的发展，对物流信息采集、处理、存储和流通的要求，选购和构筑由信息设备、通信网络、数据库和支持软件等组成的环境，充分利用物流系统内部、外部的物流数据资源，促进物流信息的数字化、网络化、市场化，改进现存的物流管理，选取、分析和发现新的机会，做出更好的物流决策。

思考题

1. 信息与管理有何关系？
2. 信息管理的关键是什么？
3. 试阐述信息管理对物流的影响。
4. 物流信息的特点是什么？
5. 调查一个物流企业，分析企业中有哪些物流信息，并说明物流信息对物流管理的作用。
6. 物流信息管理的任务是什么？

第 2 章
物流信息的管理过程与方法

学习目标

1. 了解物流信息采集、组织、存储、检索、应用、反馈的概念；
2. 理解物流信息管理过程的要求；
3. 掌握物流信息的管理过程与方法。

2.1 物流信息采集

2.1.1 物流信息采集的含义

物流信息的采集是指企业信息管理者根据一定的目的，将企业内外各种形态的物流信息采出并汇聚起来，供自身系统使用的过程。

物流信息采集在企业物流信息管理过程中的地位和作用表现在两个方面。

（1）它是做好企业物流信息管理的前提和基础。企业物流信息管理是一个从采集、加工、存储、传播、利用到反馈的完整过程。物流信息采集是这一过程的起点。没有物流信息采集，物流信息管理的其他环节就无法进行。物流信息采集贯穿于物流信息管理的全程。客观现实在不断地发生变化，随着物流信息管理的推进，随时要采集管理对象和管理环境中产生的新的物流信息，只有这样才能保证物流信息管理符合客观实际，顺利进行。

（2）物流信息采集的质量是决定物流信息管理质量的关键。在物流信息管理后续各个环节中，都是以采集到的物流信息为材料进行工作的，物流信息的真实性、可靠性、时效性和实用性与物流信息的加工、存储、最终利用息息相关。由于企业内外环境在不断变化，物流信息采集的内容质量和时间质量将直接决定物流信息管理的成败。

2.1.2 物流物流信息采集的要求

物流信息采集的要求，可以用四个字来概括，就是"真、快、多、准"。这是保证物流信息采集质量最基本的要求。

1. 真（真实、准确、完整）

真实，要求采集的物流信息反映的对象必须是真实发生了的，或者是真正可能发生的。

准确，要求对采集到的真实物流信息的表述是准确无误的。

完整，指的是物流信息内容组成的程度，要求采集到的物流信息是完整无缺的。不真实、不确切、不完整的物流信息会导致决策失误，给企业带来损失。

有人认为，物流信息采集的完整性是指"采集的物流信息能不能满足决策所需要的全部物流信息"，并且举例说明：当人们根据市场上家用吸尘器一时紧俏的物流信息，就决定进口家用吸尘器生产线，是不合适的。他们认为，还必须收集有关消费者平均收入水平、消费结构、竞争对手的生产能力等物流信息之后再做出决策才是正确的，并以此说明仅仅获得"家用吸尘器紧俏"这一条物流信息，是不完整的。

这种理解是错误的。因为这里把物流信息采集的要求和物流信息利用的要求混为一谈了。物流信息采集的"完整"，指的是采集到的物流信息本身是不是完整，只要物流信息本身是真实、准确、完整的，采集的任务就完成了。至于企业物流信息管理者运用这一物流信息得到什么结论、做出什么决策，那是物流信息利用的问题。在上述案例中，只要"家用吸尘器紧俏"这件事本身是真的、表述是准确的，就足够"完整"了。至于根据这一物流信息应不应该得出进口生产线的决策，那已经不属于物流信息采集工作范畴内的事了。

原始物流信息的不真实，或者虽然确有此物流信息，但表述不准确，或者虽然物流信息确是真的、并且表述也是准确的，但内容不全面、不完整，都有可能造成管理决策的失误。虚构杜撰、凭空想象、随意夸张等都是物流信息采集的大忌。

要保证物流信息的真实、准确、完整，必须注意以下几点：

一要注意物流信息的来源必须真实可靠；通过间接渠道采集到的物流信息，必须要进行认真核实，以保证其真实性。

二要注意在采集物流信息的过程中，不带任何框框，一切与物流信息管理目标相一致的物流信息，不论其后来是否有用、可能有多大用，先都力求采集到手，以求物流信息的完整。

三要注意采集物流信息的渠道应力求最短，以免在物流信息传播过程中造成物流信息量的损失和冗余物流信息的掺入。此外，还应该尽量减少物流信息采集过程中受到的各种各样的干扰。

四要注意对采集到的物流信息进行表述时，要力求做到清楚、明白、准确，不要动辄使用"大概""可能"等模糊语言，特别是要注意有关物流信息发生的时间、地点、人物、过程、原因、结果等六大要素应该尽可能予以保留，不要随便舍弃。

2. 快（及时）

（1）物流信息自产生到被采集的时间间隔越短，信息越及时。最快的是物流信息采集和物流信息发生同步进行。这是物流信息的时效性特征的体现。

（2）在执行某一任务急需某一物流信息时能够很快采集到该物流信息，也叫及时。这里所说的物流信息是已经发生过的旧物流信息，如果企业在决策时需要，就应该及时提供。在物流信息管理过程中，物流信息不能及时到位，就会影响管理者的决策，给企业带来损失。

（3）采集某一任务所需的全部物流信息花去的时间越少，信息越及时。

要保证物流信息采集的"快",采集工作必须积极主动,密切注意事态的发展变化;行动迅速,发现苗头立即捕捉所需物流信息;采集方法要科学,采集手段要先进。

3. 多

这既是指所采集物流信息的"量",也是指所采集到的物流信息内容系统、连续。"量"是相对值,是指相对于具体的采集目的,用较少的时间采集到比较多的物流信息,效率高。

"系统、连续"是从纵横两个方向对物流信息采集工作的要求。所谓"连续",是物流信息围绕某个问题在时间范围上的纵向延伸。所谓"系统",是物流信息围绕某个问题在空间范围上的横向延伸。这是由现实社会事物发展规律所决定的。一切事物的发展变化都是连续的、系统的,所以物流信息采集工作要尽可能与事物的发展变化同步,只有这样连续采集,才能保证物流信息的"系统性"。

物流信息的系统性、连续性越强,其使用价值就越大。有研究认为,为了保证利用物流信息进行外推预测的准确性,应该将外推期限制在整个观测期的1/3以内。就是说,如果有了关于某一问题的30年的连续物流信息,就可以预测其今后10年的有关情况;如果只掌握了它15年的连续物流信息,就只能预测它5年后的有关情况。物流信息采集工作的系统性和连续性,是保证采集到的物流信息系统、连续的前提。要做到这一点,也很简单,对于需要系统、连续采集的物流信息事件,对其发展变化要进行连续追踪采集,只要活动没有停止,对其的物流信息采集工作就不能中断、停止。

4. 准

"准"是指其针对性。它包含两层含义:一是指物流信息具有适用性,即所采集物流信息的内容,与采集目的和物流信息管理工作的需求是一致的,具有使用价值;二是指与采集目的相关。因为在采集物流信息时,该物流信息是否有用有时难以马上做出判断,所以只要与采集目的有一定的相关度,就可以先采集下来。相关度越高,适用性越强,就越"准"。

2.1.3 物流物流信息采集的准备

物流信息采集工作,有时候可以有计划、有步骤地进行,有时候又是在事先无法预料的情况下临时运作的,但是企业的物流信息管理工作,在采集目的、采集范围、物流信息源和采集方法等方面,需要有所准备。

1. 确定采集目的

企业物流信息管理工作的目的,就是实现企业的阶段目标和战略目标。物流信息采集的目标是从总体战略目标、阶段目标派生出来的,是为了实现企业总体战略目标和阶段目标而产生的物流信息需求。

物流信息采集的需求有显性需求和潜性需求的区别。显性需求是指管理者十分明确地意识到的那些需求。潜性需求是指管理者事先没有意识到的、而实际上对管理工作有用的那些需求。

显性需求的准备比较好办,明确需求就可以了。

潜性需求是管理者长期思索并渴望解决而没有解决、在问题面前百思而不得其解的情况下产生的。百思而不得其解,说明他没有意识到需要什么样的物流信息,但是当这些物流信息出现时，如果搜索意识强烈，就能够马上抓住，适时地采集。所以，潜性需求的准备是一种思想上的准备。

2．划定采集范围

这是指在物流信息采集之前恰当地划定物流信息采集的范围。

（1）内容范围，是指物流信息需求所限定的范围，包括事件本身的内容和该事件周边相关的内容。例如，如果是学术文献，就是指文献的专业学科是大的一级学科，还是分支学科，还是分支学科的分支，这些要在采集前予以区分。

（2）时间范围，是指物流信息需求所需物流信息的时间跨度，或者说是指物流信息、资料发表的时间，是最近几个月的，一年的，还是近几年的。

（3）地域范围，是指物流信息发生的空间位置范围，即信息来源地区的大小，是本单位、某个地区，还是某个国家，还是整个世界。关于物流信息采集者所在单位的物流信息和个人亲身经历的现实物流信息，包括个人的行为、讲话、著作、经历等，最容易被忽略。不要一提物流信息采集就只想到外部物流信息、别人的物流信息。

3．明确物流信息源

社会可以提供的物流信息源十分丰富，有文献型物流信息源、口头型物流信息源、电子型物流信息源、实物型物流信息源和内潜型物流信息源等五大类。

（1）文献型物流信息源包括图书、报刊、政府出版物、专利文献、标准文献、会议文献、产品样本、学位论文、档案文献、公文报表等。

（2）口头型物流信息源，又称个人物流信息源，包括交谈、咨询、调查等。

（3）电子型物流信息源，包括广播、电视、数据库、互联网、局域网等。

（4）实物型物流信息源，包括展销会、博览会、销售市场、公共场所以及事件发生的现场。

（5）内潜型物流信息源，指的是物流信息采集者个人头脑中储存的各种内源性物流信息。

在采集之前应，根据采集目的和物流信息源特征选择好物流信息源。

4．考虑采集技术

物流信息采集技术手段包括磁卡、智能卡、条码、RFID 等。这些技术在企业计算机系统开发的时候，就要考虑进去，加以设置。

5．设计采集方法

物流信息采集方法有四大类：自我总结法、直接观察法、社会调查法、文献阅读法，每一类中又有许多种。实际采集之前应根据采集的目的进行选择和组配。

2.1.4　物流信息采集的渠道

物流信息采集的方法和渠道是密切相关的。一般说来，有什么样的信息采集渠道就有什么样的信息采集方法，信息采集的渠道预先规定了与之相适应的信息采集方法。

物流信息采集的渠道主要有：大众传媒渠道、出版发行渠道、物流信息系统渠道、人际关系渠道、文献情报机构渠道、专业性学会渠道、行业协会渠道、社会中介机构渠道、物流信息发布机构渠道、互联网渠道、各类会议渠道、邮政部门渠道等。

2.1.5 物流信息采集的方法

物流信息采集的方法主要有以下几种：

1. 内部信息索取法

内部信息是指在内部交流的信息资料，它往往不能通过正式交流渠道采集，只能在征得对方许可的情况下通过索取的方法获得。

2. 互通有无的交换法

这是信息部门之间信息采集的一种常见方法，如不同高校的学报之间的交换，不同信息机构之间的内部资料交换，不同国家之间的出版物交换等。

3. 委托采集法

这一般是指信息用户委托信息服务机构采集自己所需要的信息。

4. 实物样品分析法

通过对实物样品的观察、测试和分析，可以了解其外观和内涵方面的种种信息。

5. 实地考察法

通过实地考察，可以采集到较为真实可靠的第一手信息资料。

6. 间接调查法

它有别于实地考察法，多通过信函、表格、电话和网络等方式进行间接的调查采访，从而获取所需要的信息。

7. 网络查询法

利用网络所提供的便利条件，可以通过多种网上信息查询工具采集所需要的信息。

8. 大众传媒采集法

这是指采集大众传媒上发布的种种信息。

9. 咨询采集法

这是指向信息服务机构付费咨询，从而获取信息的方法。

2.2 物流信息组织

2.2.1 物流信息组织的含义

企业收集到的物流信息经常是大量的、无秩序的。因此，必须对它们进行一定的组织，才能使用。从广义上说，物流信息组织是以控制信息的流速流向和数量质量为工作重心的，其目标是为了提高社会物流信息的吸收率，促进物流信息资源的开发利用。因此，广义的物流信息组织涉及从信息产生、传播到物流服务的整个过程。

2.2.2 物流信息组织的作用

刚刚采集到的物流信息可能有不真实的、不准确的、不完整的、过时的、用途不大的内容。这些内容势必会影响物流信息的传播和使用，所以必须对它们进行鉴别、评价、核实、筛选，进行全面的检查，提高物流信息的真实性、可信度，压缩物流信息冗余，使原来内涵不明显的物流信息显露出来，使物流信息得到优化。

1. 序化作用

刚刚采集到的物流信息，还是凌乱的、无序的、彼此孤立的，有的还处于原始状态，这使它们无法满足使用者的需要。要通过加工，将原来无序的物流信息按照使用者的需要进行排序，使之便于存储、传播和使用。

2. 创新作用

物流信息有可能来自他人已有的信息，也有可能是从物流信息现场获得的第一手物流信息。这些物流信息与管理者的采集目的和管理目标并不都有明显的联系，可能看不出有什么作用，只有通过物流信息组织，做初步激活，才会从这些已有的物流信息中创造出新的、更有价值的物流信息，或者因此发现物流信息中更深层次的不足。例如，经过分类排序后，物流信息采集者可能会发现在采集到的物流信息中还存在某些漏缺，这就需要进一步采集，以作补充。

物流信息对企业是否有用，物流信息组织这一步是最关键的。没有这一步，采集的物流信息再多都是无用的。

2.2.3 物流信息组织的要求

1. 系统性

这是指加工后的物流信息在内容上应该达到的要求。具体地说，一是要将内容相关的物流信息集中在一起，把内容与采集的目标和需求不相关的物流信息区别开来。二是将集中在一起的物流信息按照某一特征进行排序，以求前后连贯，呈现某一规律或特征。三是明确相关物流信息之间的内在关系，体现出物流信息内的系统性。

有人提出，系统性的要求，就是指加工后的物流信息应该全面反映物流信息管理活动的规律。这种提法欠妥。因为能不能"全面"地反映"规律"，是由采集到的物流信息所决定的，不是由人通过"加工"就可以做到的。如果采集的物流信息总量就不足，怎么样加工也是无法反映全面规律的。

所以，这里的"系统性"是相对的，是相对于采集到的物流信息来说的。也就是说，通过加工，把已经采集到的物流信息系统化，与物流信息采集目的的系统性并不一定是完全重合的。当然，物流信息采集工作做得越好，二者之间的距离就越小。

2. 准确性

"准确性"具体有以下要求：一是没有虚假、含糊不清的物流信息，二是记载物流信息的用语规范、标准、简洁、准确、明白，三是要在物流信息表述的量上进行精简浓缩，重点突出，问题集中，尽可能地将冗余的语言符号删除。

3. 及时性

这是指加工后的物流信息在时间上应该达到的要求。具体来说，一是采集到的物流信息要立即加工，特别是时效性强的物流信息更应该争分夺秒地加工，尽可能地减少从采集到加工的时间间隔，以备物流信息管理工作使用。二是在急需物流信息时，能马上从尚未加工的物流信息中找出需要的物流信息并予以加工。

2.2.4 物流信息组织的程序和方法

物流信息组织通常按照"鉴别—筛选—整序—初步激活—编写"的程序进行。

1. 鉴别

鉴别就是确认物流信息内容可靠性的过程。"可靠性"包括物流信息本身是否真实存在，物流信息内容是否正确，对物流信息的表述是否准确，数据是否确切无误，有无遗漏、失真、冗余等情况。

在物流信息采集的过程中，受采集主体主观因素的影响和客观条件的限制，采集到的物流信息可能失真、过时、失效等。如果让这些物流信息保留下来，就有可能影响管理者的决策，甚至会引起决策失误，造成重大损失。所以一定要把这些失真、过时、失效的物流信息剔除掉，而要剔除这些物流信息就必须首先对其进行鉴别。

（1）信息真实性鉴别。通常，造成物流信息失真、过时、失效的原因有以下四种。

1）信源不实。这是物流信息提供者造成的物流信息失真。由于各种各样的原因，物流信息提供者提供的物流信息可能是不真实的，或是不完全真实的，或是不准确的，或是不完整的。对于这类物流信息，物流信息采集者即使非常客观、准确、完整地将其采集来了，也仍旧是失真的物流信息，仍旧不能用。

信源不实，有因物流信息提供者受自身条件的限制造成的，有因传播不当造成的，也有故意造成的。在政治上对立的国家、在市场上处于竞争地位的对手，或者是为了某些个人利益的小集团，都可能有意地向对方或社会提供假物流信息。

信源不实造成的物流信息失真的表现形式主要有以下几种。

① 拼凑。这是指物流信息所反映的内容是真实的，但是内容各元素之间并没有本质的联系，或者各内容元素并不是同一时间、同一地点发生的事情却把它们放在一起，变成了同一时间、同地点发生的事情。出现这种情况，可能是物流信息提供者在提供物流信息时有一定的难度，或者是因工作量加大而采取了不负责任的态度随便拼凑信息。

② 夸张。这是指物流信息所反映的内容与真实情况不相符，或者是夸大了事实，或者是缩小了事实，或者是把偶然说成经常、把个别说成普遍，因而使物流信息的内容发生了畸变。

③ 虚构。这是指物流信息的内容没有事实根据，或者根据不足，是物流信息提供者出于某种需要虚构出来的。比如，某些企业向上级虚报产值或利润，某些学校向上级虚报研究成果等。

④ 添加。这是指物流信息的内容所反映的问题有一定的根据，并不是完全虚构，但是其中存在着某些"合理想象"的成分，是物流信息提供者出于某种需要主观加上去的。

⑤ 捉影。这是指物流信息的表述似乎事出有因，细细分析却觉得并无可能，甚至根本就是查无实据，以捕风捉影来代替事实。这往往是因为物流信息提供者满足于道听途说，或者是以讹传讹，不经调查核实就信以为真，并向社会或用户提供。

⑥ 偏颇。这是指物流信息的表述中，违背物流信息的真实规律，片面地强调某一因素的作用，导致结论过激或不当，不能真正反映物流信息所应该反映的真实规律。

⑦ 回避。物流信息的表述强调事物的某一个方面，对另外一些事关全局的物流信息，明明知道，但故意不说，谓之"回避"。这是物流信息提供者出于某种需要有意而为的，如"报喜不报忧"就属于这种类型。

⑧ 假象。这是指物流信息内容的结论，只是根据事物的表面现象进行判断和推理的。尽管这些现象是存在的，但是其结论不能反映事物的本质特征，不过是假象。

⑨ 孤证。这是指物流信息所反映的结论仅仅依据一个孤立的事实根据，而结论又与已有的反映该事物的客观规律不符。当然，这样的物流信息不一定就是错误的，但也不能说就一定是正确的，需要等待新的事实证据。

2）弃取不当。这是由于物流信息采集者的主观因素造成的物流信息失真。在物流信息采集过程中，物流信息采集者决定接受什么物流信息、淘汰什么物流信息，所以每个物流信息采集者都会在采集准备时就确立好采集时选择的标准。可是，物流信息采集者"弃"与"取"标准的掌握，却与物流信息采集者当时的心理活动密切相关。如果当时的情绪不好、注意力不集中、兴趣淡薄等，就有可能造成物流信息采集者偏离在采集准备时确立的采集标准，以致弃取不当，把应该采集的物流信息放弃了，把不需要的物流信息采集下来。物流信息采集者的心理素质对采集的质量有很大的影响。

同时，在采集准备时，所确定的采集"内容范围、时间范围、地域范围"如果过窄，即使心理准备很好，也还是会造成物流信息的漏采，丢失应该采集的物流信息。这种情况一般可以通过提高物流信息采集者的素质来解决。

3）容错失真。这也是由物流信息采集者主观因素造成的物流信息失真。

物流信息采集者由于自身的素质和能力水平的限制，对于采集到的物流信息中存在的失真物流信息或错误物流信息，不能有明确的认识，不知道那是失真的，或者认为那样失真一点也没有关系，无碍大局，即对错误物流信息的一种容忍。

比如，有人认为采集到的物流信息基本属实就可以了，或者认为凡是自己在现场获得的第一手物流信息就肯定是可靠的，或者认为凡是由领导或权威人士肯定过的物流信息就一定可靠。显然，这种认识是不妥的，因为"基本属实"就表明还可能有某些方面不清楚，在现场获得的第一手物流信息也有可能受当时的心理活动、环境条件的限制而观察失误；由领导或权威人士肯定过的物流信息也可能由于各种各样的原因而失真。所以，上述思想的存在就必然会导致一旦真的错误物流信息出现了他也识别不出来，从而出现错误。

4）方法误差。这是在采集过程中因采集方法的偏差造成的物流信息失真，如抽样偏差、计量误差、调查问卷设计不当、对物流信息内容分类和定义的不当等。

① 抽样偏差：由于对于统计学中的抽样法掌握不够熟练，以致样本范围确定得不太合理或者抽取的样本数量太少，就可能造成获取的物流信息失真，不能反映客观的真实情况。

② 计量误差：在采集物流信息时，由于测量仪器的精密度不够、采集者使用测量仪器的熟练程度不够或者统计标准不一致，都会造成物流信息的计量误差。计算的错误、数据汇总失误，或者是由词汇物流信息转换成数字物流信息时产生的错误等，都有可能使物流信息产生计量误差。

③ 调查问卷设计不当：这会造成被调查者不理解调查表的具体要求，不能正确填答问卷或不愿实事求是地填答。

④ 对物流信息内容分类和定义的不当：这会影响物流信息采集者对物流信息内容的认识，导致物流信息的弃取不当。例如，时间界定不一致的统计数据是没有比较意义的。

（2）鉴别的步骤。第一步，内容鉴别。对采集到的所有初始物流信息进行一次大检查，鉴别其内容的可靠性。第二步，方法鉴别。一是对初始物流信息里的方法进行鉴别，二是对加工时自己采用的方法进行鉴别。第三步，存疑。对于一些疑难问题，一时无法判断其真伪的，不要马上下结论；对于需要探讨的问题，也不要轻易地下断语。不过，在企业决策急需某一物流信息，而这个物流信息的可靠性又未得到明确的认定时，是不能存疑的，必须千方百计地立即予以认定。

（3）鉴别的方法。①查证法，利用各种工具书和报刊鉴别性文章来查证。②核对法，根据原始文献、标准或实际调查的结果进行核对。③比较法，用从其他渠道获得的同类物流信息与本物流信息进行比较，以验证本物流信息可靠程度。④佐证法，通过寻找其他相关物证、人证来验证。⑤逻辑法，通过对物流信息本身所提供的材料进行逻辑分析，以发现其中有无前后矛盾、夸大其词、违背情理之处。

通常，在进行物流信息鉴别时，单靠某一种方法难以奏效，都是综合运用上述各种方法。

2. 筛选

（1）筛选的含义。筛选是在鉴别的基础上，对采集到的物流信息做出弃取决定的过程。筛选和鉴别的区别在于：鉴别解决物流信息的可靠性，依据的标准是物流信息的客观事实本身。筛选是解决物流信息的适用性，依据的是物流信息管理者的主观需求。鉴别中确认可靠的物流信息，不一定都保留；鉴别中存疑的物流信息，不一定要剔除。它和鉴别的联系在于：二者都是物流信息组织的一个环节。

（2）筛选的步骤。筛选的依据是物流信息的真实性、适用性、精约性、先进性。筛选分四步进行。

第一步，真实性筛选。根据鉴别的结果，保留真实的物流信息，剔除不真实的物流信息，对存疑物流信息进一步调查核实。

第二步，适用性筛选。以适用为标准，在真实的物流信息里，剔除与采集目标不相关、过时无用、重复雷同、没有实际内容或用处不大的物流信息，保留"真实/适用"的物流信息。

第三步，精约性筛选。以精约为标准，在那些真实有用的物流信息中，剔除表述烦琐臃肿的物流信息，尽量减少物流信息的冗余度，保留"真实/适用/精约"的物流信息。

第四步，先进性筛选。以先进为标准，剔除那些虽然真实、有用、精约，但内容落后的物流信息，保留"真实/适用/精约/先进"的物流信息。

比如，一本名为《怎样使用 Windows95》的书，显然是真实的，曾经是适用的，当年好不容易才买到它，对于学习使用 Windows95 很有帮助。该书文字简练，图文并茂，也符合精约的要求，但其内容在今天已经落后了，不符合先进性要求，所以要筛掉。

3. 整序

这是对筛选后保留下来的物流信息进行归类整理的工作。通常有两种情形：其一，在企业内已经有了同类物流信息，并且已经有了整序方式，建立了体系，需要对采集到的物流信息进行分析，看其可以归入已有的整序体系中的哪一部分，此即通常所说的"归类"；其二，在企业已有的整序方式和体系中找不到新采集物流信息的具体位置，需要给予其新的整序，如分类整序或主题整序。

4．初步激活

这是对筛选后保留下来的物流信息进行开发、分析和转换，实现物流信息的活化，以便应用的过程。此时的激活，仍是初步的，只是获得物流信息后的第一印象。至于该物流信息可以用到企业的哪个方面，应该是"物流信息利用"环节的任务。

分布式数据处理技术、并行处理技术、网格计算技术、云计算处理技术、数据挖掘技术等计算机技术可以在这个环节使用。

5．编写

这是物流信息组织过程的产出环节，是指把经过加工后获得的新物流信息编写成新的物流信息资料。通常，一条物流信息应该只有一个主题，要有简洁、清晰、严谨的结构，突出鲜明的标题，文字表述应精炼准确、深入浅出。

以上物流信息组织的五个环节，本质上是一种递进关系，但在实际操作中，各个环节之间并无明显界限，有时几乎是同步进行的。

2.3 物流信息存储

2.3.1 物流信息存储的含义

物流信息存储是指将物流过程中产生的信息采用多种形式记录和排序。它包含三层含义：一是将所有信息按照一定规则记录在相应的信息载体上；二是将这些载体按照一定的特征和内容组织成系统有序的、可供检索的集合体；三是应用计算机等先进的技术和手段，提高信息存储的效率和利用水平。

2.3.2 物流信息存储的作用

1．方便检索

将加工处理后的信息资源存储起来，形成信息资源库，能为用户从中检索所需要的信息提供极大的便利。

2．延长寿命

信息存储还可以有效地延长信息资源的使用寿命，提高信息资源的使用效益。

3．利于共享

将信息资源集中存储到信息资源库中，为用户共享使用其中的信息内容提供了便利。人们可以反复使用其中的资源，提高了信息资源的利用率。

4．便于管理

将信息资源集中存储到信息库中后，就可以利用先进的数据库管理技术定期对其中的信息内容进行更新，剔除其中已经过时失效的信息内容。

2.3.3 物流信息存储的要求

1．准确有序

这是指在记载物流信息内容、登录存储物流信息时，内容不冗不漏，用语简练准确，结构有条不紊。

2. 物流信息安全

这是指要保证物流信息在存储期间不发生丢失和毁坏。

3. 节约空间

这是指尽可能地减少存储物流信息所占用的空间，节省存储费用。存储空间小，也便于保管和检索使用。

4. 使用方便

物流信息存储的编码规则应稳定不变，检索时操作应简单、快速、方便。

5. 便于更新

企业存储的物流信息不能像图书馆中的书那样一直收藏着，必须不断更新。因此，存储的方式、分类的体系等要便于更新，易于增添新资料、删除无用资料、修改变化了的资料。

2.3.4 物流信息存储的技术

信息存储是各种科学技术得以存在和发展的基础。长久以来，人类一直在不断地探索和寻求保存信息的方法和载体。结绳刻痕是人类最早的、低级的存储信息的方法。泥土、石块、甲骨、竹简、丝帛都曾作为信息的载体。文字、纸张、印刷术这些信息技术革命的成果，是人类解决信息存储、信息表达、信息交流和信息载体问题的一次飞跃。存储技术发展到今天，印刷存储技术、缩微存储技术、磁存储技术、半导体存储技术、光存储技术同时服务于人类，展现了信息存储的广阔前景。

1. 信息的印刷存储技术

印刷是指将文字、图形等信息经过一定的工艺操作，成批量地复制出来。随着印刷技术的日益精湛，在各种类型的印刷载体，如质地不同的纸张、纺织品、皮革、木材、塑料、金属、玻璃、陶瓷上的印刷效果，已经达到了相当精美的程度。

纸张以外的印刷载体，如纺织品等，尽管也起到了存储、传递、交流信息的作用，但主要还是为生活用品及装饰用品增添艺术色彩，它们并不适合作为积累和保存大量信息的载体。长期以来，世界各国的图书馆、档案馆、文献信息中心资料室等公益性的文献存储机构，一直是以存储纸张印刷文献为主，实现文献资源共享，达到信息存储、交流、利用的目的。

2. 信息的磁存储技术

自 1898 年丹麦的 Poulson 成功发明第一台磁性录音机以来，磁存储技术逐渐被人们所接受并用于计算机、自动控制、医疗卫生、广播电视、电影娱乐、宇航技术、军事技术、地质勘探、文化教育、金融商务等方面，并在磁媒质和相关设备方面有了很大的发展。

利用磁存储技术，从用户角度看，不仅价格便宜，而且其最大的优势是可以长久保留信息，复制信息、删除信息容易，占用存储空间小，容量大，存储媒质可重复使用。从技术上看，磁存储频带宽，可存储从直流信号到 2MHz 以上的交流信号；当采用多路频率调制方式（FM）进行存储时，能同时进行多路信息的存储；可对高频信息高速存入、低速重放，对低频信息慢速存入、快速重放。

3. 信息的光存储技术

信息的光存储技术始于 20 世纪 60 年代，但在 70 年代才真正获得迅速发展。光盘存储器的出现，是信息存储技术的重大突破，它为海量信息存储和信息检索等应用提供了广阔前景，已开始向磁存储技术发起挑战。

光盘（Optical Disc）是一种用激光原理来记录和读取信息的圆形盘片。其基本结构分为三层：基体、信息层和保护层。基体的材料可以是有机玻璃、塑料等；信息层是由极薄的金属薄膜或色素薄膜、非晶体薄膜、光磁材料等制成的；保护层是一层透明聚合物，用于防尘和防划痕。

光盘按其功能可分成三类：只读型、写一次型和可擦型。

2.3.5 物流信息存储的管理

电子信息的存储不可避免地存在如何保证数据安全和可靠性的问题。在某些应用场合，如银行和证券交易所，数据是非常宝贵的资源，数据丢失将导致灾难性的后果。

1. 风险评估

安全风险评估是指依据有关信息安全技术标准，对信息系统及由其处理、传输和存储的信息的保密性、完整性和可用性等安全属性进行科学评价。它要评估物流信息系统的脆弱性，以及信息被利用后所产生的负面影响。风险评估的结果包括：确定物流信息系统的安全等级划分；明确需要安全、保密之类的重点防范部位；识别、检测是否有安全事件发生，提出安全保护管理策略和总体方案；为包括应急计划在内的安全防范措施的设计提供一整套规范的设计准则，使受冲击的计算机信息系统能够及时、有效地恢复到正常状态。风险评估的最终目的是确保计算机信息系统的完整性、机密性、可用性和可控性等，确定信息系统存在的风险及其强度，从而有的放矢地选择安全防护措施，并将风险降低到可接受的程度。

2. 数据备份

数据备份根据操作的数据不同，分为以下四类：完全备份、增量备份、差量备份和即时备份。

（1）完全备份。所谓完全备份，是指复制整个磁盘卷或逻辑磁盘的内容，如完整的服务器备份即由服务器上所有卷的全量备份所组成。采用完全备份是为了在服务器发生故障时，可快速进行磁盘卷恢复。为保证不影响正常服务，完全备份一般在周末进行。

（2）增量备份。增量备份即备份自从上次备份操作以来新产生或者更新的数据。其主要优点是备份时间短。增量备份一般在最近一次完全备份后执行，记录的是上次备份后的数据变化。

（3）差量备份。差量备份即备份上一次完全备份后产生的或更新的所有新的数据。例如，假定完全备份是在周末进行，那么，如果在星期一下班后再进行备份时，差量备份与增量备份是一样的；但在星期二进行差量备份，差量备份将包含所有在星期一和星期二进行增量备份的数据；在星期四进行的差量备份将包括从星期一到星期四的所有的增量数据。进行差量备份的主要目的是将完全恢复时涉及的备份记录数量限制为两个，以简化数据恢复工作。

（4）即时备份。即时备份是指管理员根据需要或系统运行情形即时地备份数据。备份提高了系统的可靠性，但面临着在一个全天候运转的服务器系统中如何确保数据有效性和完整性的问题。当有多个用户正在访问服务器数据时，有可能备份系统正在执行复制操作,若此时发生文件或数据库记录的更新,备份就有可能包含了一部分更新以前的数据,而另一部分则是更新以后的数据,即复制到磁带上的数据处于不一致状态,导致该数据不可用。解决此问题的方法有两种:冷备份和热备份。

冷备份是指当执行备份操作时,服务器将不接受来自用户或应用对数据的更新。冷备份能很好地解决备份时并发更新带来的数据不一致问题,常用于数据库备份。但当冷备份需要运行很长时间,如几小时时,它会屏蔽服务器的数据更新响应,因此不适合那些需要服务器 24 小时全天候可用的场合。

热备份就是在用户和应用正在更新数据时,系统也可以进行备份。对于热备份,存在两个完整性问题:每一个文件或数据库实体都需要作为一个完整的、一致的版本进行备份;若有与数据版本相关的文件或数据库实体,也需要一并备份,并保持其一致性。常用的热备份方法是:对于正在由应用程序使用的文件,备份系统不对其进行备份。但是,如果有一些重要的数据文件总是处于打开状态,采用此种方法将使其永远得不到备份。此时,备份系统可采用文件的单独写/修改特权,保证在该文件备份期间其他应用不能对它进行更新。

3. 数据恢复

备份操作可以在无人值守的情况下自动执行,而恢复操作经常需手工干预,管理员需要选择恢复的数据实体、恢复数据存放的介质等。常用的恢复操作类型有:基于映射的完全恢复、基于对象的恢复和重定向恢复。

在已有完全备份磁带(光盘)的基础上,可以实现基于映射的完全恢复。磁带(光盘)可以直接挂接在待恢复的系统上进行操作,也可通过连接在网络上的管理磁带操作的备份引擎完成。映射恢复的前提是正被恢复的分区与原来的大小一致,待恢复系统上有必要的恢复软件,如磁盘分区、块拷贝以及网络传输驱动等。该恢复操作通常应用于系统硬件完好、只是数据受损且已有完全备份的情况。

另一类常见的恢复是只涉及单个文件、表以及其他系统实体的恢复,即基于对象的恢复。采用备份的系统数据,只需选择需要恢复的项目进行恢复即可。如要恢复数据库表单,找出备份有该表单的磁带或光盘,将其复制至系统即可。

2.4 物流信息检索

2.4.1 物流信息检索的定义

1. 物流信息检索的含义

信息检索的本质是一个信息匹配的过程,即用户的信息需求与特定信息集合的比较、选择。也就是说,信息检索是用户根据自己的信息需求提出的主题概念或提问表达式与一定的信息系统的信息语言相匹配的过程,如果两者一致,则所需信息就被检中,否则检索失败。

物流信息检索是指从以任何方式组成的物流信息集合中,查找特定用户在特定时间和特定条件下所需物流信息的过程。

2．物流信息检索的实现过程

（1）信息标引和存储过程。信息标引和存储是对大量无序的信息资源进行标引处理，使之有序化，并按科学的方法存储，形成检索工具或检索文档的过程，即组织检索系统的过程。

（2）信息的需求分析和检索过程。信息的需求分析和检索是分析用户的信息需求，利用已组织好的检索系统，按照系统提供的方法与途径检索有关信息的过程，即检索系统的应用过程。

信息检索的实质是将描述特定用户所需信息的提问特征，与信息存储的检索标识进行异同的比较，从中找出与提问特征一致或基本一致的信息。人们先要对需求进行分析，从中选择能代表信息需求的主题词、分类号或其他符号。例如，要查找关于"EOQ 在库存管理中的应用研究"方面的信息，根据信息需求的范围和深度，可选择"EOQ"和"库存"为第一层面的提问特征，将"EOQ""备品备件库存""原材料库存"作为第二层面的提问特征，将"定量订货""定期订货""ABC 分类法"等库存策略作为第三层面的提问特征。

检索标识是指在存储信息时，对信息内容进行分析，并提出的能代表信息内容实质的主题词、分类号或其他符号。例如，在分析、标引、存储有关"EOQ 在库存管理中的应用研究"方面的信息时，可选择"EOQ""库存""定量订货""定期订货""ABC 分类法"等作为存储和检索的标识。

检索时，将提问特征同检索标识进行对比匹配，若达到一致或部分一致，即为所需信息。

2.4.2 物流信息检索的途径

信息检索途径也叫信息检索入口或检索点。用户在检索信息时要选择正确的信息检索途径，以便能够快捷、准确、全面并低成本地查找到信息。一般来说，检索物流信息资源时，可采取以下几种途径。

（1）分类途径：这是按信息类别进行检索的途径。分类检索的一般过程是：首先，分析提问的主题概念，选择能够表达这些概念的分类类目（包括类名和类号）；其次，按照分类类目的字顺，从分类目录或索引中进行查找，从而得到所需的信息。

（2）主题途径：根据内容主题进行检索。一般来说，如果知道所检信息的主题概念或是要解决一个具体的技术问题，选用主题途径为好。

（3）来源途径：根据信息来源来查找信息。

（4）题名途径：通过信息的名称来查找信息。

（5）机构途径：通过机构名称获取相关信息、了解该机构的情况。以机构途径检索信息，一般以计算机检索工具为主，手工检索较少用。

（6）代码途径：通过信息的某种代码来检索信息。例如，通过图书的 ISBN 号、期刊的 ISSN 号、专利号、报告号、合同号、索书号等来进行检索。

（7）其他途径：有些检索工具还附有一些特殊索引，可以通过特殊索引查找所需文献。例如，已知某一事物的化学分子式，可通过分子式索引进行检索。

2.4.3 物流信息的检索方法

信息检索的效率与信息检索方法有很大的关系，使用高效的信息检索方法能够使用户以最少的时间获得最满意的检索效果。检索方法主要有以下几种。

（1）直接查找法：检索者不依靠任何检索工具或检索系统，从本专业最新资料中直接获取信息。这是一种最常见的信息资源的获取方式。直接查找可以及时获得最新资源，但缺点是只能查找本单位或公共信息服务机构提供的文献，不全面、不系统，且局限性较大。

（2）顺查法：利用检索工具或检索系统，按照时间顺序由远及近地查找。采用这种方法时，一般需了解检索问题的背景和发生简况，从而选择比较适宜的检索工具及检索系统，从问题产生的时间开始查起。这种方法具有查全率较高的优点。

（3）逆查法：利用检索工具或检索系统由近及远逆时间查找。逆查法的重点在近期信息资源上，以基本满足用户自己的信息需求为原则。使用这种方法可以最快地获得新资料、新信息，投入劳动比较少，省时省力，检索效率较高，但查全率较顺查法低。

（4）抽查法：利用检索工具或检索系统查找信息时，抽取其中某段时间进行查找。抽查法重点关注有关问题的信息最可能出现或最多出现的时间段。该方法的优点是能收集相对集中、具有代表性、能反映该主题的信息，有事半功倍的效果，具有检索效率高、检索效果好的优点。

2.5 物流信息应用

物流信息应用与反馈是物流信息管理过程中最重要的环节，它使收集、加工、存储和检索的信息能够为物流组织的管理工作服务。没有这一环节，前面各个环节所做的工作就都失去了意义。

2.5.1 物流信息应用的含义

信息从收集、组织、存储、检索到传输和加工，其最终目的是使信息能满足物流相关用户的需要。物流信息的应用包括两个方面：一是技术，二是如何实现价值转换。前者要解决的问题是如何高速度、高质量地提取使用者所需信息。后者是信息利用的关键，是使信息能为使用者优化物流系统，提升运作效率，带来利润。

2.5.2 物流信息应用的途径

经收集并存储下来的信息，并不一定能直接应用于物流管理工作。而其会不会有用、怎样才能有用，必须经过激活才能得到验证。

通常，信息只有经过人的思维加工并得到理解之后才可能被使用。理解就是对信息所表现的自身规律以及该信息与其他信息之间联系的认识。而信息应用、信息激活，就是要建立起新的、更多的信息之间的联系，而建立新联系的关键就在于转换人们的思路。旧的思路反映的是旧的信息联系。思路转换本质就是把信息从旧的联系中分解出来，进行重组，建立起新的联系。

在信息应用中，一般可有以下四种不同的思路。

1．先开发，后利用

信息开发的含义比较广泛，包括内涵开发和外延开发。信息的内涵开发是指对已经掌握的信息做深度的加工、重组和激活，以求发现这些信息新的功能。信息的外延开发是指对信息源和信息渠道的开拓和发掘，以便进一步获取更多的信息。外延开发可以进一步扩大内涵开发的范围，为新的内涵开发做准备。

信息应用的本质就是信息的内涵开发，二者只在服务对象上有范围大小的区别。内涵开发往往是指广泛的开发，并无具体对象。信息应用也是一种开发，但只是针对具体的服务对象。

例如，对于某一出库频次较高的物品，从内涵开发的角度看，可以思考该物品为什么高频次出库，需求规律如何，采用了什么库存策略，原材料是如何采购入库的，一切与物品相关的方面都应该想到。而信息应用则不同，它只考虑企业是否生产这种物品，如果生产就利用这一信息，如果不生产就不利用这一信息。但是，不生产这一物品，不等于这一信息对本企业或组织就一定没有用。发现该信息可以应用的内涵，是在对该信息进行内涵开发之后。所以，信息应用应该在信息内涵开发之后进行。

2．从普遍联系的角度出发寻找可利用的信息

这是进行信息应用最基本的也是用得最多的思路。主观世界和客观世界的信息之间的联系是普遍的、多样的，信息功能也是多样的，信息的范畴是可以不断扩充的。当我们掌握某一信息时，就可以在与这一已知信息具有广泛的普遍联系的范围里寻找可以利用的新信息。

例如，1924年美国著名企业家哈默访问苏联，结束了商务活动准备回国时，他偶然去一家文具店买铅笔，发现是50戈比一支，竟然是美国的10倍。他又要买一支擦不掉笔迹的化学铅笔，营业员说："看你是外国人，我就卖一支给你。我们的存货不多，照规矩只卖给老主顾。"哈默花了两卢布买了一支。他根据市场上铅笔如此缺货的信息，联想到在访问期间，苏联政府要求每个苏联公民都要学会读书写字的信息，马上就总结出一个新的信息，即苏联国内蕴藏着一个巨大的潜在的铅笔市场，并立即决定向苏联外贸人民委员会申请铅笔生产许可证。到1962年，哈默的铅笔厂成了世界上最大的铅笔厂之一。

3．从发展的角度出发寻找可利用的信息

客观世界不仅是普遍联系的，还是变化发展的，表征客观事物的信息自然也是变化发展的。要用发展的眼光看待已经获取的信息，根据信息变化发展的规律或趋势来推测可能出现的若干信息，并从中选择对自己工作有用的信息，为管理工作服务。

4．从否定之否定角度出发寻找可利用的信息

事物不仅是变化发展的，在一定的条件下还会向它的反面转化。任何事物的发展过程实际上都是一个否定之否定、不断前进的过程。因此，我们在利用信息时，也可以从与已知信息相反的方向来思考，寻找对自己有用的信息。

2.5.3 物流信息应用的方式

1．物流信息应用的常见方式

物流信息应用的方式有很多，以下介绍几种主要的方式。

（1）信息检索。信息检索服务是指根据相关物流用户的需求，从各类不同的检索工具或检索系统中，迅速、准确地查出与用户需求相符合的、有价值的信息的过程。这项工作既可以由专职信息人员根据用户的要求进行，也可以在信息人员的指导和帮助下，由用户自己来完成。

（2）信息提供。信息提供服务是指有选择地为物流信息应用者提供信息的服务。物流信息提供服务的主要表现方式包括数据可视化、仿真模拟、文献提供、信息平台等。在如今网络普及的情况下，传统的文献提供服务方式也相应发生了变化。虽然这些手段得以保留并将在很长时期内占据主要地位，但网络等现代信息技术的应用极大地丰富了传统手段的内容，提升了效率。

（3）信息咨询。信息咨询是在信息资源提供的基础上发展起来的。它是指利用现代科学知识和现代技术手段、方法，为解决物流过程中的各种复杂问题而进行的服务活动。它通过改变所收集或存储的信息资源的形态来产生新的信息资源，如物流需求预测、库存策略分析、成本优化等。

2. 信息编写

在信息管理过程的收集、加工、存储、传递等诸环节，都需要将最终结果用文字进行编写，并通过多种信息载体向外发布。信息编写过程中需要抓好两个重点：一是信息选题；二是信息编写的基本要求。信息选题是信息编写的首要环节。只有选择合适的选题，才有可能编写出高质量的信息。要想准确把握信息选题，首先要了解不同组织机构的信息需求，其次要灵活运用信息选题的常见方法。

信息选题的常见方法包括：①适时出新法，即在特定期限内根据不断变化的形势，捕捉具有新意的信息选题。②个性发掘法，即根据实际情况的不同，发掘最具特色、最典型并且最有推广价值的信息选题。③冷热并重法，即利用辩证的观点、科学的态度以及发展的眼光去分析信息选题中的冷热情况。④跟踪领导法，即信息选题必须适应组织的实际需要。⑤纵横结合法，即信息选题既要考虑事物发展各个阶段的情况，又要考虑从事物发展各阶段不同侧面选题。⑥喜忧兼报法，即同时考虑有利的和不利的信息来选题。⑦上下辅助法，即从组织机构的上下级单位发送的信息资料中发掘信息选题。

信息编写的主要类型有动态型信息、问题型信息、经验型信息、建议型信息等，它们的编写要求如下：①动态型信息反映的是某项工作、活动或者事件的发生发展以及变化的客观情况，编写时必须做到信息内容准确无误、信息标题简洁新颖、突出主要内容。②问题型信息反映的是已经发生、正在发生或即将发生的各种问题的客观情况，编写时必须做到反映问题发生的真实面貌，要写明已发生问题产生的原因及其所造成的后果或影响，要做到快写快报。③经验型信息反映的是某个地区、部门、单位或某一方面、某项工作的重要经验信息，编写时，必须做到要对信息内容进行深层次开发，从中提炼出有价值的东西，要重点突出经验信息的具体做法以及所取得的成果。④建议型信息是指能够帮助决策者出谋划策的信息，编写时除了需要遵循前面三类信息的一般编写要求以外，还必须写明建议的针对性或目的性、建议采取的措施或方法，以及采取该建议后可以解决的问题等。

2.6 物流信息反馈

在企业物流信息管理中，物流信息反馈是指将利用某一物流信息之后得到的结果（反馈物流信息）与利用该物流信息前对结果的预测相比较，以期获得该物流信息利用效果的结论，借以指导下一次物流信息利用的过程。

2.6.1 物流信息反馈的作用

1. 物流信息反馈是不断提高企业物流信息管理水平的保证

物流信息是管理的纽带，管理过程实际上就是物流信息沟通的过程。反馈物流信息既是上一个管理过程的终结，又是下一个管理过程的开始。它可以使物流信息管理者了解物流信息利用的效果，了解管理工作的长处和不足，以便对原来的物流信息管理方案做相应的修订，继承和发扬长处，弥补不足，把物流信息管理工作做好。

企业物流信息管理工作的水平，正是在以物流信息反馈为前提的一次次良性循环中得到提高的。

2. 物流信息反馈是优化企业管理者决策的条件

物流信息反馈在管理决策过程中起着调节作用。决策前，反馈物流信息制约着决策活动的方向、时间和要求，可使管理者明确哪些需要决策，哪些不需要决策；哪些应早决策，哪些应晚决策；哪些是重点决策，哪些是一般决策。决策过程中，反馈物流信息可增加决策的有效程度，赢得决策受控对象的充分理解、支持和认同；在决策实施后，反馈物流信息可了解决策的效果，增加决策的周密性。

因为万无一失或一劳永逸的决策并不存在，所以企业管理者在决策过程中，要密切注意了解不断变化着的客观实际，通过一定的反馈物流信息，消除不确定因素，优化决策，对决策方案适时进行修改和调整，使决策更为完善和科学。

3. 物流信息反馈是企业实施有效控制的前提

控制是管理的重要职能，没有控制的管理，是不完全的管理，是肯定要失败的。要实现有效控制，就必须及时了解企业的实际工作情况，与企业计划和目标有无偏离、偏离到何种程度及发生偏离的原因，这就是反馈物流信息。只有在获得这些反馈物流信息后，才能采取具有针对性的措施来纠正偏差。

此外，企业内员工之间和各部门之间，企业与企业外各兄弟企业之间的协调问题，也只有利用反馈物流信息才能解决。

2.6.2 物流信息反馈的要求

物流信息反馈是一个过程，包括反馈物流信息的获取、传递和控制的实施。所以，物流信息反馈的要求也是从这三个方面提出来的。

1. 反馈物流信息要真实准确

反馈物流信息不真实、不准确，会造成控制决策的错误。这不仅要求物流信息要真实，还要求能够正确识别反馈物流信息。首先，不能把其他系统的被控制物流信息当作本控制环路的反馈物流信息，不能把多种原因造成的物流信息传播失真当成反馈物流信息，不能把反馈渠道中产生的物流信息都当作反馈物流信息。把这些物流信息作为反馈物流信息来使用，同样会导致决策的失误。其次，反馈物流信息表述得不准确、不完整、不简明，或者在传递过程中受到干扰，产生物流信息畸变，也会影响基于反馈物流信息的决策。

2．物流信息传递要迅速及时

企业在不停运转，反馈物流信息传递迟缓，就会延缓基于反馈物流信息的管理控制的实施，使管理工作中的问题得不到及时的纠正，给企业造成损失。再加上反馈物流信息总是发生在基层，而具有控制决策权的人又总是在上层。所以，需要尽量缩短反馈物流信息的传输通道，准确把握本控制环路的物流信息反馈途径，使反馈物流信息一旦发生，能够迅速向有决策权的层次传递。

3．控制措施要适当有效

许多物流信息管理的论著在谈及物流信息反馈的要求时，都说要"真实、准确、及时、灵敏、全面、简明"。其实这只是对反馈物流信息的要求。可是，反馈物流信息本身并不会表示出应该如何控制。同样一个反馈物流信息，不同的管理者会提出不同的控制措施。有了合乎要求的反馈物流信息，不等于就一定会有好的反馈控制，有效的控制取决于根据反馈物流信息所制定的控制措施。

思考题

1. 简述物流信息管理的过程及其含义。
2. 物流信息采集有何特点与要求？可采用的主要技术有哪些？
3. 举例说明物流信息的组织过程。
4. 对某一物流企业的中层管理者来说，应如何分析其物流信息检索的主要内容及途径？

第 3 章

物流信息技术

学习目标

1. 了解数据采集、储存、传输、控制技术的基本概念；
2. 理解条码技术、射频识别技术、信息传输技术、GPS 技术的基本原理；
3. 掌握数据采集、储存、传输、控制等技术系统的组成与应用。

3.1 数据采集技术

计算机、网络技术的发展，彻底改变了人们传统的工作方式。但是如何解决计算机的快速录入问题，一直是影响计算机应用的"瓶颈"。手工键盘输入速度慢、容易出错，而且工作强度大。自动识别技术是信息数据自动识读、自动输入计算机的一种重要方法和手段，是一门以计算机技术和通信技术为基础的综合性科学技术。自动识别技术近几十年在全球范围内得到了迅猛发展，初步形成了一个包括条码技术、磁条（卡）技术、光学字符识别、系统集成、射频识别、声音识别及视觉识别等集计算机、光、机电、通信技术为一体的高新技术学科。

到目前为止，先后涌现出多种自动识别技术，如手写识别技术、语音识别技术、条码识别技术、磁识别技术等。尤其是以条码技术为首的自动识别技术，因输入速度快、准确率高、成本低、可靠性强等原因，发展十分迅速，现已广泛应用于物流业的各个环节。

3.1.1 条码技术概述

1. 条码的概念

条码技术是在计算机技术和信息技术基础上发展起来的一门融编码、印刷、识别、数据采集和处理于一体的技术，是目前最成熟、应用领域最广泛的自动识别技术之一。

我国国家标准《条码术语》（GB/T 12905—2019）定义：条码是"由一组规则排列的条、空组成的符号，可供机器识读，用以表示一定的信息，包括一维条码和二维条码。""条"是指对光线反射率较低的部分，"空"是指对光线反射率较高的部分。

一个完整的条码一般由空白区（左）、起始符、数据符、中间分割符（可选）、校验符、终止符、空白区（右）组成，如图3-1所示。

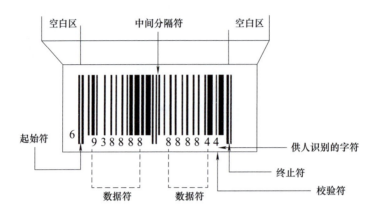

图 3-1　EAN-13 商品条码的符号结构

（1）空白区，也称静区，位于条码符号的两侧，即条码起始符、终止符两端外侧与空的反射率相同的限定区域，无任何符号及信息，用以提示条码阅读器准备扫描。条码的类型不同，其空白区的宽度也不同。

（2）起始/终止符，是指位于条码开始和结束处的若干条与空，标志条码的开始和结束，同时提供码制识别信息和阅读方向信息。

（3）数据符，即位于条码中间的条、空结构，包含条码所表达的特定信息。

（4）中间分隔符，是指位于条码中间将数据符分为左右两侧的若干条和空。不是所有的条码都有中间分隔符。

（5）校验符，即数据符的最后一位，它是通过一定的数学计算方法计算出来的用于确定输入信息正确性的符号。

2．条码的特点

信息输入中采用的自动识别技术有很多。条码作为一种图形识别技术与其他识别技术相比有如下特点：

（1）制作简单，成本低。条码符号制作容易，扫描操作简单易行。条码标签易于制作，对设备和材料没有特殊要求，成本非常低。这使得条码技术在某些应用领域有着无可比拟的优势。

（2）信息采集速度快。普通计算机键盘录入速度大概是每分钟200个字符，利用条码扫描的录入速度是键盘录入的20倍。

（3）采集信息量大。利用条码扫描，一次可以采集几十位字符的信息，而且可以通过选择不同码制的条码增加字符密度，使采集的信息量成倍增加。

（4）可靠性强。键盘录入数据，误码率为三百分之一；利用光学字符识别技术，误码率约为万分之一；而采用条码扫描录入方式，误码率仅为百万分之一。

（5）使用灵活。条码符号作为一种识别手段可以单独使用，也可以和有关设备组成识别系统实现自动化识别，还可以和其他控制设备联系起来实现整个系统的自动化管理。同时，在没有自动识别设备时，也可以实现手工键盘输入。

（6）自由度大。识别装置与条码标签相对位置的自由度要比光学字符识别（OCR）大得多。

（7）识别简单。条码识别设备结构简单，容易操作，操作人员不用专门训练，因而容易推广。

3. 条码的分类

按照维数的不同，条码可分为一维条码、二维条码。每种条码根据码制又有相应的分类。

（1）一维条码。一维条码只在一个方向（一般是水平方向）表达信息，而在垂直方向则不表达任何信息。一维条码信息靠"条"和"空"的不同宽度和位置来传递，信息量的大小由条码的宽度和印刷的精度来确定。一维条码自20世纪问世以来，很快得到了普及并广泛应用。但是由于一维条码的信息容量很小，如商品上的条码仅能容纳13位阿拉伯数字，更多的描述商品的信息只能依赖数据库的支持，一旦离开了预先建立的数据库，这种条码就变成了无源之水、无本之木，因而其应用范围受到了一定的限制。

一维条码按其长度来分，可分为定长和非定长条码；按排列方式划分，可分为连续型和非连续型条码；按校验方式划分，可分为自校验和非自校验型条码等。

根据码制，一维条码主要有以下种类：

1）UPC码。1973年，美国率先在其国内的商业系统中应用UPC码之后，加拿大也在其国内商业系统中采用了UPC码。UPC码是一种长度固定的连续型数字式码制，其字符集为数字0～9。它采用四种元素宽度，每个条或空是1、2、3或4倍单位元素宽度。UPC码有两种类型，即UPC-A码和UPC-E码，如图3-2所示。

图3-2　UPC-A码和UPC-E码

2）EAN码。1977年，欧洲经济共同体各国按照UPC码的标准制定了欧洲物品编码EAN码。EAN码与UPC码兼容，而且两者具有相同的符号体系。EAN码有两种类型，即EAN-13码和EAN-8码，如图3-3所示。

图3-3　EAN-13码和EAN-8码

3）交插二五码。交插二五条码是一种条、空均表示信息的连续型、非定长、具有自校验功能的双向条码，如图3-4所示。它的每一个条码数据符由5个单元组成，其中2个是宽单元（表示二进制的"1"），3个窄单元（表示二进制的"0"），代表的字符集为数字0～9。

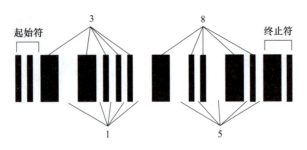

图 3-4 交插二五码

4）39 码。39 码是第一个字母数字式码制，1974 年由 Intermec 公司推出。它是长度可变的离散型自校验字母数字式码制。其字符集为数字 0～9，以及 26 个大写英文字母和 7 个特殊字符（+、-、*、/、%、$、.），还有空格符。每个字符由 9 个元素表示，其中有 5 个条（2 个宽条，3 个窄条）和 4 个空（1 个宽空，3 个窄空），如图 3-5 所示。

5）库德巴码。库德巴码（Code Bar）出现于 1972 年，是一种长度可变的连续型自校验数字式码制。其字符集为数字 0～9 和 6 个特殊字符（-、:、/、.、+、$），共 16 个字符，常用于仓库、血库和航空快递包裹中，如图 3-6 所示。

图 3-5 39 码　　　　　　　　　　图 3-6 库德巴码

6）128 码。128 码出现于 1981 年，是一种长度可变的连续型自校验数字式码制，如图 3-7 所示。它采用四种元素宽度，每个字符有 3 个条和 3 个空。它有三种编码方式，分别为 A、B、C，可将 128 个 ASCII 码编码。

7）ITF-14 码。ITF-14 条码是一种连续型、定长、具有自校验功能，并且条、空都表示信息的双向条码，如图 3-8 所示。ITF-14 条码的条码字符集、条码字符的组成与交插二五码相同。它由矩形保护框、左侧空白区、条码字符、右侧空白区组成。

图 3-7 128 码　　　　　　　　　　图 3-8 ITF-14 码

（2）二维条码。二维条码（也称二维码）是用按一定规律在平面（二维方向）分布的黑白相间的图形来记录数据符号信息的。除具有一维条码的优点外，二维条码还具有信息容量大、可靠性高、保密防伪性强、易于制作、成本低等优点。

二维条码可以分为堆叠式/行排式二维条码和矩阵式二维条码。

1）堆叠式/行排式二维条码。堆叠式/行排式二维条码（又称堆积式二维条码或层排式二维条码）的编码原理建立在一维条码的基础之上，按需要堆积成两行或多行。它在编码设计、校验原理、识读方式等方面继承了一维条码的一些特点，识读、印刷与一维条码技术兼容。但由于行数增加，因此需要对行进行判定，其译码算法与软件也不完全与一维条码相同。有代表性的堆叠式/行排式二维条码有 Code49、Code16K、PDF417（图 3-9）等。

2）矩阵式二维条码。矩阵式二维条码（又称棋盘式二维条码）是在一个矩形空间内，通过黑、白像素在矩阵中的不同分布进行编码。在矩阵相应元素位置上，用点（方点、圆点或其他形状）的出现表示二进制"1"，用点的不出现表示二进制的"0"，点的排列组合确定了矩阵式二维条码所代表的意义。矩阵式二维条码是建立在计算机图像处理技术、组合编码原理等基础上的一种新型图形符号自动识读处理码制。具有代表性的矩阵式二维条码有 Code one、Maxi Code、QR Code（图 3-10）、Data matrix 等。

图 3-9 堆叠式/行排式二维条码（以 PDF417 为例）　　图 3-10 矩阵式二维条码（以 QR Code 为例）

4．条码识读

（1）识读基本原理。条码识读的基本原理是：阅读器的光源发出的光线照射到条码符号上，被反射回来的光经过光学系统成像在光电转换器上，使之转换成电信号。电信号经过电路放大后产生模拟电压，它与照射到条码符号上被反射回来的光成正比，再经过滤波、整形，形成与模拟信号对应的方波信号。方波信号是一个二进制脉冲信号，经译码器解释后形成计算机可以直接采集的数字信号。条码识读系统一般由数据源、条码阅读器、计算机系统等组成，其工作过程如图 3-11 所示。

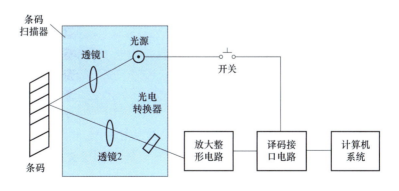

图 3-11 条码识读原理

（2）识读设备。条码识读设备包括条码扫描器和译码器。目前，大部分条码识读设备将扫描器和译码器集成于一体。条码识读设备种类很多，选择使用哪种识读设备要综合考虑。下面按条码识读设备的扫描方式、操作方式、识读能力和扫描方向进行分类。

1）按扫描方式分类，可分为接触式和非接触式两种。接触式识读设备包括光笔与卡槽式条码扫描器；非接触式识读设备包括 CCD 扫描器与激光扫描器。

2）按操作方式分类，可分为手持式和固定式两种。手持式条码识读设备应用于许多领域，特别适用于条码尺寸多样、识读场合复杂、条码形状不规整的应用场合，如光笔、激光枪、手持式全向扫描器、手持式 CCD 扫描器和手持式图像扫描器。固定式识读设备扫描识读不用人手把持，适用于人手劳动强度大（如超市的扫描结算台）或无人操作的自动识别应用场合，如卡槽式扫描器、固定式单线单方向多线式（栅栏式）扫描器、固定式全向扫描器和固定式 CCD 扫描器。

3）按识读码制的能力分类，可分为光笔、CCD、激光和拍摄四类。光笔与卡槽式条码扫描器只能识读一维条码。激光条码扫描器只能识读行排式二维码（如 PDF417 码）和一维条码。图像式条码识读器可以识读常用的一维条码，还能识读行排式和矩阵式的二维条码。

4）按扫描方向分类，可分为单向和全向两种。其中，全向条码扫描器又分为平台式和悬挂式。悬挂式全向扫描器是从平台式全向扫描器中发展而来的，这种扫描器也适用于商业 POS 系统及文件识读系统。识读时可以手持，也可以放在桌子上或挂在墙上，更加灵活方便。

5. 编码方法

条码的编码方法就是通过设计条码中条与空的排列组合来表示不同的二进制数据。一般来说，条码的编码方法有两种：模块组合法和宽度调节法。

（1）模块组合法。模块组合法是指在条码符号中，条与空由标准宽度的模块组合而成。一个标准宽度的条表示二进制的"1"，而一个标准宽度的空模块表示二进制"0"。

商品条码一般采用模块组合法进行编码。每个模块的标准宽度是 0.33mm，每个条码字符由 2 个条和 2 个空构成，每一个条或空由 1～4 个标准宽度的模块组成，每一个条码字符的总模块数为 7，如图 3-12 所示。

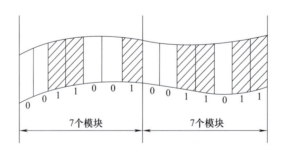

图 3-12　模块组合编码法示意

（2）宽度调节法。宽度调节法是指条码中条与空的宽窄设置不同，窄单元（条或空）表示逻辑值"0"，宽单元（条或空）表示逻辑值"1"。宽单元通常是窄单元的 2～3 倍。

39 码、库德巴码、二五码和交插二五码等均属宽度调节型条码。

二五码是一种只有条表示信息的非连续性条码。其条码字符由规则排列的 5 个条构成，其中有 2 个宽单元、3 个窄单元，宽单元的宽度一般是窄单元的 3 倍。图 3-13 所示为二五条码字符集中代码"1"的字符结构。

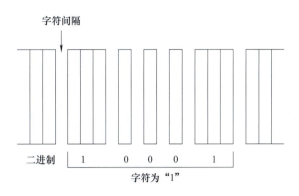

图 3-13　宽度调节编码法示意

3.1.2　商品条码

商品编码是指用一组阿拉伯数字标识商品的过程，这组数字称为商品代码。商品编码与商品条码是两个不同的概念。商品代码是代表商品的数字信息，而商品条码是表示这一信息的图形符号。要制作商品条码符号，首先必须给商品赋予数字代码。

商品代码是按照国际物品编码协会（EAN）统一规定的规则编制的，分为标准版和缩短版两种。标准版商品代码由 13 位阿拉伯数字组成，简称 EAN-13 码。缩短版商品代码由 8 位数字组成，简称 EAN-8 码。EAN-13 码和 EAN-8 码的前 3 位数字叫"前缀码"，是用于标识 EAN 成员的代码，由 EAN 统一管理和分配，不同的国家或地区有不同的前缀码。

1．商品代码的结构

（1）标准版商品代码的结构。标准版商品条码所表示的代码由 13 位数字组成，其结构如下：

$x_{13}x_{12}x_{11}x_{10}x_9x_8x_7 \quad x_6x_5x_4x_3x_2 \quad x_1$
左侧数据符　　　　　右侧数据符

其中包含了国家或地区代码、厂商识别代码和商品项目代码，x_1 为校验码。

（2）缩短版商品代码结构。当标准版商品条码太大以至于超过商品包装可容纳限度时，可使用缩短码。

缩短版商品代码由 8 位数字组成，其结构如下：

$x_8x_7x_6 \quad x_5x_4x_3x_2 \quad x_1$
左侧数据符　　右侧数据符

其中：$x_8x_7x_6$ 的含义同标准版商品代码的 $x_{13}x_{12}x_{11}$；$x_5x_4x_3x_2$ 表示商品项目代码，由 EAN 编码组织统一分配，在我国由中国物品编码中心统一分配。x_1 为校验码。计算时，需在缩短版商品条码代码前加 5 个"0"，然后按标准版商品条码校验的计算方法计算。

2. 商品条码标签的结构

（1）EAN-13 码。标准版 EAN 条码（EAN-13 码）的标签结构如前文图 3-3 所示。标签由左侧空白区、起始符、左侧数据符、中间分隔符、右侧数据符、校验符、终止符、右侧空白区构成。各区的宽度如表 3-1 所示（一个模块的宽度为 0.33mm）。

表 3-1　标准版商品条码符号宽度

左侧空白区	起始符	左侧数据符	中间分隔符	右侧数据符	校验符	终止符	右侧空白区
9 个模块	3 个模块	42 个模块	5 个模块	35 个模块	7 个模块	3 个模块	9 个模块

（2）EAN-8 码。缩短版 EAN 条码（EAN-8 码）的标签结构如前文图 3-3 所示。标签由左侧空白区、起始符、左侧数据符、中间分隔符、右侧数据符、校验符、终止符、右侧空白区构成。各区的宽度如表 3-2 所示（一个模块的宽度为 0.33mm）。

表 3-2　缩短版商品条码符号宽度

左侧空白区	起始符	左侧数据符	中间分隔符	右侧数据符	校验符	终止符	右侧空白区
7 个模块	3 个模块	28 个模块	5 个模块	21 个模块	7 个模块	3 个模块	7 个模块

3.1.3　射频识别技术

1. RFID 概述

射频（Radio Frequency，RF）就是射频电流，是一种高频交流变化电磁波的简称。射频识别（Radio Frequency Identification，RFID）技术是 20 世纪 90 年代兴起的一种自动识别技术，是一项利用射频信号通过空间耦合（交变磁场或电磁场）实现无接触信息传递并通过所传递的信息达到识别目的的技术。

装载识别信息的载体是射频标签（也称为应答器、射频卡等），获取信息的装置称为射频阅读器（也称为问询器、读写器等）。射频标签与射频读写器之间利用感应、无线电波或微波能量进行非接触双向通信，实现数据交换，从而达到识别的目的。

射频识别系统的传送距离由许多因素决定，如传送频率、天线设计等，射频识别的距离可达几十厘米至几米，且根据读写的方式不同，多的可以输入数千字节的信息，同时还具有极高的保密性。

2. RFID 技术的优势

RFID 技术是一项易于操控、简单实用且特别适合用于自动化控制的灵活的应用技术。其识别工作无须人工干预，既可支持只读工作模式也可支持读写工作模式，且无须接触或瞄准，可自由工作在各种恶劣环境下：短距离射频产品不怕油渍、灰尘污染等恶劣的环境，可以替代条码，如用在工厂的流水线上跟踪物体；长距射频产品多用于交通上，识别距离可达几十米，如用于自动收费或识别车辆身份等。其所具备的独特优越性是其他识别技术无法比拟的，主要体现在以下几个方面。

（1）读取方便快捷。数据的读取不需光源，甚至可以透过外包装来进行。有效识别距离更长，采用自带电池的主动标签时，有效识别距离可达到 30m 以上。

（2）识别速度快。标签一进入磁场，阅读器就可以即时读取其中的信息，而且能够同时处理多个标签，实现批量识别。

（3）数据容量大。它是数据容量最大的二维条码（PDF417），最多可以容纳 1848 个字母字符或 2729 个数字字符；而 RFID 标签容纳的信息则可以根据用户的需要扩充到几十 KB。

（4）使用寿命长，应用范围广。其无线电通信方式，使其可以应用于粉尘、油污等高污染环境和放射性环境，而且它的封闭式包装使得它的寿命远远超过印刷的条码。

（5）标签数据可动态更改。利用编程器可以向电子标签里写入数据，从而赋予 RFID 标签交互式便携数据文件的功能，而且写入时间比打印条码更短。

（6）更好的安全性。RFID 标签不仅可以嵌入或附着在不同形状、类型的产品上，标签数据的读写还可以设置密码保护，因而具有更高的安全性。

（7）动态实时通信。标签以 50～100 次/s 的频率与阅读器进行通信，所以只要 RFID 标签所附着的物体出现在阅读器的有效识别范围内，阅读器就可以对其位置进行动态的追踪和监控。

3．RFID 系统的构成

RFID 系统包括硬件组件和软件组件两大部分。其中，硬件组件主要包括信号发射机（射频标签）、信号接收机（阅读器）、天线等，软件组件包括 RFID 中间件、应用软件系统等。

（1）信号发射机（射频标签）。射频标签由耦合元件及芯片组成，每个标签具有唯一的电子编码，附着在物体上标识目标对象，故也称电子标签。标签相当于条码技术中的条码符号，用来存储需要识别的传输信息，但与条码不同的是，标签必须能够自动或在外力的作用下把存储的信息主动发射出去。标签一般是带有线圈、天线、存储器与控制系统的低电压集成电路。

其中，标签有许多不同的种类：

1）根据标签供电方式的不同，可以分为有源电子标签、无源电子标签和半无源电子标签。有源电子标签内装有电池，无源电子标签没有内装电池，半无源电子标签部分依靠电池工作。

2）根据标签的数据传送方式的不同，可以分为主动式、被动式和半主动式。主动式标签信号传输距离远，使用时受到能量限制；被动式标签具有永久的使用期，识别距离近；半主动式标签只对标签自身内部供电，只有被激活时才传送数据。

3）根据标签的工作频率（阅读器发送电磁波所使用的频率）不同，可分为低频、高频、超高频及微波标签。常见的工作频率为 13.56MHz 和 915MHz。

4）根据标签可读写性的不同，可分为只读、读写和一次写入多次读出卡标签。

5）根据封装形式的不同，可分为信用卡标签、线形标签、纸状标签、玻璃管标签、圆形标签及特殊用途的异形标签等。

（2）信号接收机（阅读器，也称识读器或读写器）。RFID 阅读器的主要任务是控制射频模块向标签发射读取信号，并接收标签的应答，对标签的对象标识信息进行解码，将对象标识信息连带标签上的其他相关信息传输到主机以供处理。阅读器的分类如下：

1）按照工作频率分类。数据传输速率越低，信号在传播过程中的衰减越小。按照阅读器所使用的工作频率不同，可以将阅读器分类为低频阅读器、高频阅读器、超高频阅读器。

2）按照外观结构分类。按照外观结构，可分为固定式阅读器、便携式阅读器和工业阅读器。其中，固定式阅读器安装位置固定，一般采用有线电源供电的形式；便携式阅读器由电池供电，体积较小，移动方便，是一种手持式阅读器；工业阅读器一般与其应用行业紧密相关，如铁路、自动化生产、矿井等，有些工业阅读器还要集成其他传感器设备。

虽然阅读器的种类繁多，工作原理也不尽相同，但是，各种阅读器的基本组成结构却大体一致，均分成两个模块：信号处理与控制模块，射频模块。其中，信号处理与控制模块又称基带控制模块，这个模块包含有微处理器以执行计划任务，数字信号处理芯片以完成数字信号的编码、解码等工作；射频模块又称高频接口模块，这个模块包含两个分割开的信号通道，即发射器信号通道和接收器信号通道。发射器信号通道通过天线向射频标签发送数据，接收器信号通道通过天线接收从射频标签返回的数据。通常，阅读器会和一台可以直接向其发出操控命令的计算机（即上位机）相连，上位机控制着应用业务和射频系统的操作逻辑。阅读器的基本组成结构如图 3-14 所示。

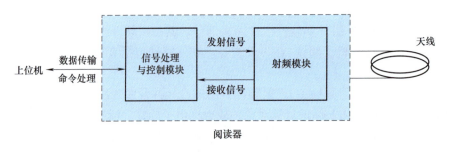

图 3-14 阅读器的基本组成结构

（3）天线。天线是在标签与阅读器之间传输数据的发射、接收装置。在实际应用中，除了系统功率，天线的形状和相对位置也会影响数据的发射和接收，需要专业人员对系统的天线进行设计。

RFID 系统中包括两类天线，一类是 RFID 标签上的天线，它和 RFID 标签集成为一体；另一类是阅读器天线，既可以内置于阅读器中，也可以通过同轴电缆与阅读器的射频输出端口相连。目前的天线产品多采用收发分离技术来实现发射和接收功能的集成。天线在 RFID 系统中的重要性往往被人们所忽视，在实际应用中，天线设计参数是影响 RFID 系统识别范围的主要因素。高性能的天线不仅要求具有良好的阻抗匹配特性，还需要根据应用环境的特点对方向特性、极化特性和频率特性等进行专门设计。选择天线时，应主要考虑天线的类型、天线的阻抗等。

（4）RFID 中间件。RFID 中间件是一种面向信息、可以接受应用软件端发出的请求、对指定的一个或者多个阅读器发起操作并接收、处理后向应用软件返回结果数据的特殊软件，如图 3-15 所示。中间件在 RFID 应用中除了可以屏蔽底层硬件带来的多种业务场景、硬件接口、适用标准造成的可靠性和稳定性问题外，还可以为上层应用软件提供多层、分布式、异构的信息环境下业务信息和管理信息的协同。中间件的内存数据库还可以根据一个或多个阅读器的事件进行过滤、聚合和计算，抽象出对应用软件有意义的业务逻辑信息构成业务。它的主要功能包括对阅读器的协调控制、数据的过滤与处理、数据的路由与集成，以及进程管理。

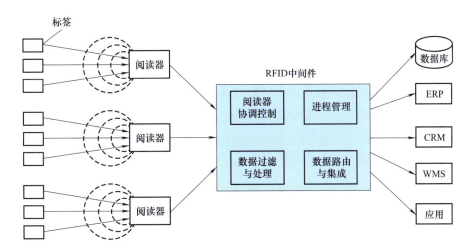

图 3-15 RFID 中间件

（5）管理应用软件系统。它是直接面向 RFID 应用最终用户的人机交互界面，协助使用者完成对阅读器的指令操作以及对中间件的逻辑设置，逐级将 RFID 原子事件转化为使用者可以理解的业务事件，并使用可视化界面进行展示。由于应用软件需要根据不同应用领域的不同企业专门制定，因此很难具有通用性。从应用评价标准来说，使用者在应用软件端的用户体验是判断一个 RFID 应用案例成功与否的决定性因素之一。

4. RFID 系统分类

根据 RFID 系统完成的功能不同，可以把 RFID 系统分成以下四种类型。

（1）EAS。EAS（Electronic Article Surveillance，电子商品防窃系统）一般设置在需要控制物品出入的场合，如商店、图书馆、数据中心等，当未被授权的人从这些地方非法取走物品时，系统会发出警告。在应用 EAS 技术时，首先在物品上黏附 EAS 标签，当物品被正常购买或者合法移出时，在结算处通过一定的装置使 EAS 标签失活，物品就可以取走。物品经过装有 EAS 的门口时，EAS 装置能自动检测标签的活动性，只要发现活动性标签，系统就会发出警告。EAS 技术的应用可以有效防止物品被盗，不管是大件的商品，还是很小的物品。应用 EAS 技术，物品不用再锁在玻璃橱柜里，而是可以让顾客自由地观看、检查商品，这在自选日益流行的今天有着非常重要的现实意义。典型的 EAS 系统一般由三个部分组成：①附着在商品上的电子标签、电子传感器；②电子标签灭活装置，以便授权商品能正常出入；③监视器，在出口造成一定区域的监视空间。

（2）便携式数据采集系统。便携式数据采集系统是指使用带有 RFID 阅读器的手持式数据采集器采集 RFID 标签上的数据。这种系统具有比较强的灵活性，适用于不宜安装固定式 RFID 系统的应用环境。手持式阅读器（数据输入终端）可以在读取数据的同时，通过无线电波数据传输方式实时地向主计算机系统传输数据，也可以暂时将数据存储在阅读器中，再分批地向主计算机系统传输数据。

（3）物流控制系统。在物流控制系统中，固定布置的 RFID 阅读器分散布置在给定的区域，阅读器直接与数据管理信息系统相连，信号发射机是移动的，一般安装在移动的物体或人身上。当物体、人经过阅读器时，阅读器会自动扫描标签上的信息，并把数据信息输入数据管理信息系统存储、分析、处理,以达到控制物流的目的。

(4)定位系统。定位系统用于自动化加工系统中的定位,以及对车辆、轮船等进行运行定位支持。阅读器放置在移动的车辆、轮船上或者自动化流水线上移动的物料、半成品、成品上,信号发射机嵌入操作环境的地表下面。信号发射机上存储有位置识别信息,阅读器通过无线或有线的方式连接到主信息管理系统。

5．RFID 的基本工作原理

RFID 系统中,阅读器通过天线发出一定频率的射频信号,标签进入磁场后,接收阅读器发出的射频信号,凭借感应电流所获得的能量发送出存储在芯片中的产品信息(无源标签或被动标签),或者主动发送某一频率的信号(有源标签或主动标签),阅读器读取信息并解码后,送至计算机信息主机进行有关的数据处理。RFID 技术的基本工作原理如图 3-16 所示。

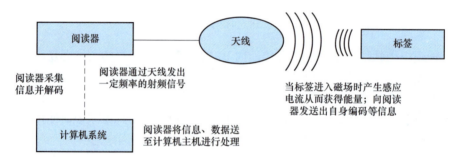

图 3-16　RFID 技术的基本工作原理

从电子标签到阅读器之间的通信及能量感应方式来看,系统一般可以分为两类:电感耦合(Inductive Coupling)系统和电磁反向散射耦合(Backscatter Coupling)系统,如图 3-17 所示。

电感耦合通过空间高频交变磁场实现耦合,依据的是电磁感应定律。该方式一般适合于中、低频工作的近距离 RFID 系统,典型工作频率有 125kHz、225kHz 和 13.56MHz。其识别作用距离一般小于 1m,典型作用距离为 0～20cm。

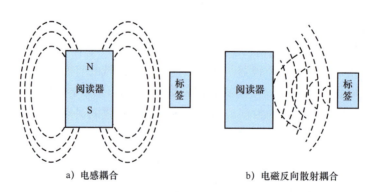

a) 电感耦合　　　　　　　b) 电磁反向散射耦合

图 3-17　电子标签通信感应方式

电磁反向散射耦合基于雷达模型,发射出去的电磁波碰到目标后反射,同时携带目标信息，依据的是电磁波的空间传播规律。该方式一般适用于高频、微波工作的远距离 RFID 系统，典型的工作频率有 433MHz、915MHz、2.45GHz 和 5.8GHz。其识别作用距离大于 1m，典型作用距离为 4～6m。

3.2 信息储存技术

3.2.1 数据库技术概述

1. 数据库的概念

数据库是以一定方式储存在一起、能与多个用户共享、具有尽可能小的冗余度、与应用程序彼此独立的数据集合。数据库的概念实际上包括两层意思：一方面，数据库是一个实体，它是能够合理保管数据的"仓库"，用户在该"仓库"中存放要管理的事务数据，"数据"和"库"两个概念结合成为"数据库"；另一方面，数据库是指数据管理的方法和技术，它能够更合理地组织数据，更方便地维护数据，更严密地控制数据和更有效地利用数据。

它具备以下特点：

（1）实现数据共享。数据共享的含义包括所有用户可同时存取数据库中的数据，也包括用户可以用各种方式通过接口使用数据库。

（2）减少数据的冗余度。同文件系统相比，由于数据库实现了数据共享，从而避免了用户各自建立应用文件，因此减少了重复数据，减少了数据冗余，保持了数据的一致性。

（3）数据的独立性好。数据的独立性包括数据库中数据的逻辑结构和应用程序相互独立，也包括数据物理结构的变化不影响数据的逻辑结构。

（4）数据实现集中控制。在文件管理方式中，数据处于一种分散的状态，不同的用户或同一用户在不同处理过程中其文件之间毫无关系。利用数据库可对数据进行集中控制和管理，并通过数据模型表示各种数据的组织以及数据间的联系。

（5）数据一致性和可维护性好，数据安全可靠。主要机制包括：①安全性控制，防止数据丢失、错误更新和越权使用；②完整性控制，保证数据的正确性、有效性和相容性；③并发控制，使在同一时间周期内，既允许对数据实现多路存取，又能防止用户之间的不正常交互作用；④可及时发现故障和修复故障，从而防止数据被破坏。

2. 数据库系统

数据库系统是一个实际可运行的存储、维护和应用系统的软件系统，是存储介质、处理对象和管理系统的集合体。数据库系统由数据库、数据库管理系统、应用程序和各类人员组成。数据库是一个结构化的数据集合，主要是通过综合各个用户的应用数据，除去不必要的冗余，使之相互联系，形成合理的数据结构；数据库管理系统是数据库中专门用于数据管理的软件；各类人员是指参与分析、设计、管理、维护和使用数据库中数据的人员，他们在数据库系统的开发、维护和应用中起着重要的作用。分析、设计、管理和使用数据库系统的人员主要是指数据库管理系统分析员、应用程序员和最终用户。数据库系统的组成如图 3-18 所示。

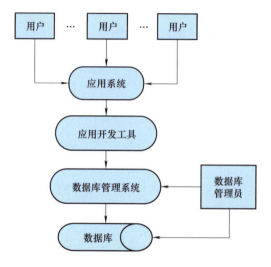

图 3-18　数据库系统的组成

3. 数据库管理系统

数据库管理系统是操纵和管理数据库的软件系统。它由一组计算机程序构成，管理并控制数据资源的使用。在计算机软件系统的体系结构中，数据库管理系统位于用户和操作系统之间。数据库管理系统是数据库系统的核心，主要用于实现对共享数据有效的组织、管理和存取。数据库管理系统一般有五个子系统，如图 3-19 所示。

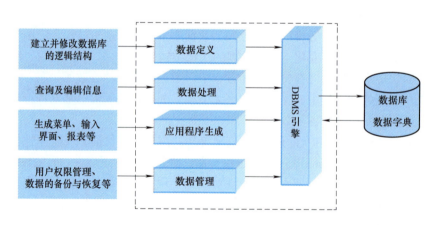

图 3-19　数据库管理系统的软件子系统

（1）DBMS 引擎：提供信息逻辑结构到物理结构之间的桥梁。DBMS 引擎是 DBMS 中最重要的部分，它接收来自其他各 DBMS 子系统的逻辑查询，并将逻辑查询的要求转换成与其对应的物理形式。因此，当 DBMS 引擎允许处理数据库信息时，总是从视图的逻辑角度出发，而不用顾及信息的物理结构和技术细节。信息的物理视图处理的是信息在外存储设备（如硬磁盘或 CD-ROM）如何排列、存储和存取的问题，而信息的逻辑视图处理的是如何安排和存取信息的问题，目的是满足特定的业务需求。

（2）数据定义子系统：定义数据库的逻辑结构。数据库管理系统的数据定义子系统用来帮助人们在数据库中建立和维护数据字典，并且定义数据库中的文件结构。数据字典包含着数据的逻辑结构。数据库管理系统的数据定义子系统被称为"数据定义语言"或DDL。数据定义子系统最重要的功能就是在用户首次建立数据库时，让用户自定义信息的逻辑结构或逻辑特性。逻辑结构主要包括：数据项名称、数据类型、数据格式、默认值、有效范围、能否重复等。

（3）数据处理子系统：在数据库中挖掘和更改信息。数据处理子系统帮助用户增加、修改和删除数据库中的信息，并帮助用户在数据库中挖掘有价值的信息。数据处理子系统中的软件工具通常是数据库用户与数据库中信息之间的交互界面。数据库管理系统有各种各样的数据处理工具，包括浏览器、报表生成器、案例查询工具及结构化查询语言等。

（4）应用程序生成子系统：开发数据库的应用程序。数据库管理系统的应用程序生成子系统是一种常用的开发工具，它帮助用户建立面向事务处理的应用程序。这类应用程序通常都要求用户完成一系列事务处理中的具体任务。

（5）数据管理子系统：管理数据库。数据库管理系统的数据管理子系统通过自身提供的备份与恢复工具、安全防范工具、最优化查询工具、重组工具、并发控制和更新管理工具，帮助人们管理整个数据库系统。

4．数据模型

数据是描述事物的符号记录，模型是对现实世界的抽象，数据模型是对数据特征的抽象，是数据库技术的核心和基础。从用户视角来看，数据模型是用来创建数据库、维护数据库，并将数据库解释为外部活动模型的工具。数据模型描述的内容包括三个部分：数据结构、数据操作、数据约束。具体如下：①数据结构。数据模型中的数据结构主要用于描述数据的类型、内容、性质及数据间的联系等。数据结构是数据模型的基础，数据操作和约束都建立在数据结构上。不同的数据结构具有不同的操作和约束。②数据操作。数据模型中的数据操作主要用于描述在相应的数据结构上的操作类型和操作方式。③数据约束。数据模型中的数据约束主要用于描述数据结构内各数据间的语法、词义联系，以及它们之间的制约和依存关系和数据动态变化的规则，用来保证数据的正确、有效和相容。

在数据库系统中，主要的数据模型有：层次模型、网状模型和关系模型。其中，应用最广泛的当数关系模型。

（1）层次模型。现实世界中的很多事物是按层次组织起来的。层次数据模型的提出，就是为了模拟这种按层次组织起来的事物。层次模型描述了数据之间的层次关系。在层次模型中，数据之间的关系应满足：1）有且仅有一个节点无双亲，这个节点称为根节点。2）其他节点有且仅有一个双亲节点。因此，层次模型只能描述数据之间一对一或一对多的关系。其结构就像一棵倒栽的树，如图 3-20 所示。最著名的层次数据库系统是 IBM 公司的 IMS（Information Management System），这是 IBM 公司研制的最早的大型数据库系统程序产品。

（2）网状模型。网状模型描述了数据之间的网状关系。在网状模型中，数据之间的关系允许：① 有一个以上的节点无双亲。② 节点可以有多个双亲节点。网状模型的最大特点是可以描述多对多的关系。其结构如图 3-21 所示。

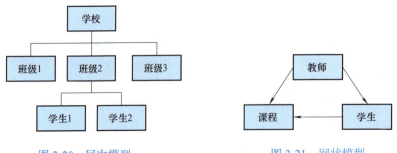

图 3-20　层次模型　　　　　　　　　图 3-21　网状模型

网状数据库是导航（Navigation）式数据库，用户在操作数据库时不但要说明要做什么，还要说明怎么做。例如，在查找语句中，不但要说明查找的对象，而且要规定存取路径。世界上第一个网状数据库管理系统也是第一个数据库管理系统是美国通用电气公司 Bachman 等人在 1964 年开发成功的 IDS（Integrated Data Store）。

（3）关系模型。网状数据库和层次数据库已经很好地解决了数据的集中和共享问题，但是在数据独立性和抽象级别上仍有很大欠缺。用户在对这两种数据库进行数据存取时，仍然需要明确数据的存储结构，指出存取路径。而后来出现的关系数据库较好地解决了这些问题。关系数据库理论出现于 20 世纪 60 年代末到 70 年代初。1970 年，IBM 的研究员 Codd 博士发表《大型共享数据银行的关系模型》一文，提出了关系模型的概念。后来，Codd 又陆续发表多篇文章，奠定了关系数据库的基础。关系模型有严格的数学基础，抽象级别比较高，而且简单清晰，便于理解和使用。

目前，在三种模型中关系模型是最重要的。虽然它的数据关系是几种模型中最简单的，但其定义却比较复杂。可以把关系模型理解为一张二维表格，表格中的每一行代表一个实体，称为记录；每一列代表实体的一个属性，称为数据项。记录的集合称为关系。关系具有如下性质：①数据项不可再分（即不可表中套表）。②关系中的列是同性质的，称为属性。属性之间不能重名。③关系中不能出现相同的记录，记录的顺序无关紧要。④每个关系都有一个主键，它能唯一地标示关系中的一个记录。⑤关系中列的顺序不重要。

表 3-3 就是一个关系模型结构。

表 3-3　关系模型结构

学号	姓名	性别	出生日期	……
20040001	张三	男	1995.10.01	……
20040002	李梅	女	1996.04.21	……
……	……	……	……	……

3.2.2　关系数据库

1．基本概念

关系数据库是以关系模型为基础建立的数据库，它利用关系来描述世界。关系模型有三个要点：数据结构、关系操作、关系的完整性。

（1）数据结构：在关系模型中，无论是实体还是实体之间的联系均由单一的结构类型即关系来表示。

（2）关系操作：关系代数（或等价的关系演算）中并、交、差、选择、投影、连接等。关系模型给出了关系操作的能力和特点，但不对数据库管理系统的语言给出具体的语法要求，关系语言的特点是高度的非过程化。其操作方式的特点是集合操作，即操作的对象和结果是集合。

（3）关系完整性：即实体完整性、参照完整性和用户自己定义的完整性。实体完整性可保证数据库中记录的唯一性，即每个记录的主键不能为空，也不能与其他记录的主键相同。参照完整性可保证表与表之间语义上的完整性，即当一个表引用在另一个表中定义的实体时，要保证这个实体的有效性。这两种完整性是关系模型必须满足的约束条件，应该由关系系统自动支持。而用户自定义完整性反映了用户的要求，是由用户自行定义的。

2．结构化查询语言（SQL）

结构化查询语言（Structured Query Language，简称 SQL）的理论是 1974 年由 IBM 的 Ray Boyce 和 Don Chamberlin 提出的，并在 IBM 公司的 System R 上实现。它具有功能丰富、使用方式灵活、语言简洁易学等优点，在计算机工业界和用户中倍受青睐，很快得以推广。后来，美国国家标准局（ANSI）和国际标准化组织（ISO）先后批准将 SQL 作为关系数据库语言的美国及国际标准。至此，SQL 就成为关系数据库的标准语言，关系数据库系统一般都支持标准 SQL 语句。所以，尽管当今不同品牌的关系数据库有这样或那样的差异，但人们都可以通过标准 SQL 语句对数据库进行操作，这就大大减轻了用户的负担。

SQL 虽被称为"查询语言"，但其功能却不仅限于查询，还包括操纵、定义和控制，是一个综合、通用、功能强大的关系数据库语言。SQL 有如下几个比较突出的优点：①一体化：SQL 可以完成包括数据库定义、修改、删除、数据更新、数据查询等数据库生命周期中的全部活动，给用户带来很多方便；②灵活：SQL 有两种使用方式，一种是联机交互使用，另一种是嵌入某种高级程序设计语言的程序中，这两种方式的语法结构是统一的，既给用户带来了灵活选择的余地，又可免去不一致的困扰；③高度非过程化：与高级编程语言相比，SQL 在对数据库的操作方面是非常有优势的。使用 SQL，用户只需要提出"做什么"，不用了解实现的细节，复杂的过程均由系统自动完成；④语言简洁，易学易用。

SQL 的功能可以分成以下四类：①数据定义：用于定义和修改数据库对象，如 CREATE TABLE（创建表）、DROP TABLE（删除表）等；②数据操纵：对数据的增、删、改和查询进行操作，如 SELECT（数据查询）、INSERT（插入记录）、DELETE（删除记录）、UPDATE（修改数据）等；③数据库控制：控制用户对数据的访问权限，如 GRANT（授权）、REVOKE（取消权力）等；④事务控制：控制数据库系统事务的运行，如 COMMIT（提交事务）、ROLLBACK（回滚事务）等。

3．关系数据的规范化理论

为了使数据库设计的方法走向完备，人们提出规范化理论。规范化可以使关系的结构简化，更加有规律，尽量减少冗余，使数据库设计更加合理。规范化的目的可以概括为以下几点：保证库中每一个分量都不可再分；消除冗余存储，简化检索操作；消除插入异常和删除异常。

关系数据库的规范化理论涉及以下两个问题：

（1）数据依赖。规范化问题考虑的基本出发点在于，关系的数据项之间存在数据依赖问题。它是现实世界属性间相互联系的抽象，是数据内在的性质，是语义的体现。在关系数据中，数据项之间存在两种依赖关系：函数依赖和多值依赖。

函数依赖：设 $R(U)$ 是属性集 U 上的关系模式。X，Y 是 U 的子集。若对于 $R(U)$ 的任意一个可能的关系 r，r 中不可能存在两个元素在 X 上的属性值相等而在 Y 上的属性值不等，则称 X 函数确定 Y 或 Y 函数依赖于 X，记为 $X \rightarrow Y$。

函数依赖普遍存在于现实生活中，如对一个学生的描述，描述的属性有学号、姓名等，在给定学号的情况下，就可以唯一地确定其姓名，不能出现一个学号对应两个以上姓名的情况，就称"姓名"函数依赖"学号"。函数依赖描述的是属性之间的单值对应关系，即约定一个关键字，就能确定关系模式中的所有属性，且其属性值是唯一的。在关系模式中，函数依赖可以描述一对一和多对一关系。

多值依赖：若给定 X，有一组属性值 Y 与之对应，则称 X 多值决定 Y 或 Y 多值依赖于 X，记为 $X \rightarrow\rightarrow Y$。如学生选课，一个学生可选多门课程，则给定一个学号，就可以找出多门课程与之对应，此时就称"课程"多值依赖于"学号"。

在设计数据库时，首先应该根据一个关系所具有的属性间依赖情况来判定它是否具有某些不合适的性质。然后将具有不合适性质的关系转换为更合适的形式。通常按属性间情况，可区分关系规范化的程度为第一范式、第二范式、第三范式、第四范式等。

（2）范式。第一范式（1NF）：如果一个关系 R 的每一个具体关系 r 的每一个属性值都是不可再分的最小数据单位，则称 R 为第一范式。

第二范式（2NF）：若关系模式 R 是 1NF，且每一个非主键属性都完全依赖于主键（唯一决定记录的属性或属性组），则 R 是 2NF。

第三范式（3NF）：关系模式 R 是 2NF，且它的任何一个属性都不传递依赖于任何一个键，则 R 是 3NF。

目前，规范理论已提出五级范式，但对于数据库设计来讲，最有用的就是 3NF。在实际应用中，关系模式分解到 3NF 已足够了。

3.2.3 数据仓库

1. 数据仓库的概念

广义的数据仓库概念是指一种帮助企业作决策的系统化解决方案，它包括三个方面的内容：数据仓库技术（Data Warehouse，DW）、联机分析处理技术（On-Line Analytical Processing，OLAP）和数据挖掘技术（Data Mining，DM）。

20 世纪 90 年代以后，一方面，计算机技术，尤其是网络和数据库技术的发展逐渐满足了决策支持系统所需要的条件；另一方面，激烈的市场竞争使企业高层决策人员对决策支持系统的需求更为迫切。这两方面的共同作用，促成了以数据仓库技术为核心、以联机分析处理技术和数据挖掘工具为手段建设决策支持系统的可行方案。

数据仓库、联机分析处理和数据挖掘作为信息处理技术是独立出现的。数据仓库用于数据的存储和组织，联机分析处理侧重于数据的分析，数据挖掘则致力于知识的自动发现。因此，这三种技术之间并没有内在的依赖关系，可以独立地应用到企业信息系统的建设中，以提高信息系统相应的能力。但是，这三种技术之间也确实存在着一定的联系和互补，把它们有机地结合起来，就可以使它们的能力更充分地发挥出来。比如，没有数据仓库也同样可以进行数据挖掘，但有了数据仓库却可以使数据挖掘更有效率。这样就形成了一种决策支持系统的构架。

2．数据仓库技术

数据仓库是一种只读的、用于分析的数据库，常常作为决策支持系统的底层。它从大量的事务型数据库中抽取数据，并将其清洗、转换为新的存储格式，即为了决策目标而把数据聚合在一种特殊的格式中。1993年，William H. Inmon编写了一本具有里程碑意义的书 *Building the Data Warehouse*，在这本书中，他对数据仓库的定义是："一个面向主题的、集成的、随时间变化的非易失性数据的集合，用于支持管理层的决策过程。"其中，"主题"是指用户使用数据仓库辅助决策时所关心的重点问题。每一个主题对应一个客观分析领域，如销售、成本、利润的情况等。那么，所谓"面向主题（Subject Oriented）"就是指数据仓库中的信息是按主题组织的，按主题来提供信息。"集成的"是指数据仓库中的数据不是业务处理系统数据的简单拼凑与汇总，而是经过系统加工整理，是相互一致的、具有代表性的数据。所谓"随时间变化"，是指数据仓库中存储的是一个时间段的数据，所以主要用于进行时间趋势分析。一般数据仓库内的数据时限为5～10年，数据量也比较大。进入数据仓库的数据，一般来说变更很少，会被长期保留。

数据仓库组织和管理数据的方法与普通数据库不同，主要表现在三个方面：①它依据决策要求，只从数据库中抽取那些需要的数据，并进行一定的处理；②数据仓库是多维的，即数据仓库的数据的组织方式有多层的行和列；③它支持决策处理，不同于普通的事务处理。

数据仓库需要以下数据库技术的支持：①并行数据库技术：数据仓库中的数据量很大，一般要达到GB级，有的甚至要到TB级。对于处理如此大规模的数据，使用并行技术对提高运行效率是很有帮助的；②高性能的数据库服务器：传统数据库的应用是操作型的，而数据仓库的应用是分析型的，它需要有高性能的数据库服务器配合工作，对DBMS核心的性能也有更高的要求；③数据库互操作技术：数据仓库的数据来源多种多样，可能来自数据库，也可能来自文件系统。即使都来自数据库，这些数据库也往往是异构的。为了从这些异构数据源中定期抽取、转换和集成所需要的数据存入库中，异构数据源之间的互操作技术是必需的。

数据仓库技术在近几年蓬勃发展起来，不少厂商都推出了他们的数据仓库产品，同时也推出了一些分析工具。仅仅拥有数据仓库是不够的，在其基础上应用各种工具进行分析，才能使数据仓库真正发挥作用。联机分析处理和数据挖掘就是这样的分析工具。

3．数据仓库的应用

（1）联机分析处理。联机分析处理是指针对特定问题的联机数据访问和分析。它通过对信息进行快速、稳定、一致和交互式的存取，对数据进行多层次、多阶段的分析处理，以获得高度归纳的分析结果。联机分析处理是一种自上而下、不断深入的分析工具，在用户提出问题或假设之后，它负责提取出关于此问题的详细信息，并以一种比较直观的方式呈现给用户。联机分析处理技术的发展速度很快，在数据仓库的概念提出不久，联机分析处理的理论及相应工具就被相继推出了。

联机分析处理要求按多维方式组织企业的数据，传统的关系数据库难以胜任。为此人们提出了多维数据库的概念。正是这一技术的发展使决策分析中的数据结构和分析方法相分离，才有可能研制出通用而灵活的分析工具，并使分析工具产品化。"维"是人们观察现实世界的角度，决策分析需要从不同的角度观察分析数据，以多维数据为核心的多维数据分析是决策的主要内容。多维数据库是以多维方式组织数据的。目前，联机分析处理的工具可分为两大类，一类是基于多维数据库的，另一类是基于关系数据库的。两者的相同点是基本数据源仍是数据库和数据仓库，都是基于关系数据模型的，都向用户显示多维数据视图；不同点在于前者是把分析所需的数据从数据仓库中抽取出来，物理地组成多维数据库，而后者则是利用关系表来模拟多维数据，而不是物理地生成多维数据库。

（2）数据挖掘。数据挖掘的基本思想是从数据中抽取有价值的信息，其目的是帮助决策者寻找数据间潜在的关联，发现被忽略的要素，而这些信息对预测趋势和决策行为也许是十分有用的。

从数据库的角度看，数据挖掘就是这样一个过程：它从数据库的数据中识别出有效的、新颖的、具有潜在效用的、并最终可理解的信息（如规则、约束等）的"非平凡"过程。"非平凡"是一个数学概念，即数据挖掘既不是把数据全部抽取，也不是一点儿也不抽取，而是抽取出隐含的、未知的和可能有用的信息。

从决策支持的角度看，数据挖掘是一种决策支持的过程。它基于人工智能、机器学习、统计学和数据库技术等多种技术，高度自动地分析企业原有的数据，对之进行归纳推理，从中挖掘出潜在的模式，预测客户的行为，帮助企业的决策者调整市场策略，从而减少风险，辅助企业正确决策。它是提高商业和科学决策质量和效率的一种新方法。

数据挖掘和联机分析处理都可以在数据仓库的基础上对数据进行分析，以辅助决策，那么它们之间是否有差别呢？答案是肯定的。从某种意义上来说，联机分析处理还是一种传统的决策支持方法。也就是在某个假设的前提下通过数据查询和分析来验证或否定这个假设，所以联机分析处理是一种验证型的分析。一般来说，验证型的分析有如下局限性：①常常需要以假设为基础。用户的假设能力有限，往往只能局限于对几种变量进行假设；②联机分析处理需要对用户的需求有全面而深入的了解，然而实际上有些时候用户的需求并不是确定的；③抽取信息的质量依赖于用户对结果的解释，容易导致错误。

可以看出，联机分析处理是由用户驱动的，很大程度上受到用户水平的限制。与联机分析处理不同，数据挖掘是由数据驱动的，是一种真正的知识发现方法。使用数据挖掘工具，用户不必提出确切的要求，系统能够根据数据本身的规律性，自动地挖掘数据潜在的模式，或通过联想，建立新的业务模型，帮助决策者调整市场策略，并找到正确的决策。这显然有利于发现未知的事实。从数据分析深度的角度来看，联机分析处理位于较浅的层次而数据挖掘则处于较深的层次。所以，联机分析处理和数据挖掘的主要差别就在于是否能自动地进行数据分析。

近几年，越来越多的联机分析处理产品融入了数据挖掘的方法，所以联机分析处理与据挖掘间的界限正在逐渐模糊。

（3）决策支持。在传统的决策支持系统中，数据库、模型库和知识库往往被独立地设计和实现，因而缺乏内在的统一性。而以数据仓库为中心，以事务处理和数据挖掘为手段的新方案很好地解决了这个问题，如图 3-22 所示。

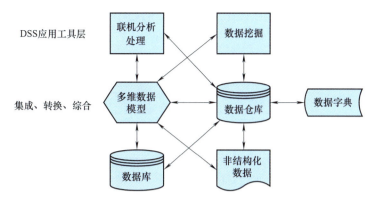

图 3-22　以数据仓库为中心的决策支持系统

1) 数据仓库解决了数据不统一的问题。数据仓库在自底层数据库收集大量事务级数据的同时，对数据进行集成、转换和综合，形成面向全局的数据视图，形成整个系统的数据基础。

2) 联机分析处理从数据仓库中的集成数据出发，构建面向分析的多维数据模型，利用这个带有普遍性的数据分析模型，用户可以使用不同的方法，从不同的角度对数据进行分析，实现了分析方法和数据结构的分离。

3) 数据挖掘以数据仓库和多维数据库中的大量数据为基础，自动地发现数据中的潜在模式，并以这些模式为基础自动做出预测。数据挖掘反过来又可以为联机分析处理提供分析的模式。

数据仓库、联机分析处理和数据挖掘这三种技术之间的联系和互补，使它们能够从不同的角度为决策提供支持服务。随着市场竞争的日益加剧，这种新型的决策支持系统解决方案必将会受到越来越多的企业的青睐。

（4）应用案例：某零售企业物流数据库的应用。现在，大型连锁超市越来越普及。各连锁超市在处理各自业务数据的同时，彼此间也需要交换数据以便物流中心进行货物调配。分布式数据库系统是数据库系统与计算机网络相结合的产物。逻辑上，这些分布式数据库同属一个系统，而物理上却分散在用计算机网络连接的多个场地上，并由一个分布式数据库管理系统统一管理。

某零售企业管理信息系统分为超市物品管理系统和总公司物流管理系统，采用 C/S 架构，利用 ASP.NET 开发应用程序，脚本语言为 C#，后台数据库为 SQL Server 2000。由于各连锁超市位于不同地点，因此数据库设计采用了分布式数据库（如图 3-23 所示）。具体方案是把中心服务器放在总公司的物流中心，各超市服务器放在各自超市。超市服务器由本地 DBMS 控制，可脱离中心服务器为各连锁超市独立工作，各连锁超市的服务器通过网络进行连接，实现连锁超市与总公司物流中心之间的跨域通信。连锁超市拥有各自的销售服务器和库存服务器，连锁超市的客户端（即终端收银机）只向各自的本地服务器发送录入、修改、查询、删除的工作请求。同时，各连锁超市的销售数据以及库存数据的修改信息，通过数据上报模块不定时地上传到总公司物流数据库。将数据保存在各个不同的服务器上，可以保证数据的安全性，减小局部数据流量，减轻服务器对海量数据的处理负担。数据库数据采用数据分片，连锁超市按照自己的超市编号存储数据，对数据进行水平分片。

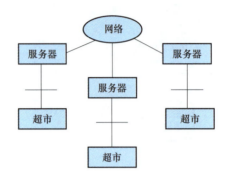

图 3-23　某超市的分布式数据库结构

为保证总公司物流中心数据的准确和一致，系统要不定时地把各连锁超市更新的本地数据及时上传到公司物流数据库。该系统采用应用程序充当分布式事务控制器，协调远程及本地事务的提交或回滚。连锁超市数据库需要不定时地把各种商品货物资源表中的记录上传给中心数据库，这些信息包括商品名、库存量、销售量、商品单价、生产日期、生产厂家等。这些记录是中心数据库相应记录的水平分片，在数据库中根据各连锁超市的编号对数据进行分片，更新时先删除中心数据库中对应的数据，然后把连锁超市的数据上传到中心数据库，每次只需批量更新即可。数据库通过事务提交的方式避免由于网络中断或更新过程中的其他故障造成的数据的不一致。

对数据库进行备份是一项重要的工作，该系统采用在启动数据上传模块的同时自动备份数据库的方法，从而提高数据库的可靠性和安全性，同时也可减轻数据库管理员的工作，降低备份的复杂性。这里是利用 SQL-DMO 实现数据库备份。

分布式数据库克服了不同地理位置带来的制约，将网络上每个节点的信息融会贯通。然而，不容忽视的一点是，数据的传输还会受到网络通信的限制，如果物流企业发展壮大，营业地点不断增加，运输活动越来越复杂，在设计数据库时，就应将扩容技术考虑在内，以逐步完善数据信息的存储、传输。

3.3　EDI 技术

EDI 是英文 Electronic Data Interchange 的缩写，中文可译为"电子数据交换"。它是一种在公司之间传输订单、发票等作业文件的电子化手段。它通过计算机通信网络将贸易、运输、保险、银行和海关等行业信息，用一种国际公认的标准格式，实现各有关部门之间的数据交换与处理，并完成以贸易为中心的全部过程。它是 20 世纪 80 年代发展起来的一种电子化贸易工具，是计算机、通信和现代管理技术相结合的产物。

3.3.1　电子交换系统的概念

EDI 由于应用领域和实现目的各不相同，因此对 EDI 并无统一的解释。结合一些常见的解释可以归纳出几个 EDI 概念中的要点：① EDI 是计算机系统之间所进行的电子信息传输，无须人工干预；② EDI 是标准格式和结构化电子数据的交换；③ 发送和接收者达成了一致的标准和结构；④ EDI 是为了满足商业用途。

3.3.2 EDI 系统

1. EDI 系统结构

在 EDI 系统中，EDI 参与者所交换的信息客体称为报文。在交换过程中，如果接收者从发送者所得到的全部信息包括在所交换的报文中，则认为语义完整，并称该报文为完整语义单元。完整语义单元的生产者和消费者统称为 EDI 的终端用户。

在 EDI 工作过程中，所交换的报文都是结构化的数据，整个过程都是由 EDI 系统完成的。EDI 系统结构如图 3-24 所示。

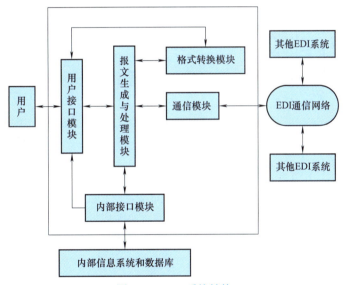

图 3-24　EDI 系统结构

（1）用户接口模块。业务管理人员可用此模块进行输入、查询、统计、中断、打印等，以及时地了解市场变化，调整策略。

（2）内部接口模块。这是 EDI 系统和各单位信息系统及数据库的接口，一份来自外部的 EDI 报文，经过 EDI 系统处理之后，大部分相关内容都需要经内部接口模块送往其他信息系统，或查询其他信息系统才能给对方 EDI 报文以确认的答复。

（3）报文生成与处理模块。该模块有两个功能：①接受来自用户接口模块和内部接口模块的命令和信息，按照 EDI 标准生成订单、发票等各种 EDI 报文和单证，经格式转换模块处理之后，由通信模块经 EDI 网络发给其他 EDI 用户。②自动处理由其他 EDI 系统发来的报文。在处理过程中要与本单位信息系统相连，获取必要信息并给其他 EDI 系统答复，同时将有关信息送给本单位其他信息系统。如因特殊情况不能满足对方的要求，经双方 EDI 系统多次交涉后不能妥善解决的，则把这一类事件提交用户接口模块，由人工干预决策。

（4）格式转换模块。所有的 EDI 单证都必须转换成标准的交换格式，转换过程包括语法上的压缩、嵌套、代码的替换以及必要的 EDI 语法控制字符。在格式转换过程中要进行语法检查，对于语法出错的 EDI 报文应拒收并通知对方重发。

（5）通信模块。该模块是 EDI 系统与 EDI 通信网络的接口，有执行呼叫、自动重发、合法性和完整性检查、出错报警、自动应答、通信记录、报文拼装和拆卸等功能。

2. EDI 系统的工作原理

当今世界通用的 EDI 系统的工作原理是信箱间的信息转发，实现方法是在数据通信网上加挂大容量信息处理计算机，在计算机上建立信箱系统，通信双方需申请各自的信箱，然后把文件传到对方的信箱中，如图 3-25 所示。文件交换由计算机自动完成，在发送文件时，用户只需进入自己的信箱系统。

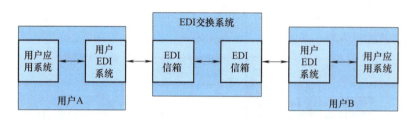

图 3-25　EDI 信箱通信与交换原理

3. EDI 系统信息交换过程

如图 3-26 所示，EDI 系统信息交换流程需要历经如下环节：

（1）映射——生成 EDI 平面文件。EDI 平面文件（Flat File）是通过应用系统将用户的应用文件（如单证、票据）或数据库中的数据，映射成的一种标准的中间文件。这一过程称为映射（Mapping）。平面文件是用户通过应用系统直接编辑、修改和操作的单证和票据文件，它可直接阅读、显示和打印输出。

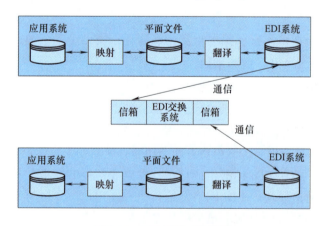

图 3-26　EDI 系统工作流程

（2）翻译——生成 EDI 标准格式文件。这是指将平面文件通过翻译软件（Translation Software）生成 EDI 标准格式文件。EDI 标准格式文件，就是所谓的 EDI 电子单证，或称电子票据。它是 EDI 用户之间进行贸易和业务往来的依据。EDI 标准格式文件是一种只有计算机才能阅读的 ASCII 文件。它是按照 EDI 数据交换标准（即 EDI 标准）的要求，将单证文件（平面文件）中的目录项，加上特定的分割符、控制符和其他信息，生成的一种包括控制符、代码和单证信息在内的 ASCII 码文件。

（3）通信。这一步由计算机通信软件完成。用户通过通信网络，接入 EDI 信箱系统，将 EDI 电子单证投递到对方的信箱中。EDI 信箱系统则自动完成投递和转接，并按照 X.400（或 X.435）通信协议的要求，为电子单证加上信封、信头、信尾、投送地址、安全要求及其他辅助信息。

（4）EDI 文件的接收和处理。接收和处理过程是发送过程的逆过程。接收用户通过通信网络接入 EDI 信箱系统，打开自己的信箱，将来函接收到自己的计算机中，经格式校验、翻译、映射还原成应用文件。最后对应用文件进行编辑、处理和回复。

在实际操作过程中，EDI 系统为用户提供的 EDI 应用软件包，包括应用系统、映射、翻译、格式校验和通信连接等全部功能。用户可将其处理过程看作一个"黑匣子"，完全不必关心里面具体的过程。

3.4 跟踪与控制技术

3.4.1 货物跟踪的意义

众所周知，物流运输行业是推动国民经济快速发展必不可少的基础产业。现实中，各类物流运输与仓储企业虽然在长期发展历程中已经积累了丰富的实践经验，但由于车辆动态信息的实时监控问题一直未得到解决，信息反馈不及时、不精确、不全面等问题导致了运力的大量浪费与运作成本的居高不下。面对当今客户日益增长的服务需求，以及国外物流企业运用信息技术与快速反应式运作抢滩中国物流市场的冲击，我国的物流运输企业必须采用新科技手段，运用现代技术来武装自己，提高自身的服务质量与服务水平，迎接来自各方的挑战。

货物跟踪技术的应用不但提高了物流管理水平，同时也提高了物流的服务水平，其具体作用表现在以下四个方面。

（1）顾客需要对货物的状态进行查询时，只要输入货物的发票号码，马上就可以知道有关货物状态的信息。查询作业简便迅速，信息及时准确。

（2）通过货物信息可以确认货物能否在规定的时间内送到顾客手中，能即时发现超时情况，便于马上查明原因并及时改正，从而提高运送货物的准确性和及时性，提高顾客服务水平。

（3）作为获得竞争优势的手段，提高物流运输效率，提供差别化物流服务。

（4）货物跟踪系统得到的信息，分享后有利于后续环节和顾客做好接货准备。

3.4.2 货物跟踪原理

1. 货物跟踪的概念

货物跟踪是指利用现代信息技术及时获取有关货物状态或位置的实时信息，辅助决策，对物流各环节进行指挥、调度等控制，同时服务于客户的方法。具体说就是利用现代信息技术自动获取货物装载工具、外包装或者货物票据上的货物识别代码等货物信息，通过计算机网络把货物的信息集中到中心计算机进行汇总、整理并储存，提供货物的位置及状态的实时信息，供物流运作决策以及客户的随时查询。

2．货物跟踪过程

货物跟踪需要货物的识别号，在物流的不同阶段，识别号可能是不同的，但这些识别号都是可追溯的。货物跟踪的基本原理就是利用现代信息技术，采集物流全过程的信息，经过处理和传输，向有关业务机构和客户提供货物位置和状态的信息。

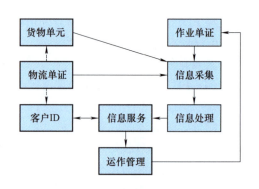

图3-27 静态货物跟踪过程

（1）静态货物跟踪。静态货物指的是在车站、港口、码头或仓库停留的货物。静态货物信息的跟踪过程如图3-27所示。此时所采用的技术主要是信息识别与采集技术，如条码技术、射频识别技术等。

（2）在途货物跟踪。在途货物的跟踪主要是利用卫星导航系统、GIS（地理信息系统）及GSM（移动通信）技术，通过对运输工具（车辆、船只、飞机等）的跟踪管理来实现的，如图3-28所示。具体方法是在装载作业时，绑定货物与运输工具（通过装载清单）。通过对运输工具的跟踪查询货物位置。其过程如图3-29所示。

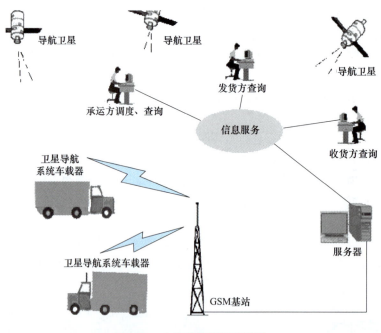

图3-28 在途货物跟踪示意图

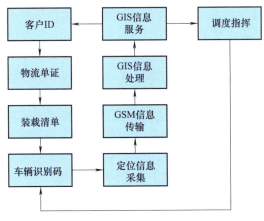

图 3-29 在途货物跟踪过程

3.4.3 卫星导航技术

卫星导航技术是采用导航卫星对地面、海洋、空中和空间用户进行导航定位的技术，在物流领域中多用于货物或运载工具的实时定位，从而获得其位置和运动速度的信息。目前，美国的 GPS（全球定位系统）和我国的北斗卫星导航系统是主要的卫星导航系统。

1. 定位原理

根据数学定理，在空间中，任意三个点就可以确定一个平面，而假如在这个平面上有一个点，尽管不知道它在什么位置，但是知道它与另外三个点的位置关系，通过数学计算就可以求出这个未知点在平面上的坐标；如果还知道它与第四个点的位置关系，就可以求出它在空间直角坐标系中的三维坐标。

卫星导航系统能够定位，用的就是这个原理。因为系统的每台接收机无论在任何时刻、在地球上任何位置都可以同时接收到最少 4 颗卫星发送的空间轨道信息。接收机通过对接收到的每颗卫星的定位信息进行计算，便可得到高精度的三维（经度、纬度、高度）数据。

2. 卫星导航系统的构成

卫星导航系统由三大子系统构成：空间卫星系统、地面监控系统、用户接收系统，如图 3-30 所示。

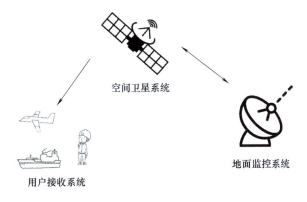

图 3-30 卫星导航系统的构成

（1）空间卫星系统。空间卫星系统由分布在空间中不同轨道上的多颗卫星组成，向全球的用户接收系统连续地播发导航信号。

（2）地面监控系统。以 GPS 为例，其地面监控系统由均匀分布在美国本土和三大洋的美军基地上的 5 个监测站、一个主控站和三个注入站构成。该系统的功能是：对空间卫星系统进行监测、控制，并向每颗卫星注入更新的导航电文。

（3）用户接收系统。用户接收系统主要由以无线电传感和计算机技术支撑的接收机和数据处理软件构成。

1）接收机。以 GPS 为例，接收机的基本结构是天线单元和接收单元两部分。天线单元的主要作用是：当 GPS 卫星从地平线上升起时，能捕获、跟踪卫星，接收放大 GPS 信号。接收单元的主要作用是：记录 GPS 信号并对信号进行解调和滤波处理，还原出 GPS 卫星发送的导航电文。

2）数据处理软件。数据处理软件是用户接收系统的重要部分，其主要功能是对接收机获取的卫星测量记录数据进行"粗加工"、"预处理"，并对处理结果进行平差计算、坐标转换及分析综合处理，解得测站的三维坐标、测体的坐标、运动速度、方向及精确时刻。

3．物流信息系统中卫星导航系统的功能

（1）实时监控功能。在任意时刻通过发出指令查询运输工具所在的地理位置（经度、纬度、速度等信息）并使其在电子地图上直观地显示出来。

（2）双向通信功能。用户可使用话音功能与司机进行通话或使用安装在运输工具上的移动设备显示终端进行消息收发对话。驾驶员通过相应操作，将信息反馈给系统，质量监督员可在网络上确认其工作的正确性，了解并控制整个运输作业的准确性（发车时间、到货时间、卸货时间、返回时间等）。

（3）动态调度功能。调度人员能在任意时刻通过调度中心发出文字调度指令，并得到确认信息。操作人员通过在途信息的反馈，可在运输工具返回车队前做好待命计划，提前下达运输任务，减少等待时间，加快运输工具周转速度；可将运输工具的运能信息、维修信息、车辆运行状况、司机人员信息、运输工具的在途信息等多种信息提供给调度部门决策，以尽量减少空车时间和空车距离，充分利用运输工具的运能。

（4）数据存储、分析功能。卫星导航系统可实现路线规划及路线优化，并将该信息记录在数据库中，以备查询、分析使用。可进行可靠性分析，通过汇报运输工具的运行状态，了解运输工具是否需要较大的修理，预先做好修理计划，计算运输工具平均差错时间，动态衡量该型号车辆的性能价格比。可进行服务质量跟踪，并将车辆的有关信息（运行状况、在途信息、运能信息、位置信息等用户关心的信息）让有该权限的用户能在异地方便地获取。同时还可对客户索取的信息中的位置信息用相对应的地图传送过去，并将运输工具的历史轨迹印在上面，使该信息更加形象化。依据资料库储存的信息，可随时调阅每台运输工具以前工作的资料，并可根据各管理部门的不同要求制作各种不同形式的报表，使各管理部门能更快速、更准确地做出判断及给出新的指示。

3.4.4 应用案例

1．GIS 在海尔集团售后服务中的应用

海尔集团的服务质量有目共睹，但是这并不意味着它们为高质量要付出很高的成本。

那么，它们怎么有效控制成本呢？

海尔集团的顾客服务实行网上派工制，电话中心收到客户维修需求信息后，利用全国联网的派工系统在 5 分钟之内将信息同步派送到离用户距离最近的专业维修服务网点。

在海尔的服务管理中，用户报修的流程是这样的：首先，用户打电话报修，之后电话中心登记用户信息，关键是用户所处的位置，然后工作人员手工选择离该用户最近的维修网点，手工网上分派任务，之后维修工程师上门服务。

表面看来流程非常完美，但仔细看却有不少漏洞。在登记用户信息时，接线员可能对该地址一点都不熟悉，他怎样才能快速、准确地定位用户的位置？而在手工选择离该用户最近维修网点的环节，该接线员又怎样知道哪个网点离报修地点最近？海尔为上门维修的服务商按照距离配发津贴，怎么确定距离？凭服务商报，是不是有很大的漏洞？

这些漏洞用常规手段解决很困难。刚开始，海尔使用的是"人海 + 人脑"的战术。业务员先记住各个城市网点的分布情况，然后根据用户提供的信息，将维修任务派送到其认为最近的网点。之后，业务员使用纸质地图量出用户点至维修网点的大概距离进行费用结算。纸质地图本身就存在较大的测量误差，同时，当手工量出 15km 时，会有服务商说量的路是直的，而实际的路是弯的，要求多加 5km。维修费就这样溜出去了。

很显然，这种通过手工方法得到的信息，在准确性、正确性和详细程度上都有很大问题。而同时，人海战术直接带来的是成本的上升。

2006 年，海尔引入了由中科院旗下的超图公司的 SuperMapGIS，利用其空间分析功能，在售后服务系统中增加了地理信息处理能力。GIS 包含了全国所有的县级道路网和 200 个城市的详细道路信息，还记录了全国 100 多万条地址信息。在如此海量的地理信息基础上，售后服务系统可以在很短时间内计算出距离用户最近的网点，以及网点到用户家的详细路径描述和距离，并及时将这些信息派送到最合理的服务网点。

应用 GIS 之后，海尔的售后服务流程变为这样：用户打电话报修，之后接线员登记用户信息，关键是位置信息。接线员记录后，系统自动匹配用户地址，计算出距离用户最近的网点，之后自动将维修信息派送到网点，网点维修工程师再上门服务。整个地址匹配和服务商挑选工作由系统自动完成，无须手工操作，堵住了服务漏洞。而同时，系统的快速也远不是手工能比的，以前要花几十秒甚至几分钟翻信息，现在系统自己匹配，每次处理的时间缩短到 0.1 秒以内，大大提高了客服部门的效率。在 GIS 的支持下，海尔客服部门现在每天可以处理 10 万次左右的服务请求，得以满足全国用户的需求。

作为海尔售后服务 GIS 的平台软件供应商，超图地理信息技术有限公司统计软件事业部总经理安凯博士认为，因为数据量和计算量很大，所以，类似海尔这样的用户在选择 GIS 平台时要充分考虑系统性能和稳定性。从性能上来说，如果输入数据很久都查不出相关信息，GIS 系统反而会成为负担，影响客服质量；而稳定性不高更可怕——该到派单时派不出去，影响的就不仅仅是客服质量了，甚至会遭遇投诉。

2．GPS 在广州邮政信息化中的应用

随着国内速递业的全面放开、竞争的日益激烈、国外速递巨头的长驱直入、国内大型第三方物流企业的崛起，广州 EMS 面临越来越严峻的考验。广州邮政速递物流公司在信息化管理和服务质量方面都采取积极应对举措，全球卫星定位跟踪系统（GPS）的推广和应用成为工作热点之一。

GPS 系统能够实现对车辆的实时监控和调度,能够通过电子地图随时跟踪车辆所在的地理位置(经度、纬度、速度等信息);当车辆有偏离、停滞或超速等异常现象发生时,GPS 监控调度系统会显示并发出警告信号,并可迅速查询纠正。通过调度管理系统,调度人员实时掌握揽收人员的位置和作业状况,科学合理地实现动态调度、提前调度,从而提高揽收效率,加快客户响应速度,同时提高资源利用率,降低运营成本。

广州邮政速递物流公司积极探索并实现 GPS 的应用,以加强信息化管理,提高 EMS 的竞争能力,提升 EMS 的服务水平。广州邮政速递物流公司计划在五区速递物流经营部揽收道段配置 GPS 卫星定位跟踪设备,配合揽收调度平台对各揽收道段实行车辆监控和动态调度,以提升运营效率和服务水平。在深入调研的基础上,公司业务部制订了一系列关于 GPS 和便携式数据采集器的推广应用方案及跟进计划。首先是选定两家 GPS 开发商,在东区速递物流经营部个别揽收道段试用 GPS 卫星定位系统,同时结合便携式数据采集器和区域揽收调度平台,对这些揽收道段实行卫星跟踪和动态调度。若试用情况良好,下一阶段将确定厂家购置设备,同时协助开发商建立名址库,进一步开发并完善智能调度系统。待系统完善后,GPS 系统将结合智能调度系统和无线数据采集技术在五区速递物流经营部全面推广。GPS 系统、无线数据采集器的应用,势必会加强广州邮政速递物流公司的信息化管理,缩短其与外资快递公司的差距,提升广州 EMS 服务水平。GPS 系统的应用无异于给广州邮政速递物流公司插上了信息化的翅膀。

思考题

1. 条码和 RFID 技术都可以用来采集物流信息,二者的应用情境有何不同?
2. 试分析在 WMS 中引入条码技术的益处以及应具备的条件。
3. EDI 技术广泛应用于国际贸易,试分析其在物流服务中应用的可行性。
4. 卫星导航技术常用于车辆跟踪调度,试分析其系统组成及工作原理。

第 4 章

物流信息系统

学习目标

1. 理解物流信息系统的概念、特点和类型；
2. 理解物流信息系统的作用和功能；
3. 掌握不同类型物流信息系统的功能需求与特点。

4.1 物流信息系统概述

4.1.1 信息系统的一般概念

现实世界存在着各种各样的系统。任何一个有生命力的系统，其内部各要素以及系统与环境之间都必须有物质、能量、信息的流动，以维持系统的生存与发展。否则，系统就会趋于死亡。管理就是对系统内部各要素以及系统与环境之间各种"流"的计划、组织、控制与协调的过程。其中，信息流控制着其他流的流动，使系统更加有序。从系统的观点出发，信息流在整体上也构成一个系统，这就是信息系统。管理的现代化、科学化指的就是最有效地组织与控制信息流，使系统在时间上、经济上和效率上达到最佳状态。因此，信息系统对于现代企业的经营管理具有重要意义。

由通信技术与计算机技术有机结合而形成的现代信息技术，近年来有了迅猛的发展，极大地提高了现代社会对信息资源的开发和利用能力，也使信息系统获得了迅速发展，并已深入社会管理活动的每一个角落。因此，现代信息系统的概念也多指基于计算机、通信技术等现代信息技术手段且服务于管理领域的信息系统，即计算机信息管理系统。

信息系统是一种由人、计算机（包括网络）和管理规则组成的集成化系统。该系统利用计算机软硬件，手工规程，分析、计划、控制和决策用的模型、数据库，为一个企业或组织的作业、管理和决策提供信息支持。

一般来说，一个组织呈三角形或者说金字塔形，在纵向上分为四层，如图 4-1 所示。最顶层是战略管理层，它负责对组织整体的指挥和领导；第二层是战术管理层，它按照战略管理制定的目标和战略进行具体策略的制定；第三层是操作管理层，其任务是对日常运作的管理和指导，以及对目标和战略的实施；最底层由非管理人员组成，他们从事日常作业。

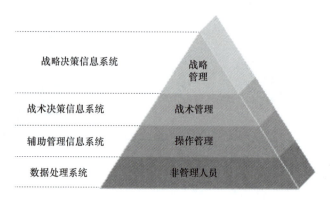

图 4-1　信息系统的金字塔结构

与上述组织结构相对应，信息系统是一个金字塔型的结构，它也包括四个层次：最低层为初级信息系统，它进行一般的事务数据处理，以改善人工数据处理；第二个层次是在计算机网络、数据库支持下，用于作业计划、决策制定和控制的信息系统；第三个层次为用于辅助战术计划和决策活动的信息系统；第四层（最顶层）为支持最高决策者进行战略决策的信息系统。这一层不仅要用到数据库、方法库和模型库，还要用到人工智能、专家系统等技术，所以最高层又称为智能化信息系统。

4.1.2　物流信息系统的概念

物流管理包括了物料由供应商送至制造商、产品从制造商送至批发商／零售商、最后送到顾客手中的整个物流过程的管理。

当今的物流管理已经发生了新的变化：更高的物流成本、成本可视化程度增加、顾客对服务的期望值不断增加、管理的集中化趋势、不断发展的信息技术等。因此，物流在企业管理中的地位正在变得越来越重要。同时，面对不断增强的国内外竞争和产业环境的不断变化，物流管理中出现了一些新的挑战和难点：可视性不高、交货周期变短、客户订单损失机会增大、信息缺乏集中、不能快速响应市场，以及为了维持物流效率或服务水平导致成本难以减低、库存过大、资金流转时间长等。这些问题的解决，需要依赖新的物流管理手段——物流信息系统。

物流信息系统是以计算机和网络通信设施为基础、以系统思想为主导建立起来的为了进行计划、操作和控制而为物流经理提供相关信息，以及为业务人员提供操作便利的人员、设备和过程相互作用的结构体。用系统的观点来看，物流信息系统是企业管理信息系统的一个子系统，是通过对与企业物流相关的信息进行加工处理来实现对物流的有效控制和管理，并为物流管理人员及其他企业管理人员提供战略及运作决策支持的人机系统。它本身又可以分解成一系列的子系统。

物流信息系统是提高物流运作效率、降低物流总成本的重要基础设施，也是实现物流信息化管理的最重要的基础设施。

物流信息系统的发展大概经历了四个阶段。第一个阶段是单项数据处理阶段（从20世纪50年代中期到60年代中期），主要是计算机代替人工对局部数据量大、操作简单的业务进行处理，如工资结算、单项汇总等。其特点是集中式处理，数据不能共享，因此，计算机的应用和定量化技术主要集中在改善特定的物流功能，如订货处理、预测、存货控制、运输等，此时的物资资源配置技术也仅限于"订货点技术"。第二个阶段是事务处理阶段（从20世纪60年代中期到70年代初）。人们可以应用计算机制定生产计划，并研究多环节的生产过程中各环节的物资供应计划问题，如企业的物资管理、仓储管理、采购计划等。这一阶段应用的特点为实时处理、数据能局部共享。相应的物资资源配置技术为20世纪60年代产生的物料需求计划（MRP）和准时技术（JIT）。第三个阶段是系统处理阶段（从20世纪70年代初期到90年代初）。信息技术应用于整个企业的物流管理，在企业内部运行的管理信息系统可以辅助企业进行计划、生产、经营、销售，企业信息系统以局域网结构和客户／服务器体系结构为主。生产系统、计划系统、财务系统、工程设计、工艺设计、工程管理、生产制造等结合成为一个有机整体。第四个阶段是辅助决策阶段（从20世纪90年代至今）。现代信息技术，尤其是互联网技术的进步促进了现代物流的快速发展，物流信息实现了实时交换、共享、汇总、控制、计划等以前无法实现的功能，企业的计算机辅助管理更注重提供辅助决策所需的信息及辅助决策的过程，从而提高物流作业效率，降低物流作业成本。

现代物流信息系统还是一个整合物流管理的平台，它将产、供、销各个环节中的信号、数据、消息、情况等通过信息技术进行系统的智能采集和分析处理，并配合决策支持技术，对企业物流体系中涉及的各部门进行有效的组织和协调，从而实现高效率和高质量决策及低物流成本的目标。物流信息系统能够实现系统之间、企业之间，以及资金流、物流、信息流之间的无缝链接，而且这种链接同时还具备预见功能，可以在上下游企业间提供一种透明的可见性功能，帮助企业最大限度地控制和管理库存。同时，由于全面应用了客户关系管理、商业智能、计算机集成、地理信息系统、全球定位系统、Internet、无线互联技术等先进的信息技术手段，以及配送优化调度、动态监控、智能交通、仓储优化配置等物流管理技术和物流模式，提供了一套先进的、集成化的物流管理系统，从而为企业建立敏捷的供应链系统提供了强大的技术支持。

4.1.3 物流信息系统的作用

基于互联网和现代信息技术的物流信息系统，与其他信息系统一样，能够显著提高企业物流的运营效率和管理水平，越来越多的企业愿意采纳这项集管理和信息技术为一体的信息系统。一个典型的物流信息系统对企业的作用体现在如下几个方面：

（1）物流信息系统是物流企业及企业物流的神经中枢。如果没有先进的信息系统来支持，物流企业的功能就不能体现。物流企业为企业提供功能健全的物流服务，面对众多的企业和零售商甚至是客户，如此庞杂的服务，只有在一个完善的信息系统的基础上才可能实现。

（2）通过物流信息系统，企业可以及时地了解产品市场销售信息和产品的销售渠道，有利于企业开拓市场和搜集信息。

（3）通过物流信息系统，企业可以及时掌握商品的库存流通情况，进而达到企业产销平衡。

（4）物流信息系统的建立，能够有效地节约企业的运营成本。

（5）物流信息系统的建立使得物流的服务功能大大拓展。一个完善的物流信息系统使得企业能够把物流过程与企业内部管理系统有机地结合起来。例如，与 ERP 系统结合，可以使企业管理更加有效。

（6）加快供应链的物流响应速度。通过建立物流信息系统，达到供应链全局库存、订单和运输状态的共享和可见性，以减少供应链中的需求订单信息畸变现象。

要想让物流信息系统发挥应有的作用，必须遵循以下原则来满足管理的需要，并充分支持企业运作：

（1）可得性。物流信息系统必须具有始终如一的可得性，这一点对于改进管理决策是必需的。由于物流作业具有分散化的特性，要求物流信息系统具有存储和传递信息的能力，并能在任何地方得到更新的物流数据，以便减少作业上和制订计划时面临的不确定性。

（2）精确性。物流信息系统必须能够精确地反映当前物流活动状况。精确性可以表示为物流信息系统的报告与实际状况的相同程度。例如，平稳的物流作业要求实际的存货与物流信息系统报告的存货相吻合的精确性最好在 99％以上。当实际存货水平和系统之间存在较低的一致性时，就不得不采取提高安全库存的方式来适应这种不确定性。因此，正如信息可得性一样，提高信息的精确性，也就减少了不确定性，并减少了库存量。

（3）及时性。物流信息系统必须及时地提供相关信息，以利于及时管理控制。例如，在某些情况下，系统要花费几个小时或几天才能将一种新订货看作实际需求，这种耽搁会使计划的有效性减弱，从而使存货量增加。

（4）灵活性。物流信息系统必须具有灵活性，以满足企业和客户两方面的需求。信息系统必须能提供满足特定顾客需要的数据。例如，零售商 A 也许想要每一个店的单独的发货票，而零售商 B 却只需要所有的商店的总发货票。一个灵活的物流信息系统必须有能力适应这些不同的需求。

（5）适当格式化。物流报告和信息显示应该具有适当的格式，要用正确的结构和顺序显示正确的信息。例如，向决策者提供决策所需的相关信息时，显示内容应将过去信息和未来信息结合起来，展示现有库存、最低库存、需求预测，以及在一个配送中心的某一单品的计划入库数。

4.1.4　物流信息系统的特征

物流信息系统除了具有信息系统的一般特性，如系统的整体性、层次性、目的性、环境适应性之外，还具有以下一些自身的特征：

（1）主要为物流管理服务。物流信息系统的目的是辅助物流企业进行事务处理，并在一定程度上为管理决策提供信息支持，因此，它必须同物流企业的管理体制、管理方法、管理风格相结合，遵循管理与决策行为理论的一般规律。为了满足管理方面提出的各种要求，物流信息系统必须准备大量的数据（包括当前的和历史的、内部的和外部的、计划的和实际的），并应用各种分析方法和大量数学模型及管理功能模型（如预测、计划、决策、控制模型等）。

（2）适应性和易用性。根据一般系统理论，一个系统必须适应环境的变化，尽可能做到当环境发生变化时，系统不需要经过大的变动就能适应新的环境，这主要是要求系统便于修改。一般认为,最容易修改的系统是积木式模块结构的系统,因为每个模块相对独立,其中一个模块的变动不会或很少影响其他模块。建立在数据库与网络技术基础上的物流信息系统,应具有良好的适应性,并方便用户使用。适应性强,系统的变化就小,用户可以熟能生巧,方便操作。易用性是物流信息系统便于推广的一个重要因素,要实现这一点,友好的用户操作界面是一个基本条件。

(3) 信息与管理互为依存。物流管理与决策必须依赖正确的、及时的信息。信息是一种重要资源,在物流管理控制和战略计划中,必须重视对相关物流信息的管理。物流信息与物流管理之间是互为依存的关系。

(4) 物流信息系统是一个面向管理的人机系统。物流信息系统在支持企业的各项管理活动中,计算机及物流设备与用户之间不断地进行信息交换,要将数据及时输入计算机中,计算机在对这些数据进行加工处理后将所获得的信息输出来,以满足管理所需,同时在加工处理过程中还需要人的适当干预。因此,企业物流信息系统又是一个人机交互的系统。

(5) 数据库系统的特征。这种特征主要是指使用数据库技术将数据有效地组织在相关计算机网络系统中,以实现快速的信息处理及信息共享。

(6) 分布式数据处理特征。企业的物流管理活动往往分布在不同的地点,这就要求物流信息系统应该是分布式的。现今,有线、无线网络与通信技术的发展及各种先进智能化物流工具的应用均可保证分布式处理得以实现。

4.2 物流信息系统的组成与功能

4.2.1 信息系统的一般结构

信息系统的结构反映了信息系统所具有的特点、功能以及现阶段人们对信息系统的认识和信息技术发展水平。信息系统的结构就是指组成信息系统各部分之间的相互关系的总和。信息系统虽然是组织信息流的综合体,但其结构与组织的结构不一定相同。组织结构一般是树状的,是为完成组织各项目标而形成的管理体系,而信息系统的结构可以不受组织结构的束缚,多是网状的,是为满足信息采集、处理、存储、分析、传递等需要建立起来的体系。随着信息技术的发展,信息系统的结构也经历了由低级向高级、由简单到复杂、由单项到综合的发展过程。

1. 信息系统的物理结构

信息系统的物理结构是指避开信息系统各部分的实际工作和软件结构,只抽象地考察其硬件系统的拓扑结构。信息系统的物理结构一般有三种类型:集中式、分散—集中式和分布式。

(1) 集中式。早期的信息系统,由于计算机和通信设备所限,都采用集中式的结构。集中式是由一台主机带若干终端,运行多用户操作系统供多个用户使用。主机承担系统所有的数据处理、数据存储和应用管理,因此必须有大存储容量、超高速数据传输速率,一般由小型机甚至中大型机担任;终端一般是非智能的,即没有信息处理能力,只有输入和输出功能。这种系统结构的优点是数据高度集中,便于管理控制,缺点是系统灵活性差,扩展能力有限，且维护困难，一旦主机出现故障则会造成整个系统的瘫痪。为保证系统的可靠性，通常需采用高代价的双机系统或容错机。

（2）分散—集中式。20世纪70—80年代出现了微型计算机和计算机网络系统，但由于当时的微机功能十分有限，故多采用分散—集中式系统。这就是用微机或工作站执行应用软件和数据库管理软件运行，通过局域网与由一台或几台作为整个系统的主机和信息处理交换中枢的小型机乃至大型机相连。这种结构的优点是，主机主要作为文件服务器根据用户的请求读取传送文件，并可集中管理共享资源，各个工作站既能相互独立地处理各自的业务，必要时又是一个整体，可相互传递信息，共享数据，因而较灵活，易扩展。其缺点是文件服务器提供服务的能力有限，它仅以将整个文件在网络中传输的方式进行服务，因而会导致网络通信负荷重，系统维护较困难。

（3）分布式。20世纪80—90年代，在计算机网络技术和分布式计算的基础上出现了一种新的客户机/服务器（Client/Server）模式，它对信息系统的结构体系产生了极大的影响。这种结构由微机、工作站充当客户机，负责执行前台功能，如管理用户接口、采集数据和报告请求等；由一台或分散在不同地点的多台微机、工作站、小型机或大型机充当服务器，负责执行后台功能，如管理共享外设、控制对共享数据库的存取、接受并回答客户机的请求等，再用总线结构的网络把客户机和服务器连接起来。它与分散—集中式的区别在于将系统的任务一分为二，即客户机承担每个用户专有的外围应用功能，负责处理用户的应用程序，服务器承担数据库系统的数据服务功能，负责执行数据库管理软件。这样，两种设备分工明确，可以高度优化系统的功能。数据库服务器处理客户机的请求，然后只返回结果，这就大大减少了网络的传输负担，避免了网络堵塞。这种结构任务分布合理，资源利用率高，有较强的可伸缩性和可扩展性，系统开发与维护较为方便，而且可靠性也相对较高。但随着系统规模的不断扩大，多类型部件的兼容问题也会变得越来越复杂，组织的信息资源共享问题仍有待解决。

2. 信息系统的逻辑结构

信息系统的逻辑结构是从其功能角度来描述的，是指各功能子系统的联合体。信息系统的基本功能是管理与组织有关的信息，为组织管理提供信息支持。根据组织的业务活动和管理层次，信息系统的逻辑结构可以从两个方面进行分析。

（1）基于组织业务功能的信息系统结构。组织的业务功能是多种多样的。例如，在一个制造业企业，其典型的业务功能包括研究开发、生产、市场销售、财会、物资、人事、信息管理、行政管理等。每种业务活动都有一定的信息需求，并会产生信息流，从而产生了按照职能结构原则设计的信息系统。信息系统支持着组织机构的各种功能子系统，与组织的业务功能平行地开发出各信息子系统，形成了基于组织业务功能的信息系统结构。这些子系统主要包括：研究开发子系统、生产子系统、市场销售子系统、物资供应子系统、财会子系统、人事子系统、信息处理子系统、行政管理子系统等。

（2）基于组织管理功能的信息系统结构。信息系统是为组织管理提供信息支持服务的，这意味着信息系统的结构也可以按组织管理活动的层次来划分。组织的管理活动一般分为三个层次，即作业控制层、管理监督层和战略规划层，每一层次的管理决策功能和信息需求各不相同，见表4-1。相应地，信息系统的结构也可分为作业控制子系统、管理监督子系统和战略规划子系统。

表 4-1　组织管理活动的层次

管理层次	决策特征	功能特征	信息需求特征				
			信息源	信息内容	时间	精度	信息种类
作业控制	短期的、结构化的决策；决策过程和方法均有固定规律可循，能用形式化的方法描述求解	利用既有资源提高工作效率，以求在预算允许范围内完成各项任务	内部的	定义完善、描述明确的结构化信息	短期的记录性信息	较高，以定量为主	狭窄的、细节信息
管理监督	中期的、半结构化决策；决策过程和方法有一定规律可循，但又不能完全确定	建立组织经营的预算和资源保证，对各部门的活动进行监督、检查和综合衡量	主要是内部，结合少部分外部的	部分能明确说明的半结构化信息	现实的动态性信息	适中；既有定量信息，又有定性信息	有一定概括的局部信息
战略规划	长期的、非结构化决策；决策过程和方法无规律可循，难以用确定的程序和方法表达	确定组织的目标，制订实现该目标所采用的战略规划和竞争策略	以外部为主	模糊的、不确定的非结构化信息	长期的预测性信息	较低；以定性为主	广泛的综合信息

4.2.2　物流信息系统的组成要素

构成物流信息系统的主要组成要素有硬件、软件、数据库或数据仓库、相关人员，以及企业管理思想与管理制度等。

1．硬件

硬件包括计算机、必要的通信设施等，如计算机主机、外存、打印机、服务器、通信电缆等。它是物流信息系统的物理设备、硬件资源，是实现物流信息系统功能的基础。

物流信息系统的硬件组成如图 4-2 所示。

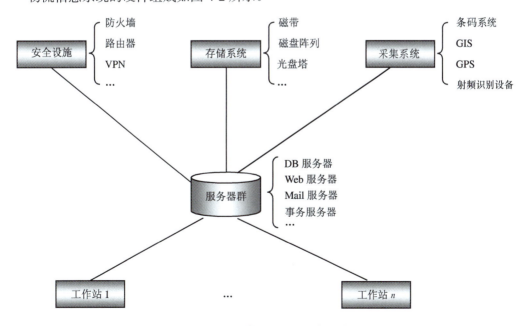

图 4-2　物流信息系统的硬件组成

2. 软件

在物流信息系统中，软件一般包括系统软件、实用软件和应用软件。

系统软件主要包括操作系统（Operation System，OS）、网络操作系统（Network Operation System，NOS）等，它控制、协调硬件资源，是物流信息系统必不可少的软件。

实用软件的种类很多，对于物流信息系统来说，主要有数据库管理系统（Database Management System，DBMS）、计算机语言、各种开发工具、浏览器、群件等，主要用于开发应用软件、管理数据资源、实现通信等。

应用软件是面向问题的软件，与物流企业业务运作相关，实现辅助企业管理的功能。

通常，系统软件和应用软件由计算机厂商或专门的软件公司开发，它们构成物流信息系统开发和运行的软件平台。实用软件的特点是品种多、新软件不断产生、版本更新快，用户的选择余地较大。

3. 数据库与数据仓库

数据库与数据仓库用来存放与应用相关的数据，是实现辅助企业管理和支持决策的数据基础。

4. 相关人员

物流信息系统的开发、应用、维护涉及多方面的人员，如企业高层领导、信息主管、业务主管、业务人员、系统分析与设计员等。

5. 管理思想与管理制度

在物流行业，新的管理思想不断产生并付诸实践，如供应链管理、第三方物流等，这是物流管理系统的灵魂。

4.2.3 物流信息系统功能架构

1. 物流信息系统的基本功能

物流信息系统是物流系统的神经中枢，作为整个物流系统的指挥和控制系统，可以分出多种子系统。与一般的信息系统相似，物流信息系统的基本功能可归纳为以下几个。

（1）数据的搜集和输入。物流信息系统首先从系统内部或者外部搜集数据，并整理成系统要求的格式和形式，这一过程是其他功能发挥作用的前提和基础，如果一开始搜集和输入的信息不完全或不正确，在接下来的过程中得到的结果就可能不正确、不科学，导致严重的后果。因此，在衡量一个信息系统的性能时，应注意其收集数据的完善性和准确性，以及其校验能力和抵抗破坏能力的强弱等。

（2）信息的存储。物流数据在处理前和处理后，都必须在系统中进行存储。物流信息系统的存储功能，就是要保证已存储的物流信息不丢失、不走样、不外泄、整理得当、随时可用。无论哪一种物流信息系统，在涉及信息的存储问题时，都要考虑到存储量、信息格式、存储方式、使用方式、存储时间、安全保密等问题。如果这些问题没有得到妥善的解决，信息系统是不可能投入使用的。

（3）信息的传输。在物流系统中，物流信息一定要准确、及时地传输到各个功能环节，否则信息就会失去使用价值。这就需要物流信息系统具有克服空间障碍的功能。物流信息系统必须充分考虑所要传递的信息种类、数量、频率、可靠性要求等因素。只有这些因素符合物流系统的实际需要，物流信息系统才是有实际使用价值的。

（4）信息的处理。建立物流信息系统的最根本目的就是要将输入的数据加工处理成物流系统所需要的物流信息。数据和信息是有区别的，数据是得到信息的基础，但数据往往不能直接利用，而信息是根据数据加工得到的，它可以直接利用。只有得到了具有实际使用价值的物流信息，物流信息系统的功能才能发挥出来。

2．物流信息系统的功能表现

根据物流信息系统所支撑的业务，物流信息系统的功能表现更为多样，主要有：

（1）仓储业务管理系统。仓储业务管理系统可以对所有的包括不同地域、不同属性、不同规格、不同成本的仓库资源实行集中管理。采用条码、射频识别等先进的物流技术设备，对出入仓货物可实现联机登录、存量检索、容积计算、仓位分配、损毁登记、状态报告、出入库与库存查询、盘点调整、每月结转以及自动生成库存报表等。

（2）配送管理信息系统。配送管理信息系统的功能是：以最大限度地降低物流成本、提高运作效率为目的，按照实时配送原则，在多购买商并存的环境中，通过在购买商和供应商之间建立实时的双向链接，构筑一条顺畅、高效的物流通道，为购买、供应双方提供高度集中的、功能完善的和不同模式的配送信息服务。

（3）货代管理信息系统。货代管理信息系统的功能是：按照资源最大化和服务最优化的原理，满足代理货物托运、接取送达、订舱配载、联运服务等多项业务需求，完成物流的全程化管理，包括代理航空和船务，实现门对门、一票到底的最佳物流方式，成为托运人和承运人之间电子化的桥梁和纽带。

（4）运输管理信息系统。运输管理信息系统的功能是：可以对所有可以调度的运输工具，包括自有的和协作的，以及临时的车辆信息进行调度管理，提供对货物的分析、配载计算，以及最佳运输路线的选择。运输管理信息系统支持全球定位系统（GPS）和地理图形系统（GIS），借以实现运输的最佳路线选择和动态调配。

（5）客户管理信息系统。客户管理信息系统的功能是：通过对客户资料的全方位、多层次的管理，使物流企业之间实现流通机能的整合，物流企业与客户之间实现信息分享、收益分享及风险共享，从而在供应链管理模式下，实现跨企业界限的整合。

（6）决策支持信息系统。决策支持信息系统的功能是：及时地掌握商流、物流、资金流和信息流所产生的信息并加以科学利用，在数据仓库技术、运筹学模型的基础上，通过数据挖掘工具对历史数据进行多角度、立体的分析，实现对企业中的人力、物力、财力、客户、市场、信息等各种资源的综合管理，为企业管理、客户管理、市场管理、资金管理等提供决策依据，从而提高管理层决策的准确性和合理性。

（7）数据交换信息系统。数据交换信息系统提供 EDI 数据交换服务，通过电子商务网站，提供 EDI 交换表单，可以为自身的商务数据交换以及客户或合作伙伴提供 WEB 形式的数据交换功能。

（8）统计管理信息系统。统计工作作为企业管理的基础，按照物流行业的标准，针对企业的经营管理活动情况进行统计调查、统计分析，提供统计资料，实行统计监督，从而对企业的经营活动及经营状况进行量化管理。

（9）结算管理信息系统。结算管理信息系统充分利用业务信息管理系统和计算机处理能力，以达到自动为客户提供各类业务费用信息、大幅降低结算业务工作量、提高结算业务的准确性和及时性为目的，从而为广大企业的自动结算提供一套完整的解决方案。

（10）报关管理信息系统。报关管理信息系统集报关、商检、卫检、动植物检疫等功能于一体，满足用户进出口电子报关的需求。它增加了联机报关功能，真正使跨境物流成为无缝物流，使报关业务得以迅速、及时、准确地完成，为物流客户提供全方位的报关服务。

（11）财务管理信息系统。财务管理信息系统结合成熟的财务管理理论，针对相关企业财务管理的特点，根据财务活动的历史资料进行财务预测并通过专门的方法进行财务决策，然后运用科学的技术手段、有关信息、特定的数量方法进行财务预算、财务控制、财务分析，最终实现企业价值最大化。

（12）合同管理信息系统。合同是开展业务的依据，系统通过对合同的数字化解析，充分理解客户的需求，拟订物流服务的实施方案，并以此为依据，分配相应的资源，监控实施的效果和核算产生的费用。并可以对双方执行合同的情况进行评估以取得客户、信用、资金方面的相关信息，交企业决策部门作为参考。

4.3 面向第三方物流企业的物流管理信息系统

中国国家标准《物流术语》关于第三方物流（Third-Party Logistics，3PL）的定义是：第三方物流是由供方与需方以外的物流企业提供物流服务的业务模式。3PL 企业通过物流管理信息系统为物流需求者在双方约定的时间、空间按约定的价格提供个性化、系统化、专业化、信息网络化的物流服务。

4.3.1 第三方物流企业的系统特点

普通的物流运作模式是 3PL 组织独立承包一家或多家生产商或经销商的部分或全部物流业务。这些 3PL 服务提供者或者拥有自己的资产，如运输工具队伍、仓库和仓储设备；或者为无资产基础的 3PL，通过整合社会资源来满足客户需求。随着信息技术的发展，一些基于信息技术的 3PL 设计出一些电子商务业务来满足物流服务的需求，如配送路径优化选择、基于作业的成本分析等。一些基于电子商务的物流服务提供者在处理销售交易、跟踪监控物流活动方面具有很大优势。

表 4-2 总结了 3PL 的三种类型及它们在资产构成、提供服务方式和产生价值方面的不同。可以看出，目前 3PL 的经营模式与传统的有固定资产的经营模式相比已经有很大的不同，没有任何运输或仓库设施，也能从事 3PL，甚至创造的价值更大。因为仅靠物流设备的改进来提高效率是很有限的，且企业之间的差别化也不会很大，而改善运作模式、优化能力需求计划或进行运输路径优化等却是提高运营效率、提高资产利用率和产生增量利润的新源泉。

表 4-2 3PL 的类型及其主要特征

3PL 类型	资产构成	提供服务方式	价值
有资产基础的	拥有一定资产所有权	运输、仓储、流通加工、配送等	资产创造价值
无资产基础的	不拥有资产所有权	诸如多式联运、空运或多种运营组合的物流服务	经营模式创造价值

(续)

3PL 类型	资产构成	提供服务方式	价值
基于信息服务的	互联网	全球跟踪、运费支付、客户关系管理、卸货成本估价、物流服务优化、协作能力计划、道路选择方案等	基于信息技术和通信网络技术的信息系统创造价值

目前，很多 3PL 都是以上三种类型的混合体。例如，UPS 就是从最初的一个快递公司，逐步转变为一个以上三种类型混合的国际著名物流服务公司。物流业务运作过程具有环节多、信息量大、动态性强等特点，因此，3PL 一般具有以下特点：

1. 信息网络化

信息流服务于物流，信息技术是物流企业发展的基础，在物流服务过程中，信息技术发展实现了信息实时共享，促进了物流管理的科学化，提高了物流服务的效率。

2. 关系合同化

首先，物流企业是通过合同的形式来规范物流经营者和物流消费者之间的关系的。物流企业根据合同的要求，提供多功能直至全方位一体化的物流服务，并以合同来管理所有提供的物流服务活动及其过程。其次，物流企业发展物流联盟也是通过合同形式来明确各物流联盟参与者之间的关系。

3. 功能专业化

物流企业所提供的服务是专业化的服务，对于专门从事物流服务的企业，它的物流设计、物流操作过程、物流管理都应该是专业化的，物流设备和设施都应该是标准化的。

这些特点说明，基础设施、规范流程和优质服务是 3PL 赢得市场竞争的重要因素，但快捷的反应速度和完善的信息化平台将是 3PL 赢得持续竞争优势的基础。

4.3.2 第三方物流企业的业务需求与系统组成

物流管理信息系统是物流组织发展 3PL 的重要基础。物流企业可以利用管理信息系统来规范各物流业务运作的过程、优化运力配置和仓储资源，完善订货单证、存货信息、仓库作业命令、货运单证、各种发票内容，并向客户及时反馈物流信息，提供实时的统计汇总和辅助决策。同时，客户可以通过物流网络信息平台及时了解各类物流动态信息，建立与物流企业的联系，利用物流企业的信息服务，及时调整和改进采购、生产和销售等活动。3PL 通过物流管理信息系统将整个物流业务整合起来，见图 4-3。

由图 4-3 可以看出，3PL 为客户提供从发货到收货的整个物流活动服务。其中，订单管理子系统是其业务活动的起点；仓储、运输、配送和结算是其最主要的业务活动；查询与分析子系统为业务活动的灵活处理和实时分析提供了便利；商务应用管理子系统是对企业运营过程中的客户与订单、设施资源分配与调度、物流服务绩效等进行管理和控制的基本模块。这些子系统的顺利运行依赖于内部部门之间沟通的办公网，和与外部客户、合作伙伴及中介等组织进行信息交互的外部网，还有对外界进行宣传、和客户进行商业交易的电子商务网络与移动网络，如手机、手持终端和其他便携式工具等，最后还有支持进行深层次分析决策的商业智能系统。前文介绍的三种类型的 3PL，其业务处理功能是不同的，即使是同一类型的 3PL 组织，因为它们的资产规模、提供服务的方式等不同，其管理信息系统的组成也会有所不同。

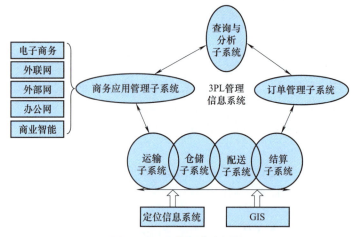

图 4-3　3PL 管理信息系统

4.3.3　第三方物流信息系统的功能模块

构建物流管理信息系统，依靠现代化手段帮助管理物流组织，提供准确、实时、丰富的物流信息，是第三方物流发展的基本要求。建设一个 3PL 管理信息系统，其总体设计思想应该适应当前基于互联网/内联网的信息结构，以网络经济为发展方向，根据现代物流的发展特点，开发出广度上与客户相连、深度上具有决策支持功能的物流信息系统。表 4-3 描述了 3PL 管理信息系统的基本功能模块，它是一个 3PL 管理信息系统的一般框架。在此基础上，不同的 3PL 企业，因为其业务中心不同，可以根据自身侧重点进行模块的添加和删除，以进行功能的重组。表 4-3 给出的功能模块并不是完全照搬前面的业务系统划分，而是根据 3PL 管理信息系统设计的总体目标和功能需求分析，兼顾程序设计的思想，设计得出相对独立、功能单一的若干模块。例如，基本信息查询模块汇总了企业运营过程中所有的基本信息或公共信息，可能这些信息在完成不同的业务功能时仅仅应用在局部的部门中，但在管理信息系统中，却从操作的角度把它们组成一个相对独立的模块。这里增加了客户关系管理和业绩管理模块，可能很多系统把客户关系管理放在订单管理模块中，但对于第三方物流企业来说，客户是其生命线，把客户管理单独设计成一个模块，可以充分体现其对客户的重视。

表 4-3　3PL 管理信息系统的功能模块

一级模块名称	二级模块名称	实现的功能描述
基本信息查询	区域地理信息查询 物流服务价格查询 客户资料查询 仓位资料查询 报表查询	包括系统的基本或公用的信息资料查询，如区域地理信息、物流服务价格信息、客户资料及仓储中仓位资料、各种历史或当前的报表资料等

（续）

一级模块名称	二级模块名称	实现的功能描述
订单管理	服务选择 订单处理 物流任务分派 订单查询	客户可浏览3PL企业提供的物流服务，并通过各种方式（如互联网）把托运或托管的货物清单送到市场部门，市场部人员对订单进行处理，如审核客户信用度，并进行物流服务的任务分派或查询等
运输管理	运输单证查询 运输计划调度 路线智能优化 货物动态跟踪 运输成本控制	通过查询从订单管理模块传递过来的订车信息，制订相关的运输计划和调度安排，并根据订单需求和区域地理信息，来确定优化的运输路线和配载计算方案，实现客户和企业对货物运输的动态跟踪和监控，从而提高效益
仓储管理	入库作业管理 货物库内管理 出库作业管理 仓储成本控制	仓储管理子系统要根据企业的实际仓储状况进行设计，一般包括：货物检验、入库管理、货物在库移动、取货单管理、普通加工及出库管理等。在出入库管理过程中，要使用先进的技术采集数据，并一次性地将数据传入系统，使仓库货物的进车、出车、库存盘点、货物的库位调整、分拣理货、现场库位商品查询等数据实现实时双向传送，以提高效率，降低仓储成本
客户关系管理	客户服务管理 客户合同管理 客户信誉评估 客户资料查询 客户反馈管理	客户是3PL组织生存的基础。3PL管理信息系统需要注重对客户及其信息的跟踪管理，以制定出合理的销售策略，帮助3PL企业获取客户，赢得市场。客户管理集中在把客户的一个订单当作项目全程跟踪，包括对客户提供的服务类型、与客户签订的合同、对客户信用的评价及客户在服务过程中的反馈等
财务管理	账单管理 物流计费管理 利润结算管理 财务统计报表	和物流服务业务同步，3PL管理信息系统对发生的每一项业务进行成本和利润核算，通过资金流体系来控制物流的运作。财务管理功能主要用于管理物流业务中和费用相关的各种数据，并建立物流管理信息系统与专业财务系统的接口
业绩管理	人力资源管理 部门绩效管理	系统通过提供预算分析、业绩评估及按各种标准进行的业绩统计，使经营者充分了解企业的整体运营情况，并迅速获取企业的各项统计指标。主要管理模式有：销售人员业绩统计、部门业绩管理、整体业绩管理

3PL管理信息系统最好采用"互联网/外联网/内联网"结构来满足这种物流网络化管理的需要。信息系统的结构可以采用典型的"浏览器/应用服务器/数据库服务器"的分布式三层体系结构：数据库服务器提供数据库的管理与服务；应用程序集中于应用服务器中，专注于应用业务处理；客户端通过浏览器以Web方式与用户交互，从而满足企业网络化应用的需求。

4.4 面向供应链的物流管理信息系统

供应链是物流的系统化和集成化。任何一个组织都会处在某个或某几个供应链中，它们都会和链上的企业之间存在着物流、信息流和资金流的相关活动，以供应链管理（Supply Chain Management，SCM）为核心的物流管理信息系统在生产运作中发挥着重要的管理调节作用。

4.4.1 供应链管理的系统特点

供应链是围绕核心企业，通过对信息流、物流、资金流的控制，从采购原材料开始，制成中间产品以至最终产品，最后由销售网络把产品送到消费者手中的一个网链结构模式。由于每个企业的上游企业和下游企业都往往不是单个的，这就使得链式结构互相关联、交错形成了网络结构。这一网络内部包含了物流系统的各个要素，这些功能要素虽然同处一个物流大系统之中，但它们各自又是相互独立的。供应链上各环节都有各自不同的利益，它们在物流过程中都需要通过获得利润而生存，经常存在各种利益的冲突，这就需要物流决策者在这些相互联系的主要功能要素之间权衡利弊、协调关系。

现代物流管理理念的发展和现代信息技术的支持，提供了供应链上各个环节信息的共享，使管理者们能从总体上看到整条链活动的情况，能够管理整条"链"而不是像过去那样只管理各链节之间的"接口"，或只管理其中一部分"链节"。SCM 实际上就是把参与物流活动的企业作为一个统一的过程来管理。SCM 可以将参与物流活动的企业在合作的信念上整合为一个企业群体，不同的企业能够通过分享信息和共同制订物流计划使得整体物流效率得到提高，使得各自追求其经济利益的原动力集合为一个提高物流效率和增加企业竞争力的合作力量，最终达到双赢或者多赢。

供应链中的信息共享策略有信息集中（Information Centralization，IC）、供应商管理库存（Vendor Management Inventory，VMI），以及协同计划预测和补货（Collaborative Planning Forecasting and Replenishment，CPFR）等，见图 4-4。它们共享信息的内容和方式存在差异。信息集中是指零售商与供应链的其他成员共享实际市场销售数据，从而减少供应链中的牛鞭效应；VMI 是指供应商等上游企业基于其下游客户的生产经营、库存信息，对下游客户的库存进行管理和控制，也就是将管理零售商销售点库存的权限交给供应商，从而提高库存周转率和顾客满意度；CPFR 不仅共享需求信息，还共享诸如历史销售数据、预测等信息，通过这些标准化的共享信息进行精确的市场预测，根据需求动态及时补货，进行有效的库存管理，以减少成本，实现共赢，提高整个供应链的业绩和效率。

图 4-4 供应链中的信息共享策略

信息协同是实现供应链目标的最高境界，涉及供应链上企业之间信息共享的策略、共享的模式、信息技术对供应链协同支持等各个方面。但信息共享是信息协同的基础，而信息技术是供应链上不同企业之间实现信息共享的支撑。

以 SCM 为核心的组织主要有以下特点：

1. 更关注供应链上的关系问题

从以企业为中心的商务方式向以客户为中心的商务方式的转变，使得企业组织需要一种外部处理的观念，尤其是关注与所处供应链有直接关系的企业之间的关系问题，这也是日益激烈的全球竞争的结果。

2. 向专业化组织转化

顾客对服务要求的增加，如更快、更便宜、更好，需要产品和信息在整个供应链中传送速度的提高。一个企业很难全方位实现客户的需求，因此，专业化组织逐步发展起来，如第三方物流、OEM、外包协作等。这种趋势增加了组织间的合作和协调，并逐步通过合作行为日益加强其战略合作关系，各个组织基于双方利益建立合作战略关系，选择贸易伙伴，分享利益。例如，发展基于合作水平的数据分享战略，研究更有效的分割数据策略，从而把有选择的、安全的信息同供应链伙伴共享。

3. 充分发挥信息技术的支撑作用

信息技术的支撑作用加速了以上组织的转变过程，电子商务的运用为一些产品创立了一种全新的"开放资源"环境。任何追求 SCM 的组织都必须运用先进的技术去适应贸易伙伴的多样化，而不是只是追求建立一种商务运作的模型。

4.4.2 供应链信息需求及关系

建立企业间的供应链信息系统需要分两步走：一是创建网络化的企业运作模式；二是建立统一的管理信息系统架构。

下面以生产企业为例，说明企业在供应链上和外界信息交互的关系情况，如图 4-5 所示。一般企业通过市场和销售、采购、客户服务以及运输与配送等环节和外界供应链上相关企业进行信息交互，而企业内部的生产计划、库存管理、生产运作以及会计和财务也会基于因特网参与部分功能相关的信息沟通，如会计和财务管理部分需要和供应链上企业关于应收账、应付账进行信息沟通，和监管及协作部门，如工商、税务、银行等也有很多信息交互关系。

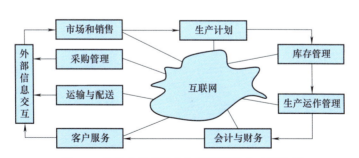

图 4-5 企业在供应链上和外界信息交互的关系

表 4-4 给出了和供应链上有直接物流活动的业务关系、信息需求和相关业务对象的情况。供应链上的物流活动主要包括销售物流、采购物流、运输与配送、客户服务及会计与财务等。销售物流从业务关系角度会涉及各种不同的客户，如行业销售者、内部消费者、终端消费者、订单消费者、第三方订单消费者等。采购物流中，针对不同的物料采购，有不同的供应商关系。重要物料的采购（如库存 ABC 分类中的 A 类或 B 类）和供应商之间

采用信息合作伙伴关系，如联合管理库存、供应商管理库存等；而对于廉价消耗性物料采购，可以随时需要随时采购，然后直接进入生产运营过程。生产过程中部件或半成品的物流转包可以帮助生产者减少产品的成本、提高客户服务能力，但转包物流中涉及的物料预订、发货和收货都需要和企业其他标准的采购管理过程一样，和转包商进行及时信息交互，实现集成化管理。采购涉及供应商选择、供应商报价、供应商投标、与供应商合作的合同等，信息需求主要包括采购单、供应商信息、价格和合同协议等，会涉及相关采购组织、仓储和车间等对象。运输与配送可能是由自己的运输组织或团队执行，也可能是由第三方运输企业执行，需要对运输需求信息进行计划归并和调度优化，发出运输派车单，在仓储协作下进行货物的装载，并通过运输跟踪管理系统的监控，实现货物的安全、及时运输。

表 4-4 供应链上物流活动的业务关系、信息需求和相关业务对象

供应链上的物流活动	业务关系	物流信息需求	业务对象
销售物流	直接销售给行业消费者 直接销售给内部消费者 直接销售给零售企业 客户订单处理（MTO） 第三方订单处理	业务伙伴信息 销售订单信息 客户询价信息 客户报价信息 物料清单信息	销售组织 销售办事点 销售团队 运输节点 市场组织
采购物流	库存物料采购 消耗性物料采购 转包采购处理 服务采购	采购请求信息 采购单信息 报价请求信息 供应商信息 协议信息 服务合同信息	车间 采购组织 采购团队 仓储组织 存储地
运输与配送	自有运输/配送处理 第三方运输/配送处理	运输单信息 运输计划信息 运输派车信息 运输合同信息 运输跟踪信息	仓储组织 仓储地 运输组织 运输装卸团队
客户服务	现场服务处理 长期服务协议处理 内部修理处理 备件交货处理 通知接收和处理	设备信息 物料清单信息 服务信息通知 服务订单信息 服务合同信息	销售区域 维修计划团队 维修计划车辆 存储地点 加工中心
会计与财务	供应商处理 客户处理 合并处理 特定分类账户处理	账户一览表信息 供应商账户 客户账户信息 客户信贷限额 应付账分类账	公司代码 业务领域 信誉控制领域 功能领域

客户服务、会计与财务活动表面上与企业物流活动没有多大关系，因为它们并没有直接参与企业生产运作中贯穿供应链的所有物流活动。不过，对物流活动来说，它们的作用是很重要的，属于生产物流活动的支持活动。具体来看，客户服务是对整个企业生产物

流活动的进一步完善和补充,而会计与财务是对整个企业生产物流活动的控制和管理。以 SCM 为核心的企业物流信息需求不是一个个功能割裂的节点,而是以供应链为核心的一个统一集成体,这种集成要求企业的整个物流需求通过客户服务构成一个闭环,并且通过会计与财务实现全面的监控和管理。

4.4.3 供应链信息系统结构

以 SCM 为核心的企业物流信息结构模型是指供应链上为了实现各个企业之间信息的共享和协同搭建的一个集成的、一体化的信息系统。它不局限于一个企业及其环境,而是从整个供应链来考虑的。图 4-6 是一个基于供应链管理的集成信息系统概念结构。供应链上的企业通过电子商务平台连接,成为一体化的互联组织系统。它们在协同计划、协同组织、协同指挥和协同控制的统一管理下,实现协同的生产与运作,实现供应链上物流与信息流的统一。表 4-5 总结了供应链上的物流系统及其相关的信息系统(技术)。CPFR 系统是供应链上实现图 4-6 中四个协同的关键。

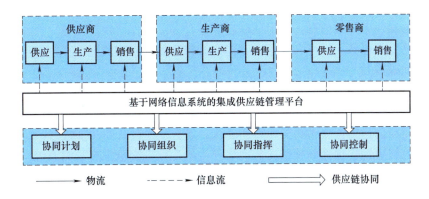

图 4-6 集成 SCM 信息系统概念结构

表 4-5 供应链上的物流系统及其相关的信息系统(技术)

供应链物流系统	信息管理功能	涉及的管理信息系统和信息技术
CPFR 系统	需求计划 需求预测 补货计划	商业智能、数据挖掘、数据仓库、人工智能
销售系统	电子商务 客户订单处理 客户关系管理	配送需求计划(DRP)、门户宣传网站、移动 APP 接入、电子商务网站、企业外联网、企业内联网、商业智能、数据挖掘、数据仓库、人工智能
生产系统	生产计划 物料需求计划 能力需求计划 车间作业计划	ERP 系统、MRPD Ⅱ 系统、仓储管理系统(WMS)

（续）

供应链物流系统	信息管理功能	涉及的管理信息系统和信息技术
采购系统	电子订购 采购单处理	电子订购系统（EOS）、电子商务系统、EDI
运输与配送系统	运输计划 运输合并调度 运输跟踪	GIS、GPS、运输优化系统

　　CPFR 的主要业务活动划分为计划、预测和补给三个阶段。第一个阶段为计划，主要包括供应链伙伴达成协议和创建联合业务计划两部分；第二个阶段为预测，包括创建销售预测、识别销售预测的例外情况、销售预测例外项目的解决 / 合作、创建订单预测、识别订单预测的例外情况、订单预测例外项目的解决 / 合作；第三个阶段为补给，包括订单产生。

　　第一阶段主要是供应链合作伙伴，如零售商、分销商和制造商等，为合作关系建立指南和规则，共同达成一个通用业务协议，包括对合作的全面认识、合作目标、机密协议、资源授权、合作伙伴的任务和成绩的检测等；然后创建联合业务计划，即供应链合作伙伴相互交换战略和业务计划信息，以形成联合业务计划。合作伙伴首先建立合作伙伴关系战略，然后定义分类任务、目标和策略，并建立合作项目的管理简况（如订单最小批量、交货期、订单间隔等）。

　　第二阶段主要利用零售商销售数据、因果关系信息、已计划事件信息创建一个支持共同业务计划的销售预测系统。同时，也要识别分布在销售预测约束之外的项目，每个项目的例外准则需在创建销售预测功能中得到确认。然后是通过查询共享数据、E-mail、电话、交谈、会议等解决销售预测例外情况，并将产生的变化提交给销售预测系统。通过合并销售数据、因果关系信息和库存策略，产生一个支持共享销售预测和共同业务计划的订单预测，提出分时间段的实际需求数量。订单预测周期内的短期部分用于产生订单，长期部分用于计划。这时也需要通过沟通调查、研究订单预测例外情况，并将产生的变化提交给订单预测。同样，这种例外准则需在创建销售预测功能中得到确认。

　　最后一个阶段就是将订单预测转换为已承诺的订单。订单产生可由制造厂或分销商根据能力、系统和资源来完成。

　　CPFR 为供应链上的所有企业建立了一个交易框架，最终建立一个企业间的价值链环境，在获得最大赢利和消费者满意的同时减少浪费和成本。因此，CPFR 系统是供应链上物流管理系统的统一领导者和指挥控制者，其他系统如销售、采购、生产和运输配送都是在它的指导下工作的；否则它们就会成为供应链上一个个孤立的"信息小岛"。

　　但是，因为 CPFR 的实施涉及很多企业，各个企业组织结构不同、管理基础不同、企业文化和价值观等不同，因此，实现 CPFR 是很困难的。实施 CPFR 的关键因素，一是以双赢的态度看待合作伙伴和供应链的相互作用；二是为供应链成功运作提供持续保证并共同承担责任；三是制定和维护行业标准。

　　以上关于 CPFR 系统成功实施的因素可以说更多的是和企业的价值观、企业管理思想和企业人员素质等相关的。例如，只有制定行业标准，才能使供应链协作的企业之间在一个信息系统平台上、以相同的语言来进行信息共享和交互。没有统一的标准，信息共享是不可能实现的，协同就更是海市蜃楼，这就是信息系统的社会性。供应链上的物流系统整合是通过计算机通信网络信息系统实现的，但这些先进的技术只能实现信息的快速共享，而企业之间哪些信息可以共享、信息共享的时间周期是多少、企业之间的利益如何分配等，还需要由企业之间的社会性来决定，如实施 CPFR 所要求的企业协作态度、企业的责任感等，这种社会性同样说明了 SCM 信息系统是一个复杂的系统。

思考题

1. 物流信息系统与一般意义上的信息系统有何区别？
2. 物流信息的特点在物流信息系统上有何体现？
3. 试分析不同的物流信息系统结构的应用情境。
4. 试分析某一单项服务类的第三方物流企业对物流信息系统的功能需求。

第 5 章

物流信息系统的信息需求

学习目标

1. 了解物流作业层中运输和仓储两个职能的业务流程,根据具体的业务活动分析作业层对物流信息的需求;
2. 理解作业层、管理层、决策层三个层次物流信息需求的不同侧重点;
3. 掌握管理层利用物流信息将企业资源与目标进行匹配的过程;
4. 掌握决策层结合企业内外部信息进行 SWOT 分析制定企业经营战略的过程。

5.1 物流信息需求概述

5.1.1 信息需求的概念与意义

信息消费的过程包括信息需求、信息获取占有、信息吸收处理和信息创造四个阶段。信息消费始于信息需求,信息需求是引发信息消费的原动力。信息需求是为满足信息消费需要服务的,具有市场意义和行为意义。

信息需求的市场意义实际上就是信息需求通过对信息供给的直接作用而限制或推动信息市场的发展。当信息需求活跃时,信息市场就繁荣;信息需求沉寂时,信息市场就疲软。

信息需求的行为意义是指信息需求的出现导致信息行为的产生。

5.1.2 物流信息需求的分类

物流信息管理的目的就是要满足企业自身管理的需要和不同类型企业在物流业务外包过程中对信息交换方的要求,也就是通过建设物流信息系统,提高信息流转效率,降低物流运作成本。物流信息系统建设必须考虑以下关键的信息需求。

1. 以满足客户需求为中心的信息需求

(1)订单处理:在这里,订单主要是指客户为了指示物流服务商从事某种物流活动而发布的指令,其中可能包括进出库指令、分销指令、采购运输指令、生产线配送指令、流通加工指令等不同的形式。信息化手段可大大提高订单接收、处理的工作效率并节约信息交换成本。

(2) 库存管理：如果物流公司为客户提供仓储服务，那么客户货物库存状态的实时反映就显得非常重要。企业应积极实施物流管理信息系统，规范管理流程，使信息的实时反馈能力得以迅速提高。要广泛采用先进的信息技术进行库位管理、货架管理、批号管理、先进先出管理和退货换货管理等，加强货物进出库信息的实时反馈。

(3) 货物跟踪：大多数的客户对于其自身的客户服务水平都有较高的要求。例如，在化妆品行业，零售终端型的客户对于化妆品的即时库存补充有着相当高的要求，如很多大卖场严格地规定了补货的时间，如果没有在规定的时间内将货物补充到货架和仓库，则不予收货。货物的在途跟踪，包括与收货人的交接信息的及时准确反馈，直接影响到客户对物流公司的信心，这也是物流企业信息化过程中必须重点考虑的信息需求。

(4) 车辆资源管理：由于多数物流公司自身的运输资源有限，不可避免地要进行车辆资源的外协。这时，客户往往担心物流公司对资源的控制能力会影响实际的物流运作质量，因此物流公司必须对外协车辆资源信息进行有效管理。通过建设物流信息系统，物流公司可较好地将外协车辆资源的信息，尤其是一些有长期稳定合作关系的车辆的信息在系统中进行维护，对每一辆车管理到车号、车型、驾驶员情况、车况、合作情况、费率、熟悉的线路及其他相关细节。这样在运输或配送过程中，涉及车辆调度时，系统可根据订单内容及约束条件（如成本、路况等）在系统中自动选用合适的内部和外部车辆。

(5) 数据统计汇总：物流公司除了常规的物流业务操作，还必须在规定的时间向客户提供各种数据和报表。这些数据往往散落在多个相关部门和岗位，而且数据的载体绝大多数都是数量庞大的原始单据和凭证，需要花费很大的力气收集、整理。企业实施物流信息系统的过程中，一定要以客户的订单为纽带收集所有的原始数据，需要准确的库存状态变化、车辆调配情况、人员使用情况、成本费用支出信息。

2. 公共物流信息需求

物流企业必须与服务对象和政府相关职能部门紧密联系。从物流企业角度，它需要一个物流公共信息平台提供以下有用信息：

(1) 物流公共基础设施资源信息：包括公路、铁路、水运、远洋和航空运输网络、仓储网点、货运场站、运输装卸设备的信息和交通流状况等。

(2) 物流市场需求信息：包括货运配送、仓储加工、装卸搬运等物流功能需求，第三方物流服务需求、客户物流系统和网络发展规划设计需求、物流总代理等信息。

(3) 物流业务运作资源信息：包括物流 EDI、业务交易、国际物流报关、资金结算、税收、物流交易管理等方面的信息。

(4) 其他物流咨询服务信息：如物流客户资质信息、物流市场调查研究与预测、物流行业发展信息、地区经济发展信息、物流决策支持信息、物流相关政策、物流行业标准和法律法规等。

3. 企业自身管理的信息需求

企业出于自身科学管理的需要，在建设物流信息系统时需要综合考虑以下需求：成本管理、财务管理，以及物流运作过程中的若干关键绩效指标考核等。

5.1.3 现代物流对信息平台的需求趋势

现代物流信息系统大都朝集群化、平台化方向发展，现代物流对信息平台的需求体现出如下趋势：

（1）应用现代信息技术改造传统企业物流管理。从物流过程来说，80%的物流程序是相似的，可以通过技术手段设计物流专家管理系统，为传统企业改造物流管理提供指导。比如，在企业录入生产计划和销售计划后，物流专家管理系统可以为企业特别设定物流管理方案，供企业参考运行，同时根据企业相关计划的调整，对此方案进行修正，实现物流管理信息化。

（2）利用低成本物流信息交换平台，大幅度降低企业生产经营成本。随着电子商务的发展，出现了许多B2B、B2C的交易平台，为传统企业提供了丰富多样的贸易机会，大大降低了企业的采购和销售成本。任何有物流需求的企业，都可以通过信息平台进行低成本物流信息交换，通过平台进行全球低成本营销，拓展业务和市场，借助网络媒体的互动性，实现网上宣传和网上营销的一体化。

（3）利用现代信息技术，迅速完善企业物流管理信息网络。例如通过有效的信息渠道，可以将物流过程中的实物库存暂时用信息来代替，形成虚拟库存；建立需求端数据自动收集系统，在供应链的不同环节采用EDI交换数据，建立基于因特网的数据实时更新和浏览查询、共用数据库、共享库存信息的物流管理信息系统，不断提高物流信息处理功能，将企业各个物流环节、各种物流作业的信息进行实时采集、分析、传递，并为管理提供各种作业明细信息及决策信息。

5.1.4　物流信息需求的层次

物流管理是分层次的，相应的物流信息需求按管理层次划分，可以分为作业层物流信息需求、管理层物流信息需求、决策层物流信息需求。不同管理层次对物流信息需求的侧重点不同，如作业层主要关注信息的录入与存储，管理层主要关注信息与数据的加工，决策层主要关注知识的创新和应用。作业层希望建立数据资源库，通过数据的整理尽可能地获取详细的作业信息，并能够以灵活而富有弹性的方式提供给各个管理层次，以支持不同决策问题的解决；管理层则更强调在明确了具体的决策问题后，如何将信息进一步精练、浓缩，用来解决特定的管理问题；决策层希望通过对知识的提炼、采集和应用，获得更有价值的信息以支持对企业至关重要的战略性规划。

作业层实现物品的时间转移和空间转移，主要活动有订单处理、采购、发货和储存、运输、装卸搬运、包装、流通加工、配送中的作业操作、质量控制及相应的信息采集、传输和存储等。作业层的目标是通过运作的规范化和系统化降低每一环节的运作费用。

管理层对物流流程进行计划、调度和控制，主要活动包括订货处理和顾客服务、用料管理、网络/设施选址的配置、采购计划、仓储和库存计划、补货计划和运输计划的生成，以及完成这些计划相联系的流程管理等。管理层的目标是通过物流资源和费用的日常调度，使物流系统低成本、高效率地运作，实现物流系统的目标。

决策层工作的主要内容有物流系统战略规划、供应链物流设计和物流系统评价等。决策层的作用是对从总体上长期影响物流系统服务水平和总成本的因素进行计划和控制，包括物流网络拓扑、库存策略、补货模式、计划周期、战略联盟形式、以利润为基础的顾客分析等，并对物流系统运行进行评估和改进，以形成有效的反馈约束和激励机制。

5.2 物流作业层信息需求

作业层的物流信息需求量通常巨大,处理活动频繁且实时性要求高。作业层物流信息是管理层、决策层物流信息需求的来源。例如,每批产品的出厂情况(产品的品种、名称、数量、质量)、产品销售、用户订货合同、客户委托服务信息,这些信息的原始采集和相关处理发生在作业层,但当信息处理完毕并存储在数据库后,则成为企业制订生产计划、销售计划、市场预测、新客户开发计划等管理层、决策层物流信息需求的来源。

作业层的基本物流活动包括运输、仓储、装卸搬运、流通加工等,本书以运输和仓储为例,对作业层的信息需求进行具体分析。

5.2.1 运输作业的信息需求

1. 业务流程分析

物流运输过程是指货物从受理托运开始到交付收货方为止的运输作业,其业务流程如图 5-1 所示。流程从客户服务中心接单开始,录入订单并确认;调度员针对已确认的运输订单进行调度派车并安排运输路线;根据安排的路线,由业务员确定运价,与用户签订运输合同;接着驾驶员上门装货,并确认装车,执行运输任务;确认车辆在途后,公司调度中心对车辆进行跟踪管理,随时向顾客提供车辆的运行情况;运输完成后,进行回单确认,与客户进行费用结算。

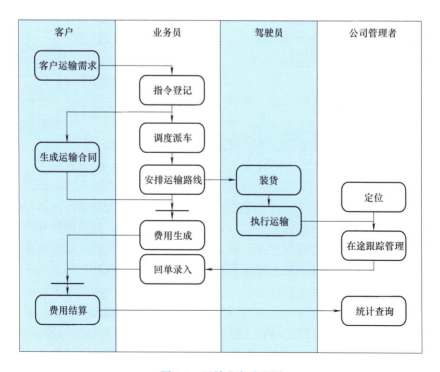

图 5-1　运输业务流程图

从信息流程来说，物流运输作业的全过程，一般分为四个阶段，即订单受理、调度处理、货物动态跟踪管理、财务结算。

（1）订单受理。订单受理是直接面向客户服务的，具有信息处理实时性。客户可通过三种方式来进行委托运输业务：直接上门办理、电话/传真以及Internet方式。其中，Internet方式又可分为三种：一是通过邮件方式联系；二是通过企业门户网站递交；三是直接与客户的供应链系统相连，通过EDI电子数据交换来进行委托。从客户处获取货物信息，初步形成订单记录。托运单输入后，收货方式有两种：一是派车上门取货；另一种是客户自己送货。收到货物之后，根据客户提出的货物信息对货物进行检验，在检验的过程中，不仅要检验货物的件数、重量、体积等，还要检验货物是否符合特定的运输方式。例如，烟花爆竹等易爆品必须使用专门的危险品运输车辆进行运输，且不能与其他物品混装。验收审核后，与客户签订运输协议。最后货物入库，形成最终订单。该过程如图5-2所示。

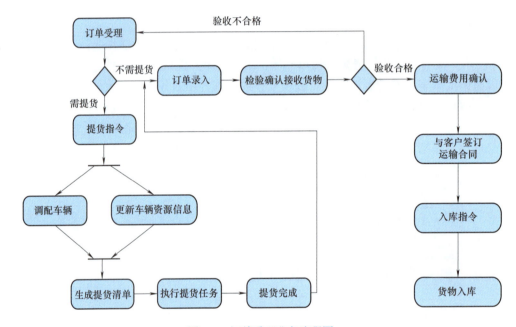

图5-2　订单受理业务流程图

（2）调度处理。①提货作业。根据客户需求，由调度中心安排车辆对客户实施上门取货服务。②发运作业。在接到运输指令后，首先查询运输资源，这里的运输资源包括自有车辆、挂靠车辆及租用车辆，还包括公司在途经过的车辆空闲资源。根据这些资源进行配载方案的选择，由系统对预先输入的车型及货物数据进行自动匹配，部分可手工调整。配载要考虑经济性原则，若客户有特殊要求，系统按客户的个性化需求来设置；从运输成本及效率来考虑行车线路的优化选择；对自有车辆及挂靠车辆生成派车指令，对租用车辆生成运输合同；系统根据相关信息自动生成发车计划，并将此计划动态反馈到资源数据库，形成承运合同单。配载完成后，根据线路管理为每辆车选择最优的运输路径，最后装车并发运。具体流程如图5-3所示。

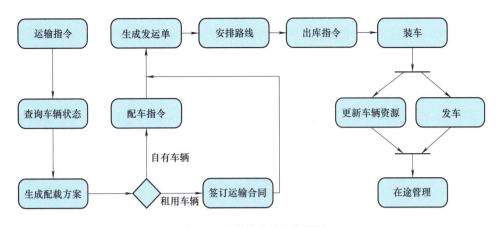

图 5-3　调度处理业务流程图

（3）货物动态跟踪管理。货物发车后，需要对其进行在途跟踪管理，以实时查询车辆状态，了解整个运输过程、时间进度，方便与客户在货物流转的过程进行交流。方法是当车辆处于运输状态时，车辆的位置信息通过网络传到总部的中心数据库并实时更新。在车辆发运后，系统自动向收货方或本公司目的地节点发出入库信息，以便其做好相应的入库准备工作。在入库后，接货方签收回单，签收后的回单信息会自动传入数据库。整个过程如图 5-4 所示。

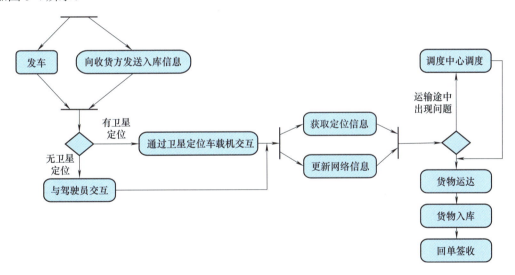

图 5-4　货物动态跟踪管理业务流程图

货物装运在运输车辆上，货物信息与车辆的信息进行了绑定，因此可以通过对车辆的监控导航来实现对货物的监控。图 5-5 是货物动态跟踪活动图，可以通过输入货物单号，对指定货物进行定位，用户不仅可以在屏幕地图上看到货物所处的实时位置，还可以知道货物当前所在车辆车牌号，以及货物的类型、重量、票数等。

（4）财务结算。财务结算业务主要是办理公司与承运人或客户之间资金的往来。对于客户而言，有三种结算方式：①在办理运输业务的同时结算费用；②在办理业务时先结算一部分费用，货物准确送达后再将剩余费用结算完毕；③对于固定客户来说还可以选择月结（每月结算）方式。对于承运人来说，结算的方式都是将货物送达后，拿着回单与公司进行结算，承运人可以结算的条件是运输协议尚未结算，且货物已准确送达。图 5-6 展示了公司与承运人结算的业务流程。

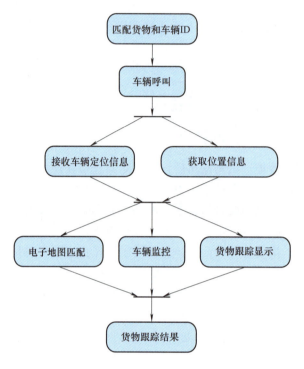

图 5-5　货物动态跟踪活动图

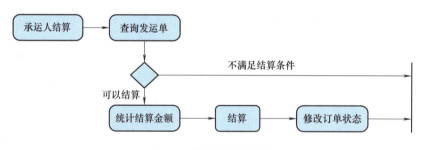

图 5-6　结算业务流程图

2. 信息需求及来源

（1）订单受理。订单受理主要是对客户运输业务的办理，登记客户需要进行运输的货物信息，以便合理地安排运输计划。订单受理业务各环节主要的信息需求如下：

1）订单录入：根据客户的指令进行订单的录入，主要包括受理日期、订单号（可人工输入或生成）、起运地址、货物名称、重量、体积、数量、货主、联系人、电话、收货单位、收货联系人、到达地址、电话及各种费用等订单信息。

2）货物验收：根据受理的情况对需承运的货物进行审核确认。验收的内容主要有货主、货物名称、件数、体积、重量、包装质量等信息。验收合格后，系统自动生成订单，并按约定的价格或协议单价生成合同价格。

3）订单审核：主要是对受理的订单进行审核工作，审查人员确认完成所有受理订单后方能处理下一步发车工作。审核出现问题的，可进一步修改订单内容。

（2）调度管理。运输调度是根据订单的去向（来向）、货物重量体积等情况安排车辆运输或者提货。针对已受理的订单，调度派车打印提货单，驾驶员据此上门提货。针对已确认的运输单，进行调度配车，生成运单。运输调度业务各环节主要的信息需求如下：

1）提货处理：根据预报单上的信息，对需上门提货的情况由系统自动产生上门提货单据以及派车单。涉及信息包括：受理日期，订单号，提货地址，货物的名称、重量、体积、数量，委托人，委托人电话，以及各种费用等。

2）发运处理：对产生的上门提货单据或者上门送货单据，公司将进行车辆、人员安排，然后可根据情况产生所需车辆和相应人员、线路的安排。对已确认的运输订单调度配车，自动形成运单明细、运单合同、装车单、回单，交与承运人或驾驶员。

3）合同管理：主要是生成托运运输合同，它主要随时针对租用其他单位或个人车辆承担运输任务时进行委托合同的制订和管理。信息内容主要包括：受理日期，合同日期，合同编号，订单号，起运地址，货物名称、重量、体积、数量，货主，联系人、电话，收货单位、联系人、地址、电话，车辆种类，车辆数量，签订人，审核人，起始时间，到达时间，预付费用计算，结算方式等。托运运输合同在装车时自动生成。

4）行车线路管理。行车线路管理包括自动线路规划和人工线路设计。自动线路规划由调度员确定起点和终点，由系统按照要求自动设计最佳行驶路线，包括最快的路线、最省钱的路线、尽量走高速公路的路线、不走高速公路的路线等。人工线路设计由调度人员根据自己的目的设计起点、终点和途经点等，自动建立线路库。线路规划完毕后，将设计线路显示在电子地图上，同时显示汽车运行路线和运行方法。调度人员还可以将设计的线路保存到线路数据库中以用于线路运输费用的管理。

（3）货物动态跟踪管理。货物动态跟踪主要是指在运输途中对货物进行跟踪管理及到货通知管理，其主要的信息需求包括车牌号、定位时间、维度、精度、速度、方向等。

5.2.2 仓储作业的信息需求

在物流系统中，仓储也具有重要的功能。仓储包括对进入物流系统的物品进行堆存、管理、保管、保养、维护等，其作用主要表现在两个方面：一是完好地保证货物的使用价值和价值；二是为将货物配送给用户，在物流中心进行必要的加工活动而进行的保存。随着经济的发展，物流由少品种、大批量物流进入多品种、小批量、多批次物流时代，仓储功能从重视保管效率逐渐变为重视如何顺利地进行发货和配送作业。仓库作为物流仓储功能的服务据点，在流通作业中发挥着重要的作用。它不再以储存保管为主要目的，而是增加了拣选、配货、检验、分类等作业，并具有多品种、小批量、多批次等收货配送功能，以及附加标签、重新包装等流通加工功能。

根据使用目的，仓库的形式有多种，如：配送中心（流通中心）型仓库，具有发货、配送和流通加工的功能；存储中心型仓库，以存储为主；物流中心型仓库，具有存储、发货、配送、流通加工功能。

仓储是物流系统的核心业务之一,是企业物资流通供应链中的一个重要环节。在仓储物流管理活动中,会产生大量的仓储物流信息,这种信息常伴随着仓库订货、货物入库、货物管理、货物出库的发生而发生,一般具有数据量大、数据操作频繁、信息内容复杂等特点。为加强对仓储信息的管理,企业需要建立一个能迅速、及时地处理大量信息的现代仓储物流管理信息系统,来有效提高仓储效率,减少库存支出,加快资金周转,压缩库存量。

1. 业务流程分析

仓储管理的主要业务包括对货物存储的管理以及对由此带来的商品包装、分拣、整理等活动进行的管理。其中,仓储管理的主要业务按其作业顺序来看,可以详细分为卸车、检验、整理入库、保管保养、拣出与集中、出库装车、发运等几个环节。仓储管理的主要业务如图5-7所示。

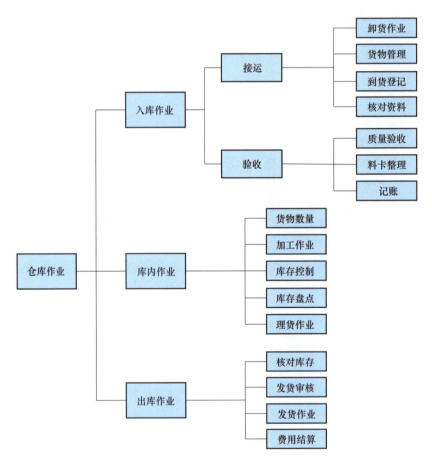

图5-7 仓储管理的主要业务

(1)入库管理。入库管理的内容如图5-8所示。

1)接运。根据托运单当场办理接货手续,检查外包装,清点数量,做好验收记录;

检查货物入库凭证，然后根据入库凭证开列的收货单位和货物名称与送交的货物内容和标记进行核对。

2）验收。凡供货单位提供的合格证、发货明细等均须与入库实物相符。检验货物包括检验数量、外观质量和包装三方面的内容。验收合格的货物，应及时办理入库手续，建立货物信息卡，以便向供货单位说明收到货物的情况。

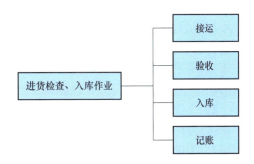

图 5-8 入库管理的内容

3）入库。首先是安排货位，为了方便出入库业务的操作，尽可能地缩短收、发货作业时间，以最少的库容，储存最大数量的货物，提高仓容的使用效能，安排货位要尽可能合理化。然后是搬运，经过验收及货位安排后，搬运人员就在验收场地上把点验过的入库货物，分批送到预先安排的货位中，在搬运过程中，要尽量做到"一次连续搬运到位"，避免入库货物的停顿和重复劳动。对有些批量大、送货频繁的入库货物，要利用托盘实行定额配载，加速货物入库。

4）记账。要及时、准确地将入库货物及其保管场所的相关信息输入数据库，同时进行会计记账。

（2）库内管理。库内管理作业主要包括货物保管、货物养护、货物拣选、流通加工等项目。其中，货物保管主要是指每月对库存的货物进行实物盘点，并与仓库实物账核对，同时根据各种货物的不同种类特性，结合仓库条件，用不同方法分别存放，既保证货物进出和盘存方便，又可避免货物之间相互影响。货物养护主要是掌握库存物资的性质，保证提供相适应的保管条件。货物拣选主要是货物整理、拣选、配送、包装、复核和货物交接、验收、整理等。有的仓库还涉及流通加工的业务。库内管理作业如图 5-9 所示。

（3）出库管理。其主要工作内容有：准备货品并与客户订单核对；制作发货单、运送单等单据；根据发货数量进行派车；装车后进行装载确认。出库管理的内容如图 5-10 所示。具体出库流程如下。

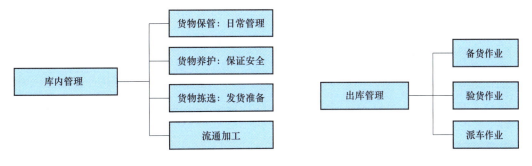

图 5-9 库内管理作业　　　　　　　　　图 5-10 出库管理的内容

1）出库前的准备工作。对货物原件进行整理，并根据货主需要对货物进行再加工或重新分装，同时也要准备装卸设备的调用和留出货物的理货区。

2）核对出库凭证。货物出库前，均需要核对出库凭证。仓库收到出库凭证后，由业务部门审核证件上的印章是否齐全相符。审核无误后,按照出库单证上所列的物资品名、规格、数量与仓库料账做全面核对。

3)备货。仓库按出库单上的货物信息进行配货,在货物出库时,应按出库单顺序排列货物,并仔细清点应付的数量。

4)全面复核查对。货物备好后,为了防止备货过程中出现差错,应再一次对出库单上凭证内容进行逐项审核。

5)入账。当货物出库后,应及时到财务部门入账,并做财务记录。

6)交接清点。货物出库后,如果是用户自提,即可将货物与提货人当面点清,办理交接手续;如果是委托运输的方式,则应办理内部交接手续,并办理运输单,由运转人员将发货凭证、装箱单和运单一起交付收货人。当货物清点结束,出库发运后,仓库应及时做好清理工作,即时注销账目、腾空货位,以保证货物的账物一致,使库存能反映货物的进出、存取的状态。

(4)客户管理。仓储物流企业总是要面对不同的客户,每个客户都有自己个性化的需求。系统应该增加客户管理模块,专门用来管理客户的相关信息。比如,仓储物流企业租赁仓库,就可以对不同的客户设置不同的定价策略和服务方式。把这些用信息系统管理起来,企业经营者掌握这些信息就可以为新客户定价提供依据。同时,系统提供客户远程信息查询服务,管理员对相关客户进行授权,经授权的客户就可以通过互联网访问系统的入口,查询客户关心的数据信息。这样,系统就把客户也加入到系统使用者的范围里来。客户管理的内容如图 5-11 所示。

客户管理中最重要的是客户关系管理。通过收集客户与企业之间交易的情况,系统对每个客户的交易信息进行汇总,决策者可以通过系统了解客户对企业的重要程度,同时对交易量变化也有所掌握。

(5)结算管理。仓储企业的所有物流服务都面临仓储费用、运输费用、装卸费用、配货费用、加工费用、交易费用等费用的结算和管理。企业为了改善自身的经营目的和实现预期的利润目标,必须对经营过程中所需资金的筹集和形成、投放和分配、运用和周转、收益和成本进行全过程的计划安排。结算管理的内容如图 5-12 所示。

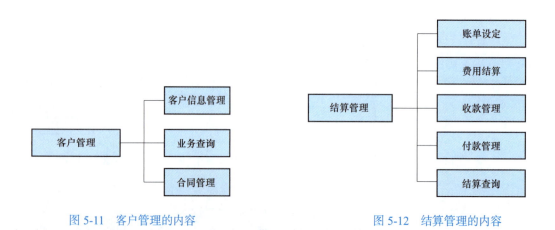

图 5-11 客户管理的内容　　　　图 5-12 结算管理的内容

结算管理的内容可以分为三大部分,即一般财务管理、成本管理和固定资产管理。其中,一般财务管理包含总账、应付账款、应收账款、现金管理、材料、销售核算业务;成本管理包含成本核算、成本控制等业务;固定资产管理包含设备的更新与维修、库房的改造和扩建、仓库的扩建等业务。结算管理是集成信息的财务管理,集成了账单设定、费用结算、收款管理、付款管理、费用查询、交易费用管理等企业有关财务活动。

2. 信息需求及来源

根据仓储企业对仓储管理信息系统的业务流程和需求,仓储管理信息系统的功能模块如图5-13所示。

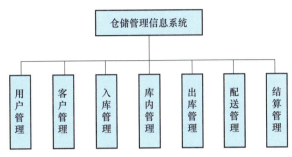

图 5-13 仓储管理信息系统功能模块

(1)用户管理,包括基础档案管理、客户授权和部门授权。该模块主要对企业涉及的一些基本信息进行管理维护,这些基本信息包括商品基本信息、客户基本信息、供应商基本信息、仓储基本信息、物流机构基本信息等,可进行各类用户及其权限的添加、修改、删除等。在部门授权中,要实现各个部门之间所对应的功能的权限管理,提高系统的安全保密性。系统管理者不参与系统的业务,只是对系统内客户和各模块进行系统维护。

(2)客户管理,包括客户信息维护、密码管理、客户指令的审核、指令查询、编码维护、业务单查询等功能。物流企业的客户通过系统授权进入系统后,设置业务编码,在系统内发布供求信息,并在网上订立合同,节省交易时间,保证了货品的快速流通。该模块实现对直接客户信息、间接客户信息、配送人员信息及产品信息的查询与维护的功能。客户通过客户合同管理功能可以实现在线发布合同,并在线更改合同,完成合同的签订。营销机会产生于良好的客户服务,作为与客户直接交流的平台,客户管理集中了订单、仓储、流通加工等功能。

(3)入库管理,包括收货通知、收货作业、入库检验、入库确认、入库打印、收货申请查询、入库单查询、待验货品查询。根据客户下达的入库指令,仓库创建进货申请并审核,如果核实无误,根据进货的报表打印进货单。当货品进入仓库时,管理员对入库单进行检验,并出具收货单,系统提供进货单查询和入库单查询等信息。入库作业系统包括预定进货数据处理和实际进货作业,其数据来自采购单上的预定进货日期、进货商品、进货数量等。可打印定期入库数据报表。实际入库作业处理在实际交货时进行,输入数据应包括采购单号、厂商名称、商品名称、商品数量等。退货入库的商品也需检验,合格品可入库。

(4)库内管理,包括库内作业、库存盘点、库内查询和越仓管理四大部分。其中,库内作业包含转储作业、转仓作业、补货作业、退货作业、报废作业和加工作业；库存盘点包含盘点单和盘点差异表；库内查询包含库存查询、储位查询、出入库查询、转仓查询、安全存量查询、库存分析。越仓管理包括收货通知、收货作业、入库检验、入库确认、出库查询、越仓查询。越仓管理是根据客户下达的入库指令，系统直接下达进货指令，并提供货品名称、数量、存放仓库等其他信息，仓库主管确认并批准进货申请。当客户所在仓库收到货品时，由仓库验收人进行验货，确定实际收货数量；验收后进行确认，系统会自动产生新产品入库单、存放仓库的出库单、调拨单。如果越仓是直接配送，则可选择运输申请单，选择可以配载的车辆，系统就会生成送货单。这样节约仓库调拨的运输成本，提高仓库的利用效率。

（5）出库管理，包括拣货作业、出库备货、出库确认、出库装箱、出库单打印、装箱单、出货通知单、出库查询和未备货查询。客户下达出货指令，并填写出库申请单，主要内容有产品名称、规格、数量、配送客户姓名及地址，系统根据出货指令查询库存中有无充足的货品以及从哪个货区出货，系统自动产生出库单扣减库存，同时产生一个托运申请单，给配载管理中心进行车辆配载，最后产生出库单。

（6）配送管理，包括配送计划、回单管理、配送查询三大部分。其中，配送计划包含计划制订和计划确认；回单管理包含市内配送回单和干线配送回单；配送查询包含运力查询、配送单确认、送货单查询、在途查询和业务单据。客户提出送货指令，并提出托运申请，配送管理中心对托运单申请进行核准，如果核准通过，就对货物车辆进行配载操作，打印托运单。配送管理中心提供货物车辆信息的查询和货物到达地的查询。

（7）结算管理，包括财务结算和成本控制两部分。其中，财务结算包含各种费用项目设置，各种往来费用的计算如仓租费用、运输费用、装卸费用、配送费用、加工费用等。成本控制包含运单、运价、成本及订单计划等控制，还包含对系统内各单位的成本情况进行计算、分析、比较并形成报告。比如，在日结、月结时自动生成应收的费用，确认后，自动以凭证方式转入财务系统。

5.3 物流管理层信息需求

　　管理层信息处理的结果主要作为部门负责人制定局部或中期决策的依据。如物流企业配送中心编制月度采购计划决策，就是根据本月末的商品库存、商品销售量、用户需求（包括合同和市场需求预测），来预测下月计划采购的商品品种、数量和日期。管理层物流信息需求的来源多半是作业层物流信息的处理结果，也有部分来自决策层。

　　下面以管理活动中常见的计划、组织、控制、考核等基本职能对运输和仓储两个物流基本活动的信息需求为例，对管理层的信息需求进行具体分析。

5.3.1　计划

　　计划作为管理过程的起点，是在一定时间内对企业的预期目标和行动方案做出的选择和具体安排。确定企业未来发展目标以及实现目标的方式，是一切管理活动的前提。可以说，离开了计划，其他管理职能就无法行使。有效的计划不仅为企业指明了发展的目标和方向，统一了企业的思想，还为企业制定行动步骤提供了基点。

1. 运输计划

物流运输计划是对计划期内应完成的物流运输量、物流车辆构成和车辆利用程度等方面进行的必要部署和安排。运输计划是从货物运输的需要出发，在充分利用企业现有运力的基础上编制的，是编制和实现其他计划的依据和基础，目的是把运输生产的五个环节（货源的组织落实、准备技术状况完好的车辆、在运输起点装货、在线路上行驶、在到达地点卸货）做出合理的安排，使各个环节紧密相扣、协调一致。

运输计划包括运输量计划、车辆计划、车辆运用计划、车辆作业计划。运输量计划和车辆计划是企业运输生产计划的基础部分，车辆运用计划是车辆计划的补充。运输量计划表明社会对车辆运输的需要，车辆计划和车辆运用计划则表明企业可能提供的运输生产能力。

（1）运输量计划。运输量计划以货运量和货物周转量为基本内容，主要包括货运量与货物周转量的上年度实绩、本年度及各季度的计划值及本年计划与上年实绩比较等内容。运输企业需要在详尽的市场调研并掌握货流详细情况的基础上制订运输量计划。运输量计划制订的主要依据有：

1）市场调查与预测资料。工业、农业、商业、采掘业及人民生活需求结构的变化，对货物运输量的增减有直接的影响。因此，编制运输量计划就必须应用科学的方法，调查了解、研究分析区域内的货源，掌握其流量、流向、流时的变化规律，并进行科学的预测。

2）指令性计划任务。指令性计划任务是由政府主管部门下达的，具有突发性和即时性，如救灾物资的运输。编制该类运输计划时，应参照有关资料适当估算运输量。

3）运输合同。运输合同明确具体地规定了运输量、起运与运达地点、运输时间、费率与运费结算方式、违反合同的处罚原则与损失赔偿办法等，因此，签订运输合同是运输企业编制运输量计划最可靠的依据。

4）企业的生产能力。企业的现有生产能力对运输量计划起着制约作用。当运输企业现有生产能力小于计划运输量时，应以车定产。当运力不能满足社会需要时，只能通过对运输市场的调查，如掌握公路货物运输的流量、流向、运距，确定实载率和车辆日行程后，采取以车定产的办法确定公路货物运输量的计划值。当运力大于社会需要时，可以以需定产，根据运输需求量，决定运输服务供给投入运力的多少。在保持合理车辆运用效率水平的基础上，预测投入的车辆数，并将剩余运力另做安排。

5）其他。运距的长短、里程利用率与吨位利用率的高低、装卸停歇时间的长短等，都影响车辆日行程，并产生连锁反应影响到周转量。因此，实载率和车日行程必须根据不同情况分别测算后综合确定。运输量的计划值还必须通过与车辆运用计划平衡后确定。

（2）车辆计划。车辆计划即企业计划期内的运输能力计划，表明企业在计划期内营运车辆类型及各类型车辆数量变化情况及其平均运输能力。它是衡量企业运输能力的重要指标，提供了评价企业运输经营实力的依据。

车辆计划的内容包括车辆类型、数量、标记吨位等。

车辆计划所确定的车辆数能否完全满足运输量计划的要求，与车辆运用效率有直接关系。同等数量、同样类型的车辆，运用情况不同，效率有高低，完成的工作量也不相等。

（3）车辆运用计划。车辆运用计划是计划期内全部营运车辆生产能力利用程度的计划，它由车辆的各项运用效率指标组成，是平衡运力与运量计划的主要依据之一。

车辆运用计划编制中的关键问题是确定各项车辆运用效率指标。各指标的确定必须遵循科学、合理、可行、先进而有弹性的原则，使车辆在时间、速度、行程、载重量和动力五个方面得到充分、合理的利用，还要充分考虑市场供求关系、企业经营方针、经济效益和安全生产等因素。

（4）车辆运行作业计划。车辆运行作业计划是运输计划的具体执行计划。运输计划虽然按年、季、月安排了生产任务，但它只是粗略的、提纲性的生产目标，不可能对运输生产的细节做出细致的安排。所以，必须制订车辆运行作业计划，以便实现具体的运输生产过程。车辆运行作业计划是为完成运输计划、实现具体运输过程而编制的作业性质的运输计划。它具体规定了每一辆汽车（列车）在一定时间内必须完成的运输任务和应达到的运输效率等指标。车辆运行作业计划的主要任务表现为两个方面：一是把企业基层车队、车站、车间及有关职能部门有机地组织起来，协调一致地开展工作；二是不断提高运输效率，保证企业按日、按期均衡地完成运输任务。车辆运行作业计划编制的依据主要有以下几方面：

1）已经受理托运货物和运输合同确定的货物班次时刻表是编制车辆运行作业计划的首要依据。

2）运输市场、货物流量、流向、流时的调查预测资料和长期运输合同是编制长期运行作业计划的依据。

3）车辆技术状况及维修作业计划表示车辆的技术状况是否允许安排长期连续的运行任务或长途运行任务，也是车辆运行作业计划编制的依据之一。

4）其他依据。车辆运行作业计划编制还需要考虑其他因素，如装卸货物站点的环境与能力、车辆运行作业计划的各项技术参数（站距、车辆平均行速、技术作业时间等）和车辆运用效率指标、天气、公路通阻等客观条件变化情况等。

2．仓储计划

仓库的主要职能是保管商品，其业务计划要以商品储存计划为核心。商品储存计划便于合理地安排和使用仓容，能更好地为商品购销服务；可以合理地调配劳动力，提高劳动效率；能够合理地配置、使用仓储设备，提高设备利用率；可以给仓库的财务计划提供依据。仓库的商品储存计划对于提高仓库经营的社会效益和经济效益都有重要的意义。

编制商品储存计划需要综合平衡储存指标，使其便于落实，并使仓库的业务经营有据可依。仓库的商品储存计划也需要综合平衡，并落实到各保管区或保管组，便于日常业务的开展。编制商品储存计划要注意以下几点：

（1）综合平衡要解决好存货要求与收储条件的矛盾。在综合平衡商品储存计划中，应当特别注意仓库具备的商品保管条件必须与收储的商品性能以及货主的要求相适应。否则，可能导致各种纠纷，甚至造成商品的损失、仓储建筑设备的毁坏和职工人身伤害等事故。所以，仓库方必须了解清楚计划期入库商品的品种、数量、体积、重量、牢固程度、商品性能与养护要求、进出库时间、应有的附带作业等并进行综合分析。同时，对照仓库的仓储能力与管理水平，在留有一定机动余地的条件下接受商品储存任务。仓库的商品储存量在一年中各月份的基本平衡是相对的，时多时少是正常现象。仓库的最大储存量应与仓容和设备条件、管理水平相适应，不可违背安全、方便、节约的原则。

（2）核定各项商品储存量指标，应掌握时间次序上的动态平衡。仓库的商品，除少数储备性库存外，多数是经常进出变动的，数量、品种的变动有一定的规律，可以通过历史资料分析、调查、预测，来达到各月份（或句、周）库存量的合理安排。在库存量分项商品储存指标核定上，要掌握好各项商品进出库时间的次序与数量，力求协调，以保持正常的、均衡的日库存总量。储存计划的编排，对于基本等量、同性能的商品进出库间隔时间，应按商品进出的可能，尽量予以缩短。商品进出库数量和时序的衔接十分重要。

（3）既留有余地，又向前看。储存计划编制中，要把计划期仓储能力扩大、保管条件改善和管理水平提高的因素考虑在内。仓库在商品流通服务中，应尽可能满足存货方的要求，尽力做到安全多储商品。所以，仓库要经常挖潜、革新、改造，扩大仓储能力。仓库在新计划期中可以形成的新仓储能力必须反映在商品储存计划上，不可忽略仓储职工的主观能动性与仓储科学技术进步所能提供的仓储能力。

（4）抓住主要商品类别和大宗商品。仓库的库存商品种类很多，但按商品大类划分就不多了。其中，大批量的商品也不多。但是，大类商品、大宗商品在库存总量中所占的比重却是很大的。编制商品储存计划，能掌握多数存货部门（货主）主要的大类商品和大宗商品，对其进出库数量、时序做好综合平衡，则商品储存计划的准确性、可行性和经济性就会比较理想。至于非主要的存货部门和小批量的商品，所占的库存比重较小，归类纳入储存计划比较容易，在执行计划中，遇有问题也可及时调整。此外，在编制商品储存计划时，还必须考虑与商品储存计划的执行密切关联的仓储费用水平，仓储机具、设备的配置、更新，仓储劳动力的调配和职工培训，以及仓储科技研究等问题，以保证储存计划的顺利实现。

（5）商品储存计划的调整。从仓库本身的仓储条件变化看，无非是新增仓容和减少仓容两种情况。前者是计划期间新仓库投产，租来其他库房、货场等，如果是仓库经营扩大，年初的商品储存计划可以修订，但也可以不修订，而在月份储存量指标上进行调整和平衡。后者是因计划期发生意外情况，而减少了部分仓容，或因紧急维修年久的库房减少了仓容。同样，可以视实际情况修订计划，或进行计划的部分调整工作。仓库商品储存计划的年度计划，各项指标的准确性不可能要求过高。这是因为全年的经营环境，外在变化因素很多，难以全面、准确地预测。所以，修订储存计划或部分地修订计划，都是常有的事。

5.3.2 组织

组织是指按计划对企业的活动及其生产要素进行分派和组合。为实现组织目标，对每个组织成员规定在工作中形成的合理的分工协作关系。组织对于发挥集体力量、合理配置资源、提高劳动生产率具有重要的作用。

1. 运输组织

这里，运输组织是指调度部门为保证运输作业计划实现而进行的一系列检查和督促、联系和协调、指挥和部署等工作的总称。调度主要是根据运输生产计划，对运输生产经营活动进行连续的组织、指挥、衔接、协调和平衡，在安全优质的基础上保证运输作业计划的完成。调度部门具体负责日常生产的组织、协调、平衡、控制、监督与检查，归纳起来有以下四个方面。

（1）组织和计划运输生产活动。调度的首要内容是科学组织运输生产活动，并通过一系列的作业计划来具体贯彻国家的运输政策，协调运输过程中各环节的工作，保证完成运输任务，不断提高运输效率和经济效益。

（2）监督载运机具的安全运行。调度部门的日常工作还包括监督和指导载运机具的作业和安全运行。运输企业应在调度通信规程中规定载运机具的通信报告制度，按时向调度部门报告载运机具运行或作业情况，调度部门再予以分析并采取措施帮助载运机具安全运行，加快装卸进度，提高运输质量。

（3）及时协调各环节作业。调度部门要不断了解和分析计划执行过程中各生产因素的变动情况，及时协调各环节的工作，并提出作业调整措施，还必须经常预测、研究、分析载运机具的技术、营运、经济条件的变化，及时做出调整，使载运机具能随时保持良好状况。另外，调度部门还必须与有关港站、货主及其他运输部门建立密切的联系，掌握和分析辖区内的客货源情况，研究其他运输工具的情况，掌握调度管理的主动性。

（4）统计分析业务活动。为了及时掌握生产进度，及时进行作业调整，提高载运机具的工作效率和运营效果，保证完成和超额完成运输计划，调度部门必须进行快速统计和业务分析工作。无论是运输企业，还是港站企业，调度均由计划、监督（控制）、指挥和统计分析四大部分构成。计划机构根据输入信息，在考虑外界影响的前提下，制订出具体的近期作业计划输出给下级调度系统，并在内部流动到监督机构。监督机构根据计划，对运输作业进行指挥，并不断地收集状态变化及作业实绩信息，该信息或者直接地反馈到计划机构，或者经过统计、分析后反馈。

2. 仓库组织

仓库组织就是按照预定的目标，将仓库作业人员与仓库存储手段有效地结合起来，完成仓库作业过程各环节的职责，为货物流通提供良好的存储劳务。仓库组织的目标是按照仓库活动的客观要求和仓库管理上的需要，把与仓库有直接关系的部门、环节、人和物尽可能地合理组织搭配起来，使他们的工作协调地、有效地进行，加速货物在仓库中的周转，合理地使用人力、物力，以取得最大的经济效益。

为使仓库组织成为一个有秩序、高效率的组织体系，应做到五点：快进，物资抵达仓库时，要以最快的速度完成货物的接运、验收和入库作业活动；快出，物资出库时，要及时迅速和高效率地完成备料、复核、出库和交货清理作业活动；多储存，在仓容合理规划的基础上，最大限度地利用有效的储存空间和储存面积，提高单位面积的储存量；保管好，按货物的性质和储存条件的要求，合理地安排储存场所，采取科学的保管方法和保管手段，使货物在仓期间保持质量完好和数量准确；成本低，货物进出仓库过程中，各作业环节都要尽可能地降低人力、物力和财力的消耗，力争以最低的仓储成本取得较好的经济效益。同时要注意以下几个原则：

（1）保证仓库作业过程的连续性。连续性是指储存物资在仓库作业过程的流动，在时间上是紧密衔接的、连续的。从物资到库后的卸车、验收、库内搬运、堆码，到出库时的备料、复核、装车等，都是一环紧扣一环，互相衔接的。因此，仓库主管在配备仓管人员时，要保证储存物资在各个环节或工序间的流动，在时间上尽可能衔接起来，不发生或少发生各种不必要的停顿或等待。

保持作业过程的连续性，可以缩短物资在各个环节的停留时间，加快物资周转和提高劳动生产率。特别是在现代化大生产条件下,对作业过程的连续性要求越来越高。因此,要满足现代化大生产的客观要求,从技术上和组织上采取措施,保证仓库作业过程的连续性。

同时,仓库作业是一个统一的过程,考虑到相互联系的各个环节的作业要求,应该从整个作业过程出发来评价和选择作业方案,进行作业安排。例如,商品出入库的堆放位置和堆码形式的确定,不仅要符合商品本身的要求,还要考虑商品出库的装卸作业和搬运路线。因此,在组织作业时应强调系统观点,从整个系统的作业效率来决定商品的堆放位置和堆码形式。

(2)实现仓库作业过程的比例性。这是指仓库作业过程的各个阶段、各个工序,在人力、物力的配备和时间的安排上必须保持适当的比例关系。例如,验收场地和保管场地之间、运输力量和搬运力量之间、验收人员和保管人员之间、验收时间和收货时间之间等,都要有一个适当的比例。保持作业过程的比例性,可以充分利用人力和设备,避免和减少物资在各个作业阶段和工序的停滞和等待,从而保证作业过程的连续性。

作业过程的比例性,在很大程度上取决于仓库总平面布置的合理性,以及各作业环节中各种设备能力的比例。同时,在物资储存过程中,作业技术改进,员工技术熟练程度提高和储存物资品种、规格、数量的变化,都会使作业过程的各环节间的比例产生不协调,因此,在组织作业过程中,应充分考虑仓储作业具有的不均衡的特点,要经常了解和掌握各个环节的作业情况,根据具体情况,事先做好各项准备工作和部署安排,及时调整设备和作业人员,建立新的比例关系,避免某些环节由于缺少人力、设备而延长作业时间,而同时在另外一些环节上由于作业的停顿和等待造成人员、设备空闲的情况。

(3)保持仓储作业的协调性。这是指仓储作业的各阶段、各环节、各作业之间在时间上保持一定的生产节拍。良好的协调性有利于仓储作业各阶段和各环节之间保持平衡的作业量,避免各种仓储设施、设备在时间上和空间上使用的不平衡。

(4)重视信息技术的影响。仓库方面的管理工作如缺乏跨职能的协调,就可能导致重复和浪费,信息常常被扭曲或延迟,权利界线和责任常常是模糊的。使用信息技术来协调或指挥整体任务的完成,可使工作本身的责任分散遍及整个组织,从而使工作任务完成得更加高效。

5.3.3 控制

控制是为了确保企业的目标以及为此而拟订的计划能够得以实现,各级管理人员根据事先确定的标准或因发展的需要而重新拟订的标准,对下级的工作进行衡量、测量和评价,并在出现偏差时进行纠正,以防止偏差继续发展或今后再度发生的过程,或者根据组织环境的变化和发展需要,在计划的执行过程中,对原计划进行修订或制订新的计划,调整管理工作的活动过程。

控制作为保证企业目标实现的活动,是每个管理人员的职责。实际上,无论哪一个层次的管理人员,不仅要对自己的工作负责,都还必须对整个计划的实施和目标的实现负责。各级管理人员,包括基层管理人员,都必须承担起实施控制这一重要职能的责任。

1. 运输控制

所谓运输控制,就是对运输计划实施过程的实时调整,即按照商品流通规律、交通运输条件、货物合理流向、市场供需情况,用最短的路程、经最少的环节、用最合适的运力、花最低的费用,以最快的速度,将货物从生产地运到消费地。对运输控制效果起决定作用的要素有以下五方面:

(1) 运输距离。在运输活动中,由于运输工具、运输时间、运输成本、运输方式、货损、运费、运输工具周转等都与运输距离的长短有一定的比例关系,因此,运输距离的长短是运输合理与否的一个最基本要素。缩短运距既有宏观的社会效益,也具有微观的企业效益。

(2) 运输环节。运输业务有许多附属活动,如包装、装卸、搬运等相关工作,多一个环节,必然会增加时间、费用,也会增添货损、货差。因此,组织直达运输,可减少中间环节和二程运输,对于合理运输有直接的促进作用。

(3) 运输工具。各种运输工具都有各自的优势领域,根据货种、批量,对运输工具进行优化选择,按其特点组织装卸运输作业,最大限度地发挥所用运输工具的优势,是运输合理化的重要环节。

(4) 运输时间。运输是物流过程中需要花费较多时间的环节,尤其是远程运输,运输时间占全部物流时间的较大比例,因此,缩短运输时间对整个物流流通时间的缩短有决定性作用。此外,缩短运输时间,还有利于运输工具的加速周转,充分发挥运力;有利于货主资金的周转和提高运输线路的使用效率,最大限度地发挥基础资源的作用。

(5) 运输费用。运输费用是衡量物流运输经济效益的一项重要指标,也是组织合理运输的主要目的之一。由于运输费用在整个物流成本中占有近乎50%的比例,所以运费的高低,不仅直接关系到物流企业的经济效益,决定了整个物流系统的竞争能力,还影响到货主的生产或销售成本。尽可能地降低运输费用,无论对于物流运输企业还是货主企业,都是一个重要目标,也是判断各种运输合理化措施是否行之有效的重要依据。

在运输过程中,合理选择运输方式、运输工具、运输路线,应尽量避免不合理的运输形式,如空驶、对流运输、迂回运输、倒流运输、重复运输、过远运输、无效运输等,充分利用运输工具的装载能力。

2. 仓储控制

作为物流系统中的一个环节,货物仓储中也存在着库场内部的货物移动,如入库、装卸、搬运、堆垛、储存和出库等。仓储控制就是使仓储的物流合理化,用最经济的办法实现储存的功能。在保证储存功能实现的前提下,提高工作效率,降低仓储成本,改善服务质量和提高经济效益。

(1) 合理安排仓储布局和作业标准。仓库内存货的位置会直接影响到仓储作业的效率。通过对仓库布局的合理设计,可以实现仓储作业和仓库利用率之间的平衡,在不增加仓库面积的情况下,提高仓储作业的效率。对仓库进行内部设计时,需要特别考虑的是存储区域和作业区域。应制定相应的仓储作业标准,用标准化的方法进行仓储作业的管理,通过标准化活动规范作业人员的作业方法和作业程序,使作业严格按照标准执行。作业标准的实施不但有利于管理,而且有利于推广先进的工作经验和模式,提高整个仓储系统的效率。作业标准的制定应借鉴当前最有效的方法和思路,以提升作业水平。

(2) 提高机械化和自动化作业水平。仓储作业的要求越来越高,传统的手工作业已经不能满足仓储作业的要求。因此,提高仓储作业的自动化和机械化程度、降低劳动强度、提高工作效率，更好地服务顾客，是仓储系统合理化的重要方法。仓储设备是现代仓储工作的重要物质基础，现代仓储设备正向着大型化、自动化和柔型化的方向发展。采用这些新型的设备和装置，可以提高仓储作业的机动性和灵活性，提高仓储企业的效率和效益。

（3）对仓储各个环节进行统一管理使之均衡协调。仓储系统是由若干环节构成的，每个环节的运行情况都直接影响着整个仓储系统的运行。协调各个环节之间的关系，对各个环节进行统一管理，使其能够顺畅有序地进行，是仓储系统合理化的重要内容。

（4）提高信息化程度。信息技术的采用对于现代物流的影响是巨大的。同样，对仓储系统而言，信息化对仓储作业流程和仓储管理工作都产生了巨大影响。例如，条码方案可对仓库中的每一种货物、每一个货位都做出书面报告，可定期对库区进行周期盘存，并在最大限度地减少手工录入的基础上，确保将差错率降至零，同时提高数据采集的速度。EDI 技术则改善了仓储系统与其他环节之间的信息沟通，使相关票据的传递准确快捷。WMS 系统的应用将整个仓储系统真正地组合成一个整体，实现了各个环节功能的整合。

（5）适度集中库存。所谓适度集中库存，是指利用仓储规模优势，以适度集中仓储代替分散的小规模仓储来实现合理化。一般来说，仓储合理化的实施要点是：进行仓储物的 ABC 分析，在此基础上实施重点管理，在形成了一定的社会总规模的前提下，追求规模经济效益，适当集中库存。适度集中库存是"零库存"这种合理化形式的前提：一方面，可加速物资总的周转，提高单位产出，其具体做法如采用单元集装存储、建立快速分拣系统等都有利于实现货物的快进快出、大进大出；另一方面，采用有效的"先进先出"方式可确保每个被储物的仓储期不至于过长。

5.3.4 考核

一般而言，大多数控制方法都是根据特定的控制对象而具体设计的，如政策控制、程序控制、产品质量控制、生产费用控制、现金预算等。这些控制方法一般只针对企业某一方面的工作，其控制的重点是管理过程本身或是其中的某个环节，而不是管理工作的全部绩效和最终成果。但经验表明，高效率不一定带来高效益。因此，还必须提出一些能够控制企业整个工作绩效的方法。

考核首先要解决的问题是确定衡量绩效的标准。从根本上说，衡量一个企业全部工作绩效的综合标准和最终标准应是经济方面的指标，对企业来讲就是利润和利润率。因此，一般说来，综合控制主要是财务方面的控制，也就是从财务的角度控制那些会直接影响经济指标大小的因素，如投资、收入、支出、负债等。但是，利润和利润率高并不意味着企业就一定是管理完善的，因为即使管理得很差，也可能因为在经营方面，如销售、投资或利用环境机会方面做得出色而取得成就，或者说是大环境好掩盖了其管理不善。这样的企业，一旦外部环境条件恶化，就会陷于困境甚至破产。因此，企业绩效的综合控制，还应包括对管理工作质量和水平的评价和控制。

1．运输绩效评价

所谓运输绩效评价，是指对运输活动或运输过程的绩效评价，它一般是按照统一的评价标准，采用一定的指标体系，按照一定的程序，运用定性和定量的方法，对一定时期内的运输活动或过程的效益和效率所做的综合判断。运输绩效评价是运输企业及其他相关企业进行绩效管理的主要环节，是管理者了解运输活动效果的基本手段，也是加强企业管理的一种方法。

运输绩效的评价内容一般包括运输成本、服务质量状况、运输能力、中转时间、服务能力、处理提货单、与顾客的合作关系等。运输绩效评价指标体系可以根据货物运输量、运输质量、运输效率及运输成本与效益来确定。运输绩效评价指标主要包括以下内容。

（1）货物运输量指标。货物运输量可以用实物量来衡量，也可以用实物金额来衡量。两种方式下的计算公式如下：

以实物量为计量单位的指标：

$$货物运输量 = 商品件数 \times 每件货物毛重 \div 1000$$

以实物金额为计量单位的指标：

$$货物运输量 = 运输货物总金额 \div 该类货物每吨平均金额$$

（2）运输效率指标。运输效率指标主要是指运输工具利用效率指标，包括多个方面（如时间、速度、里程及载重量等）的指标，下面是其中主要的几种（以汽车为例）。

1）时间利用指标。包括车辆工作率与车辆完好率两个指标。车辆工作率是指一定时期内运营车辆总天数（时数）中工作天数（时数）所占的比重；车辆完好率是指一定时期内运营车辆总天数中车辆技术状况完好天数所占的比重。车辆工作率和车辆完好率的计算公式分别为：

$$车辆工作率 = 计算期运营车辆工作总天数 \div 该期总天数 \times 100\%$$

$$车辆完好率 = 计算期运营车辆完好总天数 \div 该期总天数 \times 100\%$$

2）里程利用率。

里程利用率是指一定时期内车辆总行程中载重行程所占的比重。它反映了车辆的实载和空载程度，可以用来评价运输组织管理的水平高低。其计算公式为：

$$里程利用率 = 载重行驶里程 \div 车辆总行驶里程 \times 100\%$$

3）载重量利用指标。

它是反映车辆载重能力利用程度的指标，包括吨位利用率和实载率。吨位利用率按照一定时期内全部营运车辆载重行程载重量的利用程度来计算。其中，载重行程载重量也称为重车吨位千米。吨位利用率和实载率的计算公式分别为：

$$吨位利用率 = 计算期完成货物周转量 \div 同期载重行程载重量 \times 100\%$$

$$实载率 = 计算期完成货物周转量 \div 同期总行程载重量 \times 100\%$$

（3）运输质量指标。运输质量可以从安全性、可达性、可靠性、一票运输率及客户满意度等方面选择衡量指标。

1）安全性指标。

① 运输损失率。运输过程中的货物损失率有两种表示方式：以损失货物总价值与所运输货物总价值进行比较，这种方式主要适用于货主企业的运输损失绩效考核；用运输损失赔偿金额与运输业务收入金额的比率来反映，此方式更适用于运输企业或物流企业为货主企业提供运输服务时的货物安全性绩效考核。两者的计算公式为：

$$运输损失率 = 损失货物总价值 \div 运输货物总价值 \times 100\%$$

$$运输损失率 = 损失赔偿金额 \div 运输业务收入总额 \times 100\%$$

② 货损货差率。该指标是指在发运的货物总票数中货损货差的票数所占的比重，其计算公式为：

货损货差率 = 货损货差票数 ÷ 发运货物总票数 × 100%

③ 事故频率。事故频率是指单位行程内发生行车安全事故的次数，一般只计大事故和重大事故。该指标反映车辆在运行过程中发生或遭遇行车安全事故的概率，其计算公式为：

事故频率（次 / 万公里）= 报告期事故次数 ÷ 报告期总运行公里数 × 10 000

④ 安全间隔里程。安全间隔里程是指平均每两次行车事故之间车辆安全行驶的里程数。其计算公式为：

安全间隔里程 = 报告期总运行公里数 ÷ 报告期事故次数

2）直达性（方便性）指标。对于有些运输方式（如铁路、航空等）不能直接将货物运至最终目的地的情况，可以用直达性指标来评价企业提供多式联运服务的水平。直达性指标对于评价来往于机场、铁路端点站、港口之间的运输，特别是在评价外部运输与厂内运输的衔接上显得更有意义。其计算公式为：

货物直达率 = 直达票号数 ÷ 同期票号数 × 100%

3）可靠性指标。这是反映运输工作质量的指标，它可以推进企业采用先进的运输管理技术，做好运输调度管理，保证货物流转的及时性。相对来说，厂内运输对于运输的可靠性要求更高。正点营运率是评价运输可靠性的主要指标，其计算公式为：

正点营运率 = 正点营运次数 ÷ 营运总次数 × 100%

4）一票运输率指标。所谓一票运输，是指货主经一次购票（办理托运手续）后，由运输企业全程负责，提供货物中转直至将货物送达最终目的地的运输服务。一票运输率指标反映了联合运输或一体化服务程度的高低，其计算公式为

一票运输率 = 一票运输票号数 ÷ 同期票号数 × 100%

5）客户满意率指标。客户满意率是运输服务质量的总体评价指标，用满意客户数与被调查客户数的比率来表示。相关数据可通过对货主进行的满意度调查获得。客户满意率的计算公式为：

客户满意率 = 满意货主数 ÷ 被调查货主数 × 100%

6）意见处理率指标。该指标用已经处理的意见数与客户所提意见数的比率来表示，它反映了物流企业对客户信息的及时处理能力，也可反映客户对运输服务好坏的基本评价及企业补救力度的大小。意见处理率和客户满意率均可按季度计，必要时也可按月计。意见处理率的计算公式为：

意见处理率 = 已处理意见数 ÷ 货主提出意见数 × 100%

（4）运输成本与效益指标。

1）单位运输费用指标。该指标可用来评价运输作业效益高低及综合管理水平，一般用运输费用总额与同期货物总周转量的比值来表示。运输费用主要包括燃料、各种配件、养路、工资、修理、折旧及其他费用支出。货物周转量是运输作业的工作量，它是车辆完成的各种货物的货运量与其相应运输距离乘积之和。

单位运输费用 = 运输费用总额 ÷ 报告期货物总周转量

2）燃料消耗指标。评价燃料消耗的指标主要有单位实际消耗、燃料消耗定额比。它反映了运输活动中燃料消耗的情况，可以促进企业加强对燃料消耗的管理。其计算公式为：

单位实际油耗 = 报告期实际耗油量 ÷ 报告期总运输吨千米量

燃料消耗定额率 = 吨千米燃料实耗量 ÷ 吨千米燃料消耗定额量

3）运输费用效益指标。该指标表示单位运输费用支出额所带来的盈利额，其计算公式为：

运输费用效率 = 经营盈利额 ÷ 运输费用支出额

4）单车（船）经济收益指标。该指标表示单车（船）运营收入中扣除成本后的净收益，其计算公式为：

单车（船）经济收益 = 单车（船）运营总收入 − 单车（船）成本合计

计算结果为正值，说明车辆运营盈利；计算结果为负值，说明车辆运营亏损。

5）社会效益指标。该指标主要反映运输活动对环境污染的程度以及对城市交通的影响程度等。可以用专业性的环境评价指标对运输活动进行社会效益评价，也可以用定性的指标进行评价。如对企业具体的运输活动进行评价，可以考察运输活动中采用清洁能源车辆的情况、运输时间是否考虑避开城市交通高峰、运输活动对周围环境的污染情况等。在实际运输活动中，要综合考虑运输活动的目标与任务、运输货物的特点、运输环境、运输能力、客户要求等方面的因素，具体确定各项评价指标及其主次顺序，形成完整的、相互衔接的指标体系，以获得良好的评价效果。

2．仓储绩效考核

仓储管理是物流管理中的一个重要过程，仓储活动担负着生产经营所需各种货物的收发、储存、保管保养、控制、监督和保证生产需要等多项业务职能，而这些活动都与生产经营的经济效益密切相关。仓储活动的各项绩效，是仓储管理成果的集中反映，是衡量仓储管理水平高低的尺度，也是考核评估仓库各方面工作和各作业环节工作成绩的重要手段。因此，绩效考核对加强仓储管理工作、提高管理的业务和技术水平是十分必要的。

为了提高储运企业或部门的经济效益和业务、技术、操作水平，要进行认真的经济核算。要进行经济核算，就必须有明确的经济技术指标体系。仓储企业经营管理评价指标体系应该包括仓储经营管理的数量指标、质量指标、效率指标、经济指标及安全指标等。

（1）仓储经营管理的数量指标。

1）货物吞吐量。

货物吞吐量 = 货物入库总量 + 货物出库总量

吞吐量是计算期内出入库货物的总量，单位为吨（t）。它不仅可以反映仓储的工作量和周转量，还能反映仓库的规模和劳动强度。吞吐量越大，仓库的规模越大、周转量越大、工作量越大、劳动强度越高。吞吐量要靠仓库的装卸能力和仓储面积来支持。

2）单位面积储存量。单位面积储存量是指仓库每平方米的使用面积平均每日储存的商品的数量，单位是 t/m^2，这一指标可以综合评价仓库的利用程度和经营管理水平。

单位面积储存量 = 仓库每日平均储存量 ÷ 仓库使用面积

（2）仓储经营管理的质量指标。

1）收发货差错率。

收发货差错率 = 收发货差错累计笔数 ÷ 收发货累计总笔数 ×1000‰

这一指标用于衡量收、发货的准确性，以此评价仓储的服务质量。仓库收发货差错率一般应控制在 0.5‰以下。

2）商品保管损失。商品保管损失是指在计算期内，单位重量储存商品的保管损失金额。它是衡量和考核仓库保管人员工作质量的重要标志，单位通常为元/t。

$$商品保管损失 = 商品保管损失金额 \div 平均储存量$$

其中，保管损失的计算范围包括因保管、养护不当而造成商品的霉变残损、丢失短缺、超定额损耗，以及不按规定验收、错收错付而发生的损失等。商品保管损失是仓库的一项直接损失，应尽量避免和减少。

3）商品损耗率。商品损耗率又称为商品自然损耗率，是指在一定的保管条件下，某商品在储存保管期内，其自然损耗量（或损耗金额）与入库总量（或总金额）的比率，通常以百分数或千分数表示。

$$商品自然损耗率 = 货物自然损耗量 \div 商品入库总量$$

或 $$商品自然损耗率 = 货物自然损耗金额 \div 商品入库总金额$$

商品损耗率指标主要用于那些易干燥、风化、挥发、失重或破碎的商品的保管工作的考核。为了核定商品在保管过程中的损耗是否合理，一般对不同的商品应规定相应的不同的损耗率标准，又称为标准损耗率。若仓库的实际商品损耗率低于该标准损耗率，则为合理损耗，反之则为不合理损耗。商品损耗率指标是一个逆指标，指标值越小，说明商品储存保管工作做得越好。

4）设备完好率。设备完好率是指处于良好状态、能随时投入使用的设备占全部设备的百分比。其公式如下：

$$设备完好率 = 完好设备台日数 \div 设备总台日数 \times 100\%$$

其中，完好设备台日数是指处于良好状态的设备的累计台日数，不包括正在修理或待修理的设备的台日数。

5）库存周转率。库存周转率是评价仓库管理状况的综合性指标，反映了一定时间内库存商品周转的速度。通常情况下，库存周转率越大，库存商品的周转速度越快，仓库的效益就越好。它是反映仓储企业库存管理水平高低的重要指标。

库存周转率可以用金额来计算，也可以用数量来计算。而根据使用库存周转率的目的不同，金额又可以分别用商品售价或成本来计算。其公式如下：

$$库存周转率 = 出库数量 \div 平均库存量 \times 100\%$$

或 $$库存周转率 = 出库金额 \div 平均库存金额 \times 100\%$$

（3）仓储经营管理的效率指标。

1）仓储利用率。仓储利用率是衡量仓库利用程度的重要指标，是反映仓库管理工作水平的主要经济指标之一。它包括仓库面积利用率和仓库容积利用率两个指标。

$$仓库面积利用率 = 计算期商品实际堆放面积 \div 计算期仓库总面积 \times 100\%$$

其中，计算期商品实际堆放面积是指计算期内仓库中商品储存堆放所实际占据的有效面积之和。计算期仓库的总面积，是指从仓库的围墙线算起，整个围墙线内的面积。

$$仓库容积利用率 = 计算期平均每日实际使用的仓库容积 \div 计算期仓库的有效容积 \times 100\%$$

式中　计算期内平均每日实际使用的仓库容积 = 计算期储存商品容积之和 ÷ 计算期日历天数

2）设备利用率。设备利用率反映的是仓库设备的利用程度，包括设备能力利用率和设备时间利用率两个指标。对于仓库来说，设备利用率考核的主要是装卸和搬运设备的利用率。其公式如下：

设备能力利用率＝计算期设备实际载荷量÷计算期设备额定载荷量×100%

设备时间利用率＝计算期设备实际作业工时数÷计算期设备额定作业工时数×100%

其中，计算期设备额定载荷量和额定作业工时数可以由设备的性能情况和计算期的时间长短计算得出。

3）劳动生产率。仓库的劳动生产率可以用平均每人每天完成的出入库的货物量来表示。

全员劳动生产率＝全年货物出入库总量÷仓库全员年工日总数

此外，考核仓库劳动生产率也可以用仓库员工平均每日收发货物的笔数和员工平均保管货物吨数等指标来评价。

（4）仓储经营管理的经济指标。

1）仓储收入。仓储收入水平的高低直接影响着仓储企业的经济收益的好坏，它是计算期内仓储各项收入的总和。

仓储收入＝商品出入库装卸收入＋商品储存保管收入＋商品加工等收入

2）平均仓储成本。平均仓储成本是指计算期内单位重量商品所需支出的成本额，常以月度或年度为计算期。

平均仓储成本＝仓储成本总额÷平均储存量

3）利润总额。利润总额是指仓储企业在一定时期内已实现的全部利润。它等于仓库实现的营业收入扣除储存成本、税金，加上其他业务利润，再加上营业外收支净额后得到的总额。

利润总额＝仓库总收入－仓库总支出

＝仓库营业收入＋营业外收入－仓储营业支出－营业外支出－税金＋投资净损益

其中，投资净损益是仓库用各种资源在企业外投资取得的收益（＋）和蒙受的损失（－）。营业外收入是指与仓储企业生产无直接联系的收入，如逾期包装物的押金没收收入、罚款的净收入、其他收入等。营业外支出是指与仓储企业生产无直接联系的支出，如企业搬迁费、编外人员的生活费、停工损失、呆账损失、员工生活困难补助等。

（5）仓储经营管理的安全指标。仓储经营管理的安全指标可以用发生的各种事故的大小和次数来表示，如人身伤亡事故，仓库失火、爆炸和被盗事故，机械损坏事故等。这类指标一般不需要计算，只是根据损失大小来划分不同的等级，以便于考核。

5.4 物流决策层信息需求

决策层主要是对企业管理层的信息（多为报表、分析报告，如企业全年生产经营指标计划与完成情况等）以及企业外部信息（如消费者收入动向和市场动态、市场竞争、相关行业发展、国家有关政策法规等）进行综合分析，作为企业高层领导制定中长期企业发展方向、目标等战略方针、策略的依据，或者协助企业高层领导制定战略等。

例如，物流企业在市场竞争中需要根据所处的内外部环境实施各种战略（成本领先战略、集中化战略、差异化战略等），或者开拓新的服务市场（如进军国外市场），其所需要的信息、知识不仅包括本企业的物流运作状况及优劣势，还需要根据国民经济发展状况、宏观政策、法律法规、竞争对手状况和所采用的策略进行各种方案的综合效果评价。

5.4.1 组织内部的信息需求

组织内部信息是指来自企业内部的信息，反映企业基本经营活动情况，包括两个主要部分：企业现状信息，如人、财、物的构成，企业规模、企业绩效等；企业经济活动信息，如产、供、销等生产经营信息，财务核算信息，以及生产工艺、生产设备、产品质量等信息。企业内部信息可以概括为企业资源和企业能力两方面。

1．企业资源

企业资源可以分为以下三类：

有形资源主要是指企业的物质资产和金融资产。其中，物质资产主要包括企业的厂房、土地、设备等固定资产；金融资产主要是指企业的筹资和借款。

无形资源主要是指企业的知识产权、技术诀窍、企业形象、品牌和企业文化等。

人力资源主要是指能够推动企业发展的全体员工的能力，如专业技能、交流与相互影响能力、创新能力等。

企业资源是企业竞争优势的根本源泉。资源的战略意义在于它不仅能保证企业获得最大限度的利润，而且可以左右企业的成长及其未来的命运。在资源分析中，列出企业资源的强势和弱势对下一步确定企业的竞争优势有重要意义。实际上，资源强势是企业的竞争资产，资源弱势是企业的竞争负债。当然，最理想的情况是企业竞争资产大大超过其竞争负债。

企业内部信息分析的重要任务就是要找出企业资源的强势和弱势。对于资源强势应考虑如何更有效地发挥资源的作用以提高竞争力，对于资源弱势应考虑如何去弥补。

2．企业能力

企业能力是指企业所拥有的利用和整合企业资源的知识和技能。企业能力是企业在利用和整合资源的过程中，通过实践、学习、积累形成的，也是企业内部通过收集、传播和共享而增强的。资源的多少并不能代表其能力的大小。事实上，有许多企业获得了丰富的资源，但并未掌握发挥这些资源价值的知识和技能。

企业能力可以分为职能领域的能力和跨职能领域的综合能力两大类。职能领域的能力包括市场营销能力、财务管理与资本运作能力、人力资源开发与管理能力、组织能力、研发能力、制造和生产能力、管理信息系统开发和集成能力等。跨职能领域的综合能力则包括学习能力、创新能力、战略谋划能力、整合能力和领导能力等。

通常，企业能力首先体现在职能领域。以国内企业为例，华为的研发能力强，海尔的制造能力强，小米的营销能力强。但是，企业应更加注重提升跨职能领域的综合能力，特别是学习能力和创新能力。

评价企业能力高低的主要依据是企业资源利用的效率。在分析企业能力的过程中，可以采取下列几种方法评价企业能力状况。

（1）财务比率分析法。通过与竞争对手在企业的收益性、安全性、流动性、成长性和生产性五个方面的对比，判断企业能力的高低。

（2）专家意见法。通过企业聘请的专家对企业内部和外部相关的利益团体的分析，判断企业能力的高低。

（3）问卷调查法。通过直接向企业内部和外部相关利益团体发放问卷进行调查，判断企业能力的高低。

以上三种方法各有利弊、相互补充，在进行能力分析的过程中可以综合运用。

5.4.2　组织外部的信息需求

外部环境影响企业的成长和获利能力，它给企业带来了机遇，也可能会带来威胁，并对企业的战略行动产生重要影响。企业的外部环境就像大海，企业就像大海中航行的船舶，当外部环境起大风浪时，企业要想平稳地行驶是非常困难的。因此，战略管理者一定要善于判断社会宏观形势，考察行业未来发展态势及与竞争对手的竞争合作关系，明确它们对企业可能带来的影响，从而帮助企业制定正确的战略。

组织外部信息是指在企业以外产生的与本企业运行环境相关的各种信息。企业外部信息是企业经营决策的依据，尤其在确定企业中长期战略目标和计划时起着重要作用。企业外部信息主要包括相关法律政策、行业竞争态势、新技术条件等。

1．法律政策

法律政策环境是指与企业相关的社会法制系统及其运行状态，包括国家制定的法律、法规、法令及国家的执法机关等。

一般来说，政府主要是通过制定法律、法规来间接影响企业的经济活动。为了促进和指导物流行业的发展，我国颁布了诸多相关法律政策，它们是保障企业开展正常的生产经营活动的基本条件。需要注意的是，法律政策因素对企业来说通常是不可控的，带有强制性的约束力，企业只有适应这些环境因素、使自己的经营行为符合国家的政策、法律、法规，才能获得生存和发展。

在处于市场化进程中的发展中国家或者转型经济体中，企业往往需要面对制度环境的动态变化，以及在不同区域之间呈现出的制度环境的差异和多样性。

2．行业竞争态势

制定企业战略必须了解企业所处行业的竞争结构，深入分析行业竞争过程，找出竞争压力的来源，确定行业内各种竞争力量的强度，这对于制定企业战略具有极为重要的意义。一个行业的竞争，不仅存在于竞争对手之间，还存在于企业与其供应商、购买者、潜在加入者、替代品生产商这些"延伸的竞争对手"之间。五种竞争力量的状况及其综合强度决定了行业的竞争激烈程度及行业获得利润的能力。

行业中现有企业间的竞争是最直观、最直接也是最重要的威胁因素，它往往构成了行业竞争结构中最强的一种力量。行业中现有企业间的竞争手段十分多样，一般围绕价格、质量、产品性能、顾客服务、广告、促销、经销商网络、产品创新等方面展开。不同行业的竞争激烈程度是不一样的，有的比较缓和，有的比较激烈。竞争强度的强弱主要受以下因素影响：行业中现有企业的数量与力量对比；行业增长速度；固定费用和存储费用的高低；产品差异性和转换成本；行业中生产能力大幅提高；退出障碍。

因为不同行业在特征和结构方面存在很大的差别，所以行业分析往往要从整体上把握该行业最主要的经济特性。一般来说，概括某一行业的主要经济特性时所要考虑的因素基本上是一致的，具体如下：

（1）市场规模。

（2）竞争范围（当地性、区域性、全国性、国际性或全球性）。

（3）市场增长速度及行业生命周期中目前所处的阶段。

（4）竞争厂商的数量及其相对规模——行业是被众多的小公司细分还是被几家大公司垄断。

（5）购买者的数量及其相对规模。

（6）纵向一体化的程度。

（7）到达购买者的分销渠道的种类。

（8）产品生产工艺革新及推出新产品的技术变革的速度。

（9）竞争对手的产品和服务是强差异化、弱差异化还是同质的。

（10）行业中的企业能否实现采购、制造、运输或营销等方面的规模经济。

（11）行业中的某些活动是否有学习或经验曲线效应方面的特色，单位产品成本是否会随着累积产量的增长而降低。

（12）生产能力利用率高低。

（13）必要的资源及进入和退出的障碍。

（14）行业的盈利水平是处于平均水平之上，还是处于平均水平之下。

企业战略决策者要识别行业中的关键战略因素。通过研究行业环境，识别出行业中的关键战略因素并且在与企业经营成功密切相关的因素上达成共识。常见的关键战略因素有产品组合度、市场份额、规模经济性、设备的新旧与布局、价格优势、广告和促销效益、生产效率与能力、研发能力、财务状况及管理水平。

通过分析，企业可以发现自身与竞争对手差距，可以向实力强的竞争对手学习，还可以为企业确立改进的方向，尤其是在关键成功因素上提高自己的实力。

3．新技术条件

技术环境对企业的生产活动和销售活动有直接而重大的影响，尤其是在面临原料、能源严重短缺的今天，技术往往成为决定人类命运和社会进步的关键。同时，技术水平及其产业化程度也是衡量一个国家或地区综合实力和发展水平的重要标志。

在这个科学技术日新月异的时代，技术环境要素将扮演越来越重要的角色。互联网正在改变企业的思维模式、业务模式和市场边界，也在改变企业的组织形式。例如，网络技术的发展影响了人们的购买行为，这就要求相应的生产企业调整战略，逐渐将销售重心转移到网络上来，以适应消费者购买行为的新变化。

技术力量主要从两个方面影响企业战略的选择：

（1）技术革新为企业创造了机遇。新技术的出现使得社会和新兴行业增加了对本行业产品的需求，从而使得企业可以开辟新的市场和新的经营范围。技术进步能使企业通过利用新的生产方法、新的生产工艺过程或新材料等各种途径，生产出高质量、高性能的产品，同时也能使产品成本大大降低。

（2）新技术的出现也使企业面临新的挑战。技术进步会使社会对企业产品和服务的需求发生重大变化。技术进步对某一个行业形成了机遇，同时可能会对另一些行业造成威胁。此外，竞争对手的技术不仅可能使本企业的产品和服务陈旧过时，还可能使本企业的产品价格偏高，从而失去竞争力。因此，要认真分析技术创新和技术革命给企业带来的影响，认清本企业和竞争对手在技术上的优势和劣势。技术开发是一个战略问题，是当代企业最主要的战略之一，它在一定程度上决定着企业的战略方向和生存能力。因此，企业必须预测技术的发展及转化更新的趋势，并根据这些变化不断进行产品结构及市场结构的调整，重视新技术及新产品的开发工作，这样才能使自己立于不败之地。

5.4.3 SWOT 分析

SWOT 分析法是一种结合内、外部环境因素进行综合分析的战略选择方法。采用这种方法，需要把企业内部的优势和劣势、外部的机会和威胁匹配起来，以更好地实现战略目标。其决策准则是选择能够发挥企业优势、弥补劣势、抓住机遇、规避威胁的战略。

1. 分析环境因素

运用各种调查研究方法，分析企业所处的各种内、外部环境因素。外部环境因素包括机遇和威胁，它们是外部环境对企业发展具有重要影响的有利因素和不利因素，属于客观因素，一般可分为经济的、政治法律的、社会的、技术的、市场的、竞争的等不同范畴。内部环境因素包括优势和劣势，它们是企业在其发展中自身存在的积极因素和消极因素，属主动因素，一般可分为管理的、组织的、财务的、人力资源的等不同范畴。需分析的环境和资源因素如表 5-1 所示。在调查分析这些因素时，不仅要考虑企业的历史和现状，还要考虑企业的未来发展趋势。

表 5-1　环境分析的主要内容

资源优势	资源劣势	机遇	威胁
1. 财务状况良好，有充足的资金来支持新业务的发展	1. 没有明确的战略方向	1. 由于市场需求增长强势，因而可以快速扩张	1. 替代品很受顾客欢迎，迅速抢占市场
2. 品牌认知度和企业声誉都很高	2. 生产设施陈旧过时	2. 有机会充分利用新技术	2. 市场增长率下降
3. 被公认为市场领导者，有忠诚的客户群	3. 资产负债状况很差，债务负担过重	3. 有吸引力的细分市场上的进入壁垒正在降低	3. 汇率和外国政府贸易政策的不利变动
4. 规模经济和学习或经验曲线效应明显	4. 同竞争对手相比，整体单位成本很高	4. 出现了从竞争对手那里获得市场份额的机会	4. 有关部门所采取的措施会使企业付出很大的代价
5. 成本优势明显	5. 一些关键的技能或能力正在削弱	5. 市场上出现了向其他地理区域扩展企业品牌或声誉的机会	5. 很容易受到经济萧条和业务周期的冲击
6. 拥有专用技术、技能和专利	6. 研究与开发方面落后于行业水平	6. 所建立的战略联盟扩大了本企业的覆盖面和竞争能力	6. 客户或供应商的讨价还价能力提高
7. 产品革新技术，改善产品生产工艺的卓越技术	7. 为内部的经营问题所困扰	7. 将企业的技能或技术诀窍转移到新产品或新业务上	7. 购买者需求和品位朝偏离行业的方向发展
8. 有关键领域内的技术和专门技术的支持	8. 同竞争对手相比，产品线有局限性	8. 客户群将会扩大	8. 不利的人口特征变动
9. 强大的广告和促销能力	9. 品牌或声誉不高		9. 强大的竞争对手可能会进入市场，或者有众多小竞争对手可能会扰乱市场
10. 拥有良好的客户服务声誉	10. 经销网络比竞争对手要差		
11. 产品质量要比主要竞争对手好	11. 缺乏财务资金来支撑更大的发展		
12. 产品销售的市场区域覆盖面广，分销能力强	12. 生产能力利用不足		
13. 同上、下游企业建立了战略联盟或共同成立合资企业	13. 产品质量有待改善		

第 5 章　物流信息系统的信息需求

2. 构造 SWOT 矩阵

将调查得出的各种因素根据轻重缓急或影响程度等排序,构造 SWOT 矩阵。在此过程中,将那些对企业发展有直接的、重要的、迫切的、久远的影响因素优先排列在前面,而将那些间接的、次要的、少许的、不急的、短暂的影响因素排列在后面,如表 5-2 所示。

表 5-2　SWOT 矩阵

	优势——S	劣势——W
机会——O	SO 战略	WO 战略
威胁——T	ST 战略	WT 战略

3. 制定可供选择的战略和策略

运用系统分析的方法,将排列与考虑的各种内、外部环境因素进行匹配组合,制定出一系列企业未来发展的战略和策略。主要有四种战略组合:SO(优势/机会)战略、WO(劣势/机会)战略、ST(优势/威胁)战略、WT(劣势/威胁)战略。

1)SO 战略是一种发挥企业内部优势去抓住外部机会的战略。所有的管理者都希望自己的企业处于这样的一种状况。一般来说,企业应在面对新机会时将其优势发挥到最大。

2)WO 战略是一种充分利用外部机会来弥补内部劣势的战略。例如,在市场上,可以控制汽车发动机注油时间和注油量的电子装置有巨大需求(机会),但某些汽车零部件制造商可能缺乏生产这一装置的技术(劣势)。一种可能的 WO 战略是通过与在这一领域有生产能力的企业组建合资企业而得到这一技术;另一种可能的 WO 战略是聘用所需人才或培训自己的人员,使他们具备这方面的技术能力。

3)ST 战略是一种利用本企业的优势回避或减轻外部威胁的影响的战略。例如,德州仪器公司曾经靠一个出色的法律顾问部门(优势)挽回了由于 9 家日本及韩国公司侵害本公司半导体芯片专利权(威胁)而造成的 7 亿美元的损失。

4)WT 战略是一种旨在减少内部劣势同时回避外部环境威胁的防御性战略。企业应尽可能克服内部劣势,避免外部威胁。一个面对大量外部威胁和具有众多内部弱点的企业的确处于不安全和不确定的境地,实际上这样的企业正面临被收购、紧缩、宣告破产或清算的局面,因而不得不为自己的生存而奋斗。

思考题

1. 为什么说物流信息需求分析是物流信息管理的基础?
2. 除仓储运输外,其他物流职能的作业层有哪些物流信息需求?请举例说明。
3. 管理层如何实现企业资源与目标的匹配?需要掌握哪些物流信息?
4. 物流企业决策层是如何制定企业战略决策的?有哪些物流信息需求?

第 6 章 物流信息系统分析与设计

学习目标

1. 了解物流信息系统分析与设计的目标和任务；
2. 理解物流信息系统分析与设计的基本步骤和工作内容；
3. 掌握数据流程图的绘制、数据字典包含的内容和处理逻辑的描述工具；
4. 掌握系统设计的内容及方法。

6.1 信息系统分析与设计概述

6.1.1 系统分析与设计的目标

系统分析是系统开发过程中的一个重要阶段。系统分析也称系统逻辑设计，即在现行系统的基础上，按照系统的观点，对已选定的对象与开发范围进行有目的、有步骤的实际调查和科学分析，弄清楚新系统将要"做什么"，而不涉及"怎么做"。系统设计的目标是依据系统分析形成的文档资料，采用正确的方法确定新系统在计算机内应该由哪些程序模块组成、程序模块之间用什么方式联系在一起以构成一个最好的系统。系统设计的好坏从根本上决定了未来物流信息系统的优劣和项目开发的成败。可以说"差的系统设计必定产生差的软件系统"，但是不能保证"好的系统设计必定产生好的软件系统"。在设计之前有系统分析，在设计之后还有系统实施，因此系统设计起到了衔接的作用，如果在这一环节出了差错，就会严重影响整体的开发工作。

6.1.2 系统分析与设计的任务

1. 系统分析的任务

系统分析就是在调查研究的基础上，对新系统的各种方案和设想进行分析、研究、比较和判断的过程，目的是获得有关合理的新系统的逻辑模型。其任务主要包括以下几方面：

（1）详细调查。详细调查是指对现行系统的情况和具体结构进行了解，并用一定的工具对现行系统进行详尽的描述，这是系统分析最基本的任务。在充分了解现行系统现状的基础上，进一步发现其存在的薄弱环节，并提出改进的设想。

（2）分析用户需求。用户需求是指用户要求新系统应具有的全部功能和特性，主要包括系统的功能要求、性能要求、可靠性要求、安全和保密要求；用户对硬件配置、开发周期、开发方式等方面的意向及打算；开发费用、时间以及资源方面的限制。这部分工作是系统分析的核心。

（3）提出新系统逻辑模型。在详细调查和分析的基础上，运用各类系统开发的理论、开发方法和开发技术，确定系统应具有的逻辑功能，并用适当的方法将其表示出来，形成系统的逻辑模型。

（4）编写系统分析报告。系统分析阶段的最终结果是系统分析报告，即对提出来的逻辑模型进行适当的文字说明，形成系统分析报告，作为本阶段评审和下一步系统设计的依据。

2. 系统设计的任务

物流信息系统设计的主要任务就是构建系统的物理模型，为下一阶段的系统实施提供蓝图。其任务具体来讲包括四方面的内容：总体设计、详细设计、编制系统实施进度与计划和编写系统设计说明书。

（1）总体设计。总体设计包括系统模块结构设计和系统物理配置方案设计。系统模块结构设计的任务是划分子系统，然后确定子系统的模块结构，并画出模块结构图。系统物理配置方案设计包括计算机软、硬件系统的配置、通信网络系统的配置、机房设备的配置等。需要确定这些软硬件系统的生产厂家、型号、物理连接方案等。信息系统开发的大量经验教训说明，计算机更新换代快，即使在开发初期和开发中后期、系统实施阶段，设备价格差别也会很大。因此，系统物理配置方案的设计虽然在系统设计的总体设计阶段进行，但是设备购置的具体实施应当在实施阶段完成，这符合软件工程的推迟实现的观点。

（2）详细设计。详细设计是指为各个具体任务选择适当的技术手段和处理方法，其任务主要包括以下几个方面。

① 进行代码设计。代码设计就是通过设计合适的代码形式，使其作为数据的一个组成部分，用以代表客观存在的实体和属性，以保证它的唯一性，便于计算机处理。

② 进行数据库详细设计。根据系统分析得到的数据关系集和数据字典，再结合系统处理流程图，就可以确定出数据文件的结构并进行数据库设计。

③ 输入/输出设计。输入/输出设计主要是对记录为单位的各种输入/输出报表格式的描述。另外，对人机对话方式的设计和输入/输出装置的考虑也在这一步完成。

④ 处理流程设计。处理流程设计是指通过系统处理流程图的形式，将系统对数据处理过程和数据在系统存储介质间的转换情况详细地描述出来。在设计中，它要与系统模块化结构设计结合起来，以模块化结构设计为参考。一般来说，每一个功能模块都应设计一个处理流程。系统处理流程设计是系统模型的进一步具体化，是软件设计的初步形式，也是程序设计的主要依据。

⑤ 程序流程设计。程序流程设计是根据模块的功能和系统处理流程的要求，设计出程序模块图，为程序员进行程序设计提供依据。在这一步中，也可以使用判定表或者程序结构模块图来代替程序框图。

（3）编制系统实施进度与计划。在完成系统方案设计之后，要为下一阶段的实施工作制订初步的实施进度计划，包括项目实施的时间进度计划、资金预算和投入计划、人员分配计划、工作任务的分解等，以保证后期工作有序进行。

（4）编写系统设计说明书。系统设计阶段的结果是系统设计说明书，它主要由计算机系统配置报告、子系统模块结构图、模块说明书和其他详细设计的内容组成。

6.1.3 系统分析与设计的步骤

1. 现行系统的详细调查

弄清现行系统的边界，组织机构，人员分工，业务流程，各种计划、单据和报表的格式种类及处理过程，企业资源及约束情况等，为系统开发做好原始资料的准备工作。

2. 组织结构与业务流程分析

在详细调查的基础上，对现行系统的业务过程进行描述。了解各级组织的职能和有关人员的工作职责、决策内容对新系统的要求，对组织结构进行调查和分析。

3. 系统数据流程分析

系统数据流程分析就是把数据在组织或原系统内部的流动情况抽象地独立出来，从数据流动过程考察实际的数据处理模式。主要包括对信息的流动、传递、处理与存储的分析。

4. 建立新系统的逻辑模型

在系统调查和系统分析的基础上建立新系统逻辑模型，主要包括确定新系统的开发目标，分析确定出系统的逻辑功能结构。可用数据流程图、数据字典和"输入—处理—输出"（IPO）图进行表示。同时，对系统内的功能描述运用结构化语言、判断树和判断表等工具完成其定义工作。

5. 提出系统分析报告

系统分析阶段的成果即系统分析报告，它是系统分析阶段的总结，是向有关领导提交的文字报告，可以反映这个阶段调查分析的全部情况，也是下一步系统设计的工作依据。

6. 系统总体设计

提出物流信息系统模块结构和物理配置方案。

7. 详细设计

依据详细设计阶段的各项任务开展设计工作。

8. 编写系统设计说明书

根据系统设计情况编写系统设计说明书。

6.1.4 系统分析与设计的方法

系统分析与设计常用的工作方法是结构化方法，其核心思想可以归纳为"自顶向下"和"自底向上"，这也是系统分析的两种工作方法。

"自顶向下"的分析设计过程强调由全局到局部，由上层到下层。它首先分析系统的环境、系统边界、系统的总目标，然后分析系统完成总目标所应具有的功能，以及实现功能的信息需求，在此基础上再导出各子系统的目标和功能，如此向下逐级推演。这种演绎式分析方法也称面向目标的分析方法，有较强的整体性和系统性。

"自底向上"的方法是由低层功能逐级向上归纳综合成上层系统，最后构造出整个系统。具体做法一般是从基层的业务层进行现状调查，总结基层管理业务的数据处理功能，根据业务间的相互联系，将它们归纳成较抽象的、综合的业务功能层，然后再归纳出若干子系统，最后形成全系统的功能和目标，这是一个逻辑归纳的过程，也称归纳法或面向现状的方法。

事实上，自顶向下和自底向上的工作方法应用于系统开发的全过程，如系统调查过程、逻辑模型形成过程、系统设计和实施过程，根据不同的情况、不同场合，或使用自顶向下的方法，或使用自底向上的方法，或两者综合运用。两种方法结合使用，相互补充，可以达到既顾及整体目标，又容易获取具体信息的目的。

6.2 系统调查与分析

任何一个新系统的建立都是以现行系统为基础的。在系统设计工作开展之前，必须先把现行系统的各方面情况查清楚，对所调查到的情况用系统的观点进行分析，找出问题，捕捉特殊情况，为系统设计做好准备工作。调查的重点是现行系统的组织、功能及业务流程，以便系统研发人员能掌握现状，找出需改进之处。而调查分析的结果就是系统设计的可行方案，可用以建立计算机化的信息系统逻辑型。

系统分析以需求调查为基础，包括分析现行系统的信息需求、辅助决策需求等，最终提出对新系统的设计要求，包括对系统的综合要求、功能要求、性能要求、运行要求和将来可能提出的要求等。

6.2.1 系统调查分析的内容与方法

1. 用户基本需求

具体内容包括：用户对新系统开发的需求状况，新系统的期望目标；用户是否能够配合系统开发，尤其是在新系统涉及改变用户业务范围和习惯做法时，用户是否能够根据系统的整体优化而调整自己的职权范围和工作习惯；上一层管理者有无参与开发工作并协调下一级管理部门业务和职能关系等。

2. 现有企业的基本状况

现有企业的基本状况包括：企业的性质、企业内部的组织结构、物流整体的生产过程、各厂区办公楼或车间的布局、上级主管部门、横向协作部门、下设直属部门等。

3. 管理方式和基础数据管理状况

对物流企业管理方式的调查包括：企业整体管理状况的评估、组织职能机构、管理功能与重点职能部门的管理方式；这些管理方式对今后信息系统用来辅助人们管理的可行性；可以预见的将要更改的管理方法以及这些新方法将会对新系统及其管理问题带来的影响和提出的新要求等。

基础数据管理状况的调查包括基础数据管理工作是否完善，相应的管理指标体系是否健全，统计手段、方法和程序是否合理，用户对于新系统的期望值有无实际的数据支持——如果没有的话，企业增设这些管理数据指标和统计方法是否具有可行性。基础数据管理工作是实现信息系统和各种定量化管理方法的基础，如果不牢靠，后续开发工作就无从做起。

4. 现有信息系统的运行状况

它包括了解现有系统的运行状况、特点、存在的问题、可利用的信息资源、可利用的技术力量,以及可利用的信息处理设备等。

常见的调查研究方法有召开调查座谈会、重点询问、问卷调查、查阅与待开发系统有关的资料、跟踪现场业务流程、向用户领域的专家个别咨询、实地考察等。

在需求调查的基础上,分析人员对未来系统的基本需求有了一个基本的了解,也为该项目的可行性分析提供了依据。

6.2.2 组织结构与职能(功能)调查分析

1. 组织结构调查

组织结构是指组织内部的部门划分及它们间的相互关系。组织结构调查需要弄清:组织内部的部门划分;各部门之间的领导与被领导关系;信息资料的传递关系;物资流动关系与资金流动关系等。

组织结构调查使用的工具是组织结构图,组织结构图是一张反映组织内机构设置情况和各机构之间隶属关系的树状结构图。某物流公司的组织结构如图 6-1 所示。

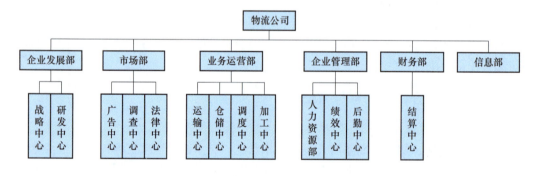

图 6-1　某物流公司的组织结构

在图 6-1 中,矩形块表示机构的名称,一个矩形块代表一个机构,最高层只有一个矩形块,表示组织最高层的管理机构,通常用机构名称或机构总负责职务表示。同级别的机构在图中处于同一层次上,不同层次上的各管理机构通过连线来表明隶属关系。

2. 功能调查

组织机构的设置是为了更有效地实现系统目标,其必须具备一定的功能,功能调查就是要明确组织各部门的功能。功能结构调查往往借助业务功能一览表(如图 6-2 所示)来完成,其目的在于描述组织内部各部分的业务和功能。

以某企业为例,其采购管理系统的功能结构如图 6-2 所示。

3. 组织/功能分析

企业的各项业务功能往往不是由一个部门完成的,需要多部门协作完成,因此需要对组织机构及各项业务功能之间的关系进行分析,通过组织/功能分析,使组织的功能进一步理顺,最终提高管理效率。某企业的组织/功能关系如表 6-1 所示。

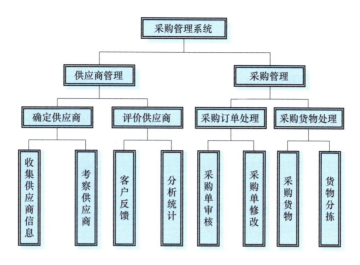

图 6-2 某企业采购管理系统的功能结构

表 6-1 某企业的组织／功能关系

序号	业务	企业发展部	市场经营部	业务运作部	企业管理部	财务部	信息部
1	物流项目开发	√	△	△	×	×	△
2	订单安排与计划	×	×	△	×	×	
3	联运业务处理		√	△	√	√	×
4	统计分析	×	×	△	×	×	△
5	信息系统开发	×	×		×		△
6	人事管理	√	√	×	△	×	×

注："△"表示该项业务是对应部门的主要业务；"×"表示该部门是参加协调该项业务的辅助单位；"√"表示该部门是该项业务的相关单位；空格表示该部门与对应业务无关。

通过组织／功能分析，可以发现：
（1）现行系统中不合理的机构设置。
（2）不合理的部分对组织整体目标的影响。
（3）产生问题的历史原因。
（4）改进措施对与之相关的部分（包括涉及的部门和人员的利益）的影响。

物流信息系统受到组织结构的影响，同时对组织结构和功能也会产生重大影响，这种影响产生的结果是，组织结构发生重大变革，组织的功能出现重新组合。组织／功能分析可以使组织的功能进一步理顺，促使组织结构形式由传统向现代转变。

6.2.3 业务流程分析

业务流程分析是指在功能分析的基础上将其细化，利用需求调查的资料将业务处理过程中的每一个步骤用一个完整的图形描述出来。

1．业务流程的定义

企业业务流程是指企业为完成某一个目标（或任务）而进行的一系列逻辑相关活动

的集合,在实际运作过程中,不同部门之间通过合作来完成一项任务就构成了一个业务流程。

2. 业务流程分析的目的和内容

(1)业务流程分析的目的。通过业务流程分析可以发现原有系统中存在的问题,并在新系统建设中予以克服或改进。

(2)业务流程分析的内容。业务流程分析要分析系统中各环节的业务活动,掌握业务的内容、作用,信息的输入、输出,数据存储,信息的处理方法及过程等。它是掌握现行系统状况,确立系统逻辑模型的重要环节,是下一步进行数据流程分析的基础。其工作包括以下几个方面:

1)原有流程的分析。分析原有业务流程中的处理过程,看看哪些过程可以删除或合并,哪些过程不尽合理,可以改进和优化。

2)业务流程的优化。按计算机信息处理的要求,分析哪些过程存在冗余信息处理,哪些活动可以变串行处理为并行处理,变事后监督为事前或事中控制,以推进更为合理的业务流程的产生。

3)确定新的业务流程。画出新系统的业务流程图。

3. 业务流程分析的基本思想

业务流程分析采用的也是自顶向下的结构化分析思想,先画出高层管理的业务流程图,再对每一个功能描述部分进行分解,画出详细的业务流程图。其分析思想如图 6-3 所示。

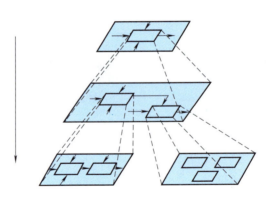

图 6-3　业务流程分析自顶向下的思想

4. 业务流程的描述工具——业务流程图

为了更好地认识业务流程、分析业务流程以及对流程进行优化,必须用比较直观的图形来表示,这就是被广泛采用的业务流程图(Transaction Flow Diagram,TFD)。业务流程图就是用一些规定的符号及连线来表示某个具体业务处理过程。

(1)业务流程图的基本符号。业务流程图的图例没有统一的标准,为了便于管理,只要求在同一系统开发过程中保持形式一致。常见的业务流程图的基本符号有 6 个,如图 6-4 所示。图中圆圈表示业务处理单位,表达了参与某项业务的人或物;方框表示业务处理内容,一般用一个简单的祈使句表示;报表符号表示收集/统计数据(报表、报告、文件，图形等）；不封口的方框表示存储文件；卡片符号表示信息收集与统计；箭头连线表示信息传递过程。

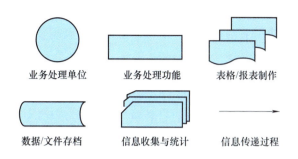

图 6-4　业务流程图的基本符号

（2）业务流程图的绘制。绘制业务流程图应根据实际的管理业务，按照原系统中信息流动的过程，详细描述各个环节的处理业务、信息来源、处理方法、信息流向以及提供信息的形态（报告、单据等）。

例如，某公司销售部门的业务流程分析如下：客户发出订单给销售部门；销售部门经过订单检查，把不合格的订单反馈给客户；对于合格的订单，核对库存记录；缺货订单通过缺货统计向采购部门发出缺货通知，并登记缺货记录；对于可供货订单，登记客户档案，填写出库单，通知仓库准备货物。同时保存订单数据，并进行销售统计。根据上述业务处理过程绘制出的业务流程图如图 6-5 所示。

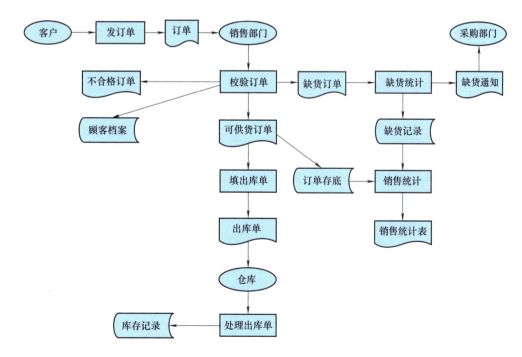

图 6-5　某公司销售部业务流程图

6.2.4 数据分析

1. 数据的收集与分析

数据作为信息的载体，是物流信息系统要处理的主要对象，因此要全面准确地收集、整理和分析数据。在完成需求调查和业务流程分析之后，就需要对业务处理过程涉及的所有数据进行调查和分析。

（1）数据的收集。收集数据的渠道主要涉及现行企业的组织机构，现行系统的业务流程，现行的决策方式，各种报表、报告、图示等。数据的来源主要包括：组织的正式报告，如各种卡片、计划、单据和报表等；现行计算机系统的说明性文件，如各种流程图、数据字典、计算机操作手册、程序说明书及对应程序清单等；组织外的数据来源，如同行业其他组织的各种信息，国家发布的有关法令、条例及统计资料，涉及本组织的原料等的市场信息等。

（2）数据分析。在完成了数据的收集以后，还需要对数据进行分析。数据分析的内容主要围绕以下几方面进行：

从业务处理角度分析：为了满足正常的信息处理业务需要哪些信息；哪些信息是冗余的；哪些信息是短缺的，有待于进一步收集。从管理角度进行分析：为了满足科学管理的需要，应该分析这些信息的精度能否满足管理的需要；信息的及时性和信息的处理区间能否满足对生产过程及时进行处理的需要；对于一些定量化的分析（如预测、控制等）能否提供数据支持等。另外，还要弄清数据源周围的环境：这些数据是从现有组织机构中哪个部门来的，目前用途如何等。

（3）数据汇总。将所有数据进行分类汇总，可以分为三大类进行：

哪些数据是本系统的输入数据，这类数据主要是来自下级系统或网络需要传送的内容；哪些数据是本系统要存储的数据，主要是指各种台账、账单和记录文件，它们是今后本系统数据库要存储的主要内容；哪些数据是本系统产生的数据，主要是指各类报表，是本系统输出或网络传递的主要内容。

在对数据完成分类后，要对每一类数据进行汇总、检验并分析。

2. 数据流程分析

数据分析完成后就可以进行数据流程的分析。由于信息系统所能处理的只是代表信息载体的数据，因此需要把数据在组织（或原系统）内部的流动情况抽象地独立出来，舍去具体组织机构、信息载体、处理工作、物资、材料等。数据流程分析的目的就是要发现和解决数据流通中的问题。

数据流程图（DFD）是对现有系统进行数据流程分析和抽象的工具，也是描述新系统逻辑模型的主要工具。

（1）数据流程图的基本符号。数据流程图的基本符号包括四种简单的符号，分别是外部实体、数据处理、数据存储和数据流，其表示符号如图 6-6 所示。

（2）数据流程图的画法。

1）确定外部实体。外部实体不受系统控制，对系统的独立性会产生很大的影响。因此，在绘制数据流程图时要首先确定其外部实体。如果一个计算机信息系统的外部项过多，则说明该系统缺少独立性。要尽可能减少外部项，提高计算机信息系统的独立性。

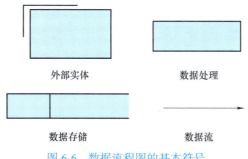

图 6-6　数据流程图的基本符号

2）绘制顶层数据流程图（TOP 图）。TOP 图，即第一层数据流程图，它应该能够相当概括地反映出信息系统最主要的逻辑功能、最主要的外部实体、输入和输出数据流、主要的数据存储。一个顶层数据流程图的基本示例如图 6-7 所示。

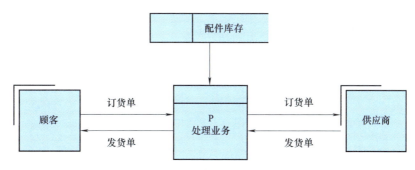

图 6-7　顶层数据流程图示例

3）画细化图。按照结构化系统分析的思想，在获得系统的顶层数据流程图后，要自顶向下地逐层分解，逐步细化，最终达到人们可以理解的层次。细化图是逐层扩展的数据流程图，是对上一层中的每个处理逻辑分别加以扩展的结果。随着处理逻辑的扩展，功能越来越具体，数据存储、数据流也就越来越多。

系统自顶向下逐层扩展的目的是要把一个复杂的大系统逐步地分解成若干个简单的系统，但是要始终保持系统的完整性和一致性。

（3）数据流程图绘制实例。某汽车配件公司的主要业务是采购和销售，外部实体是顾客和供应商，其顶层数据流程图如图 6-8 所示。

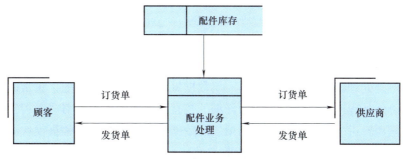

图 6-8　某汽车配件公司顶层数据流程图

图 6-8 表示系统从顾客那里接受订货请求，把汽车配件销售给顾客。当库存不足时，汽车配件公司将向供应商发出订货要求，以满足销售的需要。在该图中，采购和销售没有分开表示，也没有反映账务，只是高度概括地反映了汽车配件公司的业务，因此要进一步分解，得到第一层数据流程图，如图 6-9 所示。

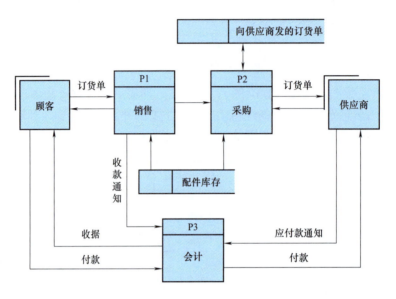

图 6-9　某汽车配件公司第一层数据流程图

由图 6-9 可知，该系统的逻辑功能主要有三个：销售、采购和会计。外部实体有两个：顾客和供应商。

当顾客的订货请求被接受后，就要按照顾客订货单要求查找库存，确定是否能够满足顾客的订货要求。如果能够满足，就给顾客开发货单，并修改配件的库存量，同时通知会计准备收款。如果只能满足一部分或完全不能满足顾客的订货要求，就要把不能满足的订货记录下来，并通知采购部，向供应商发出订货要求。当供应商接到汽车配件公司的订货要求把货物发过来后，采购部要办理入库手续，修改库存量，同时向销售部发出到货通知。销售部按照到货配件检索订货单，向顾客补齐所要求的配件数量。会计部收到供应商的发货单后，应准备办理付款业务。

第一层数据流程图比较具体地反映了汽车配件公司的数据流程，但是只考虑了正常情况，并未考虑发生错误或出现特殊情况。

例如，顾客订货单填写错误，供应商发来的货物与采购部的订货要求不符合等，都属于出错或例外处理。从原则上讲，第一层数据流程图只反映主要的、正常的逻辑处理功能，出错或例外处理应在低层的、更为详细的数据流程图中反映。对"销售""采购""会计"三个处理逻辑进一步分解，就得到第二层数据流程图。其中，销售模块对应的第二层数据流程图如图 6-10 所示。其他模块依此类推。

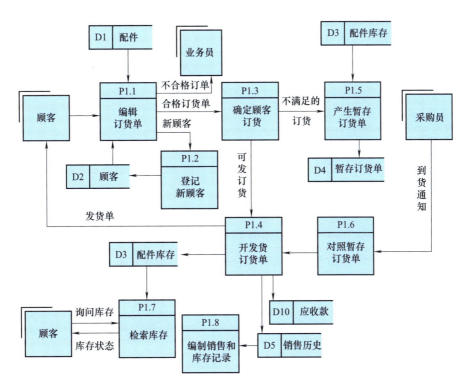

图 6-10 某汽车配件公司销售模块第二层数据流程图

6.2.5 数据字典

数据流程图抽象地描述了系统数据处理的概貌,描述了系统的分解,即系统由哪些部分组成,以及各部分之间的联系。但它不能说明系统中各种成分是什么,也不能表达系统中各个处理(加工)环节的详细内容,这就要用到数据字典。

1. 数据字典的概念

数据字典是关于数据的信息集合。也就是说,数据字典是对数据流程图中包含的所有元素的定义的集合。具体来讲,数据字典就是将数据流程图中的数据项、数据结构、数据流、数据存储、加工处理和外部项等详细情况加以记录,并按照一定方式进行排列所形成的一部关于数据的字典。建立数据字典的目的是保证全局数据的一致性和准确性。数据字典和数据流程图共同构成对系统逻辑模型的准确、完整的描述。编写数据字典必须满足数据的完整性、一致性和可用性。

数据字典既可以用人工方式建立,如事先印好表格,填好后按一定顺序排序,就成为一本关于数据的字典,也可以使用数据库技术在计算机系统里建立。数据字典实际上是关于信息系统内部所有数据的数据库,使用计算机技术更便于数据字典的使用和维护。

2. 数据字典的内容及规范

数据字典中一般包含六种元素,分别是数据项、数据结构、数据流、数据处理、数据存储和外部实体。

(1)数据项。数据项也称数据元素,是具有独立逻辑含义的最小数据单位。在数据字典中,其定义包括:①数据项的名称、编号、别名、简述;②数据项的取值范围;③数据项的类型及长度。

表 6-2 给出了库存量数据项的基本描述。

表 6-2 数据项 _ 库存量

数据项编号	A03-04
数据项名称	库存量
别名	数量
简述	某种配件的库存数量
类型及长度	字符型,6 个字节
取值范围	0 ~ 999999

(2)数据结构。由若干数据项构成的数据组合称为数据结构,它描述了某些数据项之间的关系。在数据字典中,其定义包括:①数据结构的名称、编号;②数据结构的简述;③数据结构的组成。

数据结构一般由数据项或数据元素组成,这些组成元素在数据字典中也必须定义。表 6-3 给出了用户订货单的数据结构。

表 6-3 数据结构 _ 用户订货单

数据结构编号	D02-01
数据结构名称	用户订货单
简述	用户所填写用户情况及订货要求等信息
数据结构组成	订货单标识 + 用户情况 + 配件情况

(3)数据流。数据流表明系统中数据的逻辑流向,它可以是数据项或数据结构的组合,或者是一个已定义好的数据结构。数据流的结构包括:①数据流的名称、编号;②数据流的简述;③数据流的来源;④数据流的去向;⑤数据流的组成;⑥数据流的流通量;⑦高峰期流通量。

表 6-4 给出了发货单的数据流。

表 6-4 数据流 _ 发货单

编号	D03-08
数据流名称	发货单
简述	销售科为用户开出的发货单
数据流来源	"开发货单"处理功能
数据流去向	数据存储"订货单存档"
数据流组成	发货单数据结构
流通量	150 份 / 天
高峰期流通量	70 份 / 每天上午 9:00—11:00

（4）数据处理。数据处理是对数据流程图（DFD）中最底层处理逻辑的说明，即定义这一处理逻辑的主要功能，而其更详细的功能定义需要借助数据处理逻辑说明来完成。其内容包括：①处理逻辑名称、编号；②简述；③输入的数据流，处理过程，输出的数据流；处理频率。表6-5给出了验收订货单处理逻辑的基本描述。

表6-5　处理逻辑_验收订货单

处理逻辑编号	P03-01
处理逻辑名称	验收订货单
简述	确定用户的订货单是否填写正确
输入的数据流	订货单，来源：外部实体"用户"
处理过程	检验订货单数据，查明是否符合供货范围
输出的数据流	合格的订货单，去向：处理逻辑"确定发货量" 不合格的订货单，去向：外部项"用户"
处理频率	50次/天

（5）数据存储。数据存储是数据流的暂停或永久保存。在数据字典中，只对数据存储的逻辑结构进行定义，不涉及其物理存储方式及结构。其内容包括：①数据存储的编号；②名称；③简述；④组成；⑤关键字；⑥相关联的处理。表6-6给出了库存账数据存储的基本描述。

表6-6　数据存储_库存账

数据存储编号	F03-08
数据存储名称	库存账
简述	存放配件的历年库存和单价
数据存储组成	配件编号+配件名称+单价+库存量+备注
关键字	配件编号
相关联的处理	P2（"确定发货量"） P3（开发货单、修改"库存"）

（6）外部实体。外部实体定义了输入数据流的来源和输出数据流的去处，它也是数据流程图中外部实体的定义。其内容包括：①外部项编号；②外部项名称；③简述；④输入的数据流；⑤输出的数据流。表6-7给出了产品用户外部实体的基本描述。

表6-7　外部实体_产品用户

外部项编号	S03-01
外部项名称	用户
简述	购买本公司货物的用户
输入的数据流	DS03-06（"不合格订货单"） D03-08（"发货单"）
输出的数据流	DS03-06（"订货单"）

6.2.6 物流信息系统逻辑模型设计

新系统逻辑方案是指经过分析和优化后新系统拟采用的管理模型和信息处理方法。因此，它不同于计算机配置方案和软件结构模型方案等实体结构方案，故称为逻辑方案。新系统逻辑方案是系统分析阶段的最终成果，也是后续进行系统设计和系统实施的依据。

1. 新系统逻辑方案的内容

系统逻辑模型是一种表示复杂数据处理关系的方法，它能使复杂处理变得更容易理解。相对于报告和数字来说，图表常常能更好地表示数据处理，而以图表表示的数据处理往往也易于理解。新系统逻辑模型的具体描述内容如下。

（1）新系统的业务流程。新系统的业务流程分析和业务流程优化重组后的结果包括：原系统的业务流程的不足及优化过程、新系统的业务流程、新系统业务流程中的人机界面划分。根据这些最终给出新系统的业务流程图。

（2）新系统的数据流程。这是数据流程分析的结果，包括：原数据流程的不合理之处及优化过程、新系统的数据流程和新的数据流程中的人机界面划分。

（3）新系统的逻辑结构。它主要是指新系统中的子系统划分。

（4）新系统中数据资源。它主要是以数据字典的形式完成新系统中数据的完整定义。

（5）新系统中的管理模型。这是指确定在某一具体管理业务中采用的管理模型和处理方法。

2. 新系统逻辑模型的优化分析

新系统逻辑模型是从原有系统逻辑模型出发获得的，因此需要对其做进一步的优化分析，主要包括以下内容：

（1）确定合理的业务处理流程；

（2）删去或合并多余的或重复处理的过程；

（3）结合 BPR 优化和改进业务处理过程，确定最终的业务流程图；

（4）分析业务流程图中哪些部分新系统（计算机软件系统）可以完成，哪些需要用户手工完成，或需要用户配合新系统来完成；

（5）结合优化后的业务流程，确定合理的数据和数据流程，并对数据流程图本身的正确性进行检查，确定最终的数据流程图和数据字典；

（6）分析数据流程图中哪些部分新系统（计算机软件系统）可以完成，哪些需要用户完成或需要用户配合新系统来完成；

（7）确定新系统的逻辑结构和数据分布；

（8）结合计算机系统的配置情况，从管理角度进行系统的划分。

6.3 系统设计

根据在系统分析阶段所获得的新系统的逻辑模型来建立新系统的物理模型，是物流信息系统设计的任务。系统设计是寻求解决办法、探索建立新系统的过程。系统分析阶段是解决物流信息系统"做什么"的问题；而系统设计阶段则是解决物流信息系统"怎么做"的问题。两者的关系是：

（1）系统分析的结果可以不依赖于计算机技术，换句话说，可以采用不同的技术实现相同的逻辑模型。

（2）系统设计阶段的任务是靠系统设计员完成的，主要考虑的是如何实现信息系统的各项功能；系统分析员在系统设计中不承担主要的任务，但是他要负责对设计成果进行评审，必要时可能还需要对系统分析资料做进一步的修正。

6.3.1 物流信息系统总体设计

1. 软件部署

物流信息系统中数据与应用程序的分布方式，称为软件部署方式，也称为计算模式。自世界上第一台计算机诞生以来，计算机作为人类信息处理的工具已有半个多世纪了，在这个发展过程中，计算机应用系统的模式发生了几次变革，它们分别是：单主机计算模式、分布式客户/服务器计算模式（Client/Server—C/S）和浏览器/服务器计算模式（Browser/Server—B/S）。

（1）单主机模式。1985年以前，计算机应用一般是以单台计算机构成的单主机计算模式。单主机计算模式又可细分为两个阶段。在单主机计算模式的早期阶段，系统所用的操作系统为单用户操作系统，系统一般只有一个控制台，限单独应用，如进行劳资报表统计等。分时多用户操作系统的研制成功，以及计算机终端的普及，使早期的单机计算模式发展成为"单主机多终端"计算模式。在单主机多终端计算模式中，用户通过终端使用计算机。每个用户都感觉好像是在独自享用计算机的资源，但实际上主机是在分时轮流为每个终端用户服务。

单主机多终端的计算模式在我国当时一般称为"计算中心"，在单主机模式的这个阶段中，计算机应用系统中已可实现多个应用（如物资管理和财务管理）的联系，但由于硬件结构的限制，只能将数据和应用程序集中地放在主机上。因此，单主机多终端计算模式有时也被称为集中式的计算模式。

（2）分布式客户/服务器（C/S）模式。20世纪80年代，个人计算机（PC）的蓬勃发展和局域网技术的趋于成熟，使用户可以通过计算机网络共享计算机资源，计算机之间通过网络可协同完成某些数据处理工作。虽然PC的资源有限，但在网络技术的支持下，应用程序不仅可利用本机资源，还可通过网络方便地共享网上其他计算机资源，在这种背景下形成了分布式客户/服务器（C/S）计算模式。

在C/S模式中，网络中的计算机被分为两大类：一类是向其他计算机提供各种服务（主要有数据库服务、打印服务等）的计算机，称为服务器；二类是享受服务器提供服务的计算机，称为客户机。客户机一般由微机担当，运行客户应用程序模块（也就是说，应用程序被分散地安装在每一台客户机上，这是C/S模式应用系统的重要特征）。部门级和企业级的计算机作为服务器运行服务器系统软件（如数据库服务器系统、文件服务器系统等），向客户机提供相应的服务。

C/S模式系统以服务器作为数据处理和存储平台，在终端设计有专门的应用程序进行数据的采集和初次处理，再将数据传递到服务器端，用户必须使用客户端应用程序才能对数据进行操作。C/S模式具有专业化程度高、开发手段灵活、运行速度快等特点，但受到开发成本较高、移植困难、用户界面风格不一、使用繁杂、不利于推广使用、维护复杂，升级麻烦、信息内容和形式单一、新技术不能轻易应用等问题的影响。

（3）浏览器/服务器（B/S）模式。B/S 模式是在 C/S 模式的基础上发展而来的。产生 B/S 模式的原动力来自不断增大的业务规模和不断复杂化的业务处理请求，解决方法是在传统 C/S 模式的基础上，由原来的两层结构（客户/服务器）变成三层结构。B/S 模式具体结构为：浏览器/Web 服务器/数据库服务器。在三层应用结构中，用户界面（客户端）负责处理用户的输入和客户的输出（出于效率的考虑，它可能在向上传输用户的输入前进行合法性验证）。商业逻辑层负责建立数据库的连接，根据用户的请求生成访问数据库的 SQL 语句，并把结果返回给客户端。数据库层负责实际的数据库存储和检索，响应中间层的数据处理请求，并将结果返回给中间层。

B/S 模式的系统以服务器为核心，程序处理和数据存储基本上都在服务器端完成，用户无须安装专门的客户端软件，只要通过网络中的计算机连接服务器，使用浏览器就可以进行事务处理，浏览器和服务器之间通过 TCP/IP 这一通信协议连接。浏览器发出数据请求，由 Wed 服务器从后台取出数据并计算，将计算结果返回给浏览器。B/S 模式具有易于升级、便于维护、客户端使用难度低、可移植性强、服务器与浏览器可处于不同的操作系统平台等特点，同时也受到灵活性差、应用模式简单等问题的制约。

尽管 C/S 结构相对于更早的文件服务器来说有了很大的进步，但与 B/S 相比，缺点和不足是很明显的。

首先，B/S 的维护工作量比 C/S 大大减少。C/S 结构的每一个客户端都必须安装和配置软件。假如一个企业共有 50 个客户站点使用一套 C/S 结构的软件，则当这套软件进行了哪怕很微小的改动后（比如增加某个功能），系统维护员都必须进行这样的维护：将服务器更新到最新版本，将客户端原有的软件卸载，再安装新的版本，然后进行设置。最为可怕的是客户端的维护工作必须不折不扣地进行 50 次。若其中有部分客户端是在另外一个地方，则系统维护员还必须跑到该地方再进行卸载、安装、设置的工作。若某个客户端忘记进行这样的维护，则该客户端将会碰到版本不一致的问题而无法工作。而 B/S 结构中，客户端不必安装及维护。如果我们将该企业的 C/S 结构的软件换成 B/S 结构的，我们看看软件升级后，系统维护员如何维护：系统维护员只要将服务器的软件升级到最新版本就行了。其他客户端，只要重新登录系统，使用的就已经是最新版本的软件了。

其次，B/S 相对 C/S 能够降低总体拥有成本。C/S 软件一般是采用两层结构的，而 B/S 采用的是三层结构。两层结构中，客户端接受用户的请求，客户端向数据库服务提出请求，数据库服务将数据提交给客户端，客户端将数据进行计算（可能涉及运算、汇总、统计等等）并将结果呈现给用户。在三层结构中，客户端接受用户的请求，客户端向应用服务提出请求，应用服务从数据库服务中获得数据，应用服务将数据进行计算并将结果提交给客户端，客户端将结果呈现给用户。这两种结构的不同点是，两层结构中客户端参与运算，而三层结构中客户端并不参与运算，只是简单地接收用户的请求，显示最后的结果。由于三层结构中的客户端并不需要参与计算，所以对客户端计算机的配置要求是比较低的。另外，由于从应用服务到客户端只传递最终的结果，数据量较少，使用电话线也能够信任。而采用 C/S 两层结构，使用电话线作为传输线路可能因为速度太慢而不能够接受。采用三层结构的 B/S，可以提高服务器的配置，降低客户端的配置。这样增加的只是一台服务器（应用服务和数据库服务可以放在同一台计算机中）的价格，而降低的却是几十台客户端机器的价格。起到了降低总体拥有成本的作用。

2. 模块结构设计

模块是指可以组合、更换和分解的单元，是数据说明、执行语句等程序对象的集合。它单独命名，可通过名字来访问（过程、函数、宏），是组成系统便于处理的基本单元。把一个信息系统设计成若干模块的方法称为模块化。其基本思想是将系统设计成由相对独立、功能单一的模块组成的结构，从而简化研制工作，防止错误蔓延，提高系统的可靠性。在这种模块结构中，模块的调用关系明确、简单。每个模块可以单独地被理解、编写、调试、查错与修改。模块结构整体上具有较高的正确性、可理解性与可维护性。

（1）模块设计的基本原理。

1）模块化原理。模块化就是将系统划分为若干个模块，每一个模块完成一个功能，将这些模块集总起来构成软件整体。模块化的好处主要体现在：软件结构清晰；软件可修改性好；便于组织管理。

模块化原理是将复杂问题分解为可理解和可解决的小问题的基本方法。但是模块化不应无限制分割模块，虽然模块越细化问题越简单，但随模块数目增加，设计模块间接口的工作量增加，其开发成本也会增加。因此，应寻找一个最合适的模块数目，控制开发成本。

2）抽象原理。抽象是人类认识复杂现象最强有力的思维工具。现实世界的事物、状态或过程间总存在某些共性，将其集中、概括出来，暂时忽略其差异，就是抽象。模块化提出许多抽象层次，因此自顶向下模块化概念与抽象紧密相关。软件结构每一层次模块，表示了对软件抽象层次的一次精化。

顶层模块控制系统的主要功能并影响全局；底层模块完成对数据的一个具体处理。自顶向下、由抽象到具体的方式分配控制，简化了软件的设计和实现，提高了软件的可理解性和可测试性，并使软件易于维护。

3）信息隐藏与局部化原理。信息隐藏原理要求在进行模块设计时，让每一个模块内包含的信息（过程、数据）对不需要这些信息的模块来说不能访问。局部化则是要求把一些关系密切的软件元素在物理地点上放得彼此接近（局部数据元素）。局部化有助于实现信息隐藏，是信息隐藏的基本手段。信息隐藏与局部化原理有利于测试期间和后期的软件维护，因为绝大多数数据和过程对软件的其他部分而言"不可见"。

4）模块独立原理。模块独立原理是上述模块化、抽象、信息隐藏和局部化的直接结果，即开发具有独立功能而且和其他模块之间无过多相互作用的模块。也就是说，希望这样的设计能让每个模块完成一个相对独立的特定的子功能，并且和其他模块之间的关系更简单。模块独立原理的好处是使得软件易于开发，同时易于测试和维护（易于插入模块）。

（2）面向数据流程的模块设计。系统设计阶段，首先分析数据流程图的类型。如果是事务型，则进行事务分析；如果是变换型，则进行变换分析，获得初步的模块结构图，然后根据模块设计原理进行优化即可得到所需的模块结构图，进入下一步的详细设计。

1）事务分析型模块设计。如果数据流程图的特点是接受一项事务，然后将某一处理的输出分解为一串平行的数据流，从中选择后面的某个处理予以执行，在数据流中具有明显的事务特点，即有一个明显的"发射中心"（事务中心）时，宜采用事务分析方法。

从事务中心的边界出发，沿活动通路将数据流程图中的每个活动处理映射成模块，如图 6-11 所示。

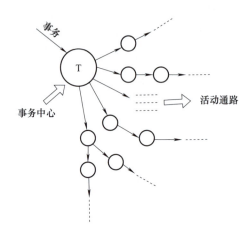

图 6-11　事务分析型模块设计示意图

2）面向变换型数据流程的模块设计。如果一个数据流程图能够清晰地分为输入、处理和输出三部分，那这个数据流程图就是一个变换型数据流程图。此时，人们需要做的是确定输入流与输出流的边界，从而孤立出变换中心。通过两级分解得到软件的模块结构图。

① 确定输入输出流边界，孤立出变换中心。从数据流程图的物理输入端开始，沿着每一个由数据源传入的数据流的移动方向进行跟踪，逐步向中心移动，直到数据流不再被看作系统的输入为止。再从物理输出端反向跟踪数据流，最终找到输出流的边界，那么介于逻辑输入和逻辑输出之间的部分就是变换中心。

② 一级分解。软件模块结构代表对控制的自顶向下的分配，所谓分解就是分配控制的过程。对于变换流的情况，数据流图被映射成特殊的软件结构，控制输入、变换和输出。图 6-12 中，顶层的控制模块 C_m 协调下属的控制功能，C_a 协调对所有输入数据的接收，C_t 管理对内部形式的数据的所有操作，C_e 协调输出数据的产生。一级分解得出的结构如图 6-12 所示，每个控制模块的名字表明了其所控制的模块的功能。

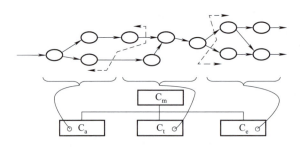

图 6-12　面向变换型数据流程的一级模块分解示意图

③ 二级分解。二级分解就是把数据流程图中的每一个处理映射到软件结构中一个适当的模块：从变换中心的边界开始沿输入通路向外移动，将输入通路中的每个处理映射为

软件结构中 C_a 控制下的一个底层模块；沿输出通路向外移动，把输出通路中的每个模块映射到直接或间接被 C_e 控制的底层模块；把变换中心内的每个处理映射成被 C_t 控制的一个模块。

图 6-13 描述了数据流程图中的处理和软件结构的模块之间的一一对应的映射关系。不同的映射经常出现，应根据实际情况以及"好"的设计标准，进行实际的二级分解。

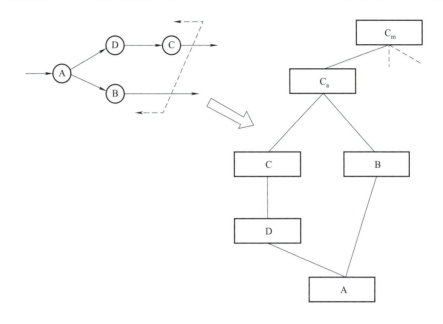

图 6-13　面向变换型数据流程的二级模块分解示意图

④ 模块结构的进一步优化。对分割得到的软件结构，根据模块化原理进行优化，从而产生高内聚、低耦合的模块结构，尤其是使得到的软件结构易于实现、测试和维护。因此，应对初步分割获得的模块进行再分解或合并。

一旦确定了软件结构，就应当将其作为整体来考虑。注意上述设计方法与写程序的区别，写程序只见"树木"，而设计能看见"森林"。

3. 物理配置方案设计

系统物理配置方案设计是指设计物流信息系统运行所依赖的硬件和软件环境。根据新系统的目标，在各种技术手段和实施方法中选择适当的系统物理配置方案，以满足新系统逻辑模型的需要和技术需求。系统物理配置方案设计的主要任务包括计算机软/硬件平台的选择、网络配置方案、数据库管理系统的选择等。

（1）计算机软硬件平台选择。

1）硬件平台。系统的硬件平台以方便、实用为目的，注重系统的安全与可靠性、技术和设备的先进性，在保证系统功能及其结构先进与可扩充的前提下，考虑计算机硬件性能价格比高的设备。一般硬件选型应遵循以下原则：选择通用机型；满足应用的处理速度要求；系统结构应采用先进的、开放的体系结构；支持所选择的软件；厂家或供应商提供好的技术服务与售后服务；操作方便。硬件平台选择的内容主要包括计算机与服务器、数据采集设备、数据输出设备等。

2）软件平台。系统的软件平台包括物流信息系统开发、运行、维护等工作所需要的操作系统和开发工具软件。一个好的软件平台必须能够与硬件平台系统配置环境和网络环境较好地匹配，满足系统的要求，以保证物流信息系统开发和运行成功，提高系统开发效率和维护质量。

（2）网络系统设计。计算机通信网络是指利用通信设备和线路，将地理位置不同的、功能独立的多个计算机系统互连起来，并使用功能完善的网络软件（即网络通信协议、信息交换方式及网络操作系统）实现网络中资源共享和信息传递的系统。网络系统设计要考虑如何将系统设计中的各个子系统用企业内部局域网、Internet 等连接起来，以及今后系统如何与外部系统相连接的问题。网络设计并不是去设计或开发出一个网络，而是根据实际业务的需要去考虑如何配置和选用网络产品。

（3）数据库管理系统（DBMS）的选择。物流信息系统的核心内容是物流信息的管理，因此根据物流企业业务需求的不同选择合理的数据库管理系统至关重要。在物流信息系统的建设过程中，DBMS 的选择应考虑以下几个方面因素。

1）构造数据库的难易程度：有没有范式的要求，DBMS 语句是否符合国际标准，以及数据库的容量特性。

2）程序开发的难易程度：有无计算机辅助软件工程工具，有无第四代语言的开发，有没有面向用户的易用的开发工具，是否有对多媒体数据类型的支持，这类支持能否减少应用程序的开发和维护工作。

3）数据库管理系统的性能分析：包括性能评估（响应时间、数据单位时间吞吐量）、性能监控（内外存使用情况、系统输入/输出速率、SQL 语句的执行、数据库元组控制）和性能管理（参数设定与调整）。

4）对分布式应用的支持：数据透明与网络透明度如何。数据透明是指用户在应用中不需指出数据在网络中的什么节点上，DBMS 可以自动搜索网络，提取所需数据。网络透明是指用户在应用中无须指出网络所采用的协议，DBMS 自动将数据包转换成相应的协议数据。

5）可移植性和可扩展性：垂直扩展和水平扩展的能力如何。垂直扩展要求新平台能够支持低版本的平台，数据库客户机/服务器机制支持集中式管理模式；水平扩展要求满足硬件上的扩展，支持从单 CPU 模式转换成多 CPU 并行机模式。

4. 代码设计

代码是人为确定的代表客观事物（实体）名称、属性或状态的符号或符号组合。代码设计就是将系统中具有某些共同属性或特征的信息归并在一起，并通过一些便于计算机或人进行识别和处理的符号来表示各类信息。代码设计的任务是设计一套适合物流信息系统开发和运行的科学的代码系统。

（1）代码设计的作用。代码是用来表示客观事物的一个或一组有序的符号，它应该容易被计算机和人所识别处理。在现代信息系统中，任何信息都需要通过编码方式——代码形式输入并存储在计算机中。

（2）代码的种类。目前，常用的代码种类归纳起来有如下几种。

1）顺序码：一种用连续数字或字母代表编码对象的代码。其优点是代码简短、使用方便、易于管理、易扩充。但它没有逻辑基础，不能说明客观实体特征，新加的代码只能列在后面，删除数据会造成空码。

2）区间码：将数据项分成若干组，每一区间代表一个组，码中数字的值和位置都代表一种定义。其优点是信息处理比较可靠，排序、分类、检查容易，但维护较困难。

3）助忆码：用文字、数字、字母结合起来进行编制的代码，特点是通过联想帮助记忆。其优点是帮助记忆，但太长的助忆码占用计算机容量太多。

4）缩写码：把惯用的缩写字直接用作代码，如同 kg 代表公斤，cm 代表厘米，m 代表米等。

物流信息系统中代码应用极其广泛，常见的物流代码有客户代码，作业代码，货物代码、储位代码、车辆代码、装箱代码、区域代码、货位代码、货架代码、网点代码、货物状态代码、费用类别代码、订单类别代码。

6.3.2 物流信息系统详细设计

详细设计，就是在系统总体设计的基础上，对系统的各个组成部分进行详细具体的物理设计，使系统总体设计阶段设计的蓝图逐步具体化，以便付诸实施。详细设计包括的内容是数据库设计、输入设计、输出设计、处理过程设计，以及系统安全可靠性设计等。

1. 数据库设计

在系统总体设计中，我们已经为信息系统开发选定了需要的数据库管理系统。那么数据库设计应当在选定的数据库管理系统基础上完成数据库设计是硬件、软件和干件（技术与管理的界面称为"干件"）的集合体，因此数据库设计应该和应用系统设计结合起来研究，即应该把结构设计（数据）和行为（处理）设计密切结合起来，只有这样才能设计出适用的数据库，才能发挥出信息系统的作用。数据库设计的基本步骤与系统开发的各个阶段相对应，其对应关系如图 6-14 所示。在进行系统分析设计的过程中，应按照图 6-14 所示的步骤在相应的阶段完成数据库设计的各项任务。

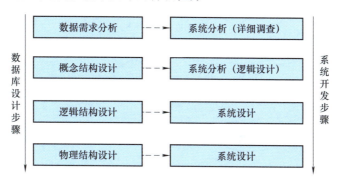

图 6-14　数据库设计步骤

由图 6-14 可知，进行信息系统开发时，数据库设计一般包含四个步骤。

（1）数据需求分析。数据需求分析就是根据用户需求、企业所面临的环境，进行数据需求的分析和收集。数据需求分析一般伴随着系统的需求分析，因此需要结合系统的数据分析和数据流程的分析过程来进行，在了解用户需求的过程中，逐步了解用户系统的数据需求。

（2）概念结构设计。从数据库设计理论来讲，概念结构设计就是要实现从现实世界到信息世界的抽象。概念结构设计是独立于任何计算机系统的，完全不涉及信息在计算机系统中的表示，只是用来描述某个特定组织所关心的信息结构，是现实世界到信息世界的第一层抽象。

（3）逻辑结构设计。逻辑结构设计是指将所设计的概念模型转换成所选用的DBMS所支持的数据模型。在使用关系数据库管理系统的情况下，就是将E-R图转换成关系数据模型。在转换过程中有一项非常重要的工作就是进行数据分析，去除设计中一些不合理的地方，尽可能减少冗余以及数据的重复存储，同时将复杂的数据分割开以建立较小的稳定的数据结构，也就是对数据库中的数据进行规范化。逻辑结构设计阶段提出的关系数据模型应符合第三范式（3NF）的要求。将E-R图转换成一般的数据模型时，必须遵循一定的转换规则。将E-R图转换为关系模型的规则为以下几项内容。

1）每个实体对应一个关系模式。实体名作为关系名，实体的属性作为对应关系的属性。

2）实体间的联系对应一个关系，联系名作为关系名。

3）实体和联系中关键字对应的属性在关系模式中仍为关键字。

根据这些规则，很容易把实体和联系转换为关系数据模型。例如，图6-15中的实体和联系可以转化为如下关系模式（其中带下画线的属性为主键）。

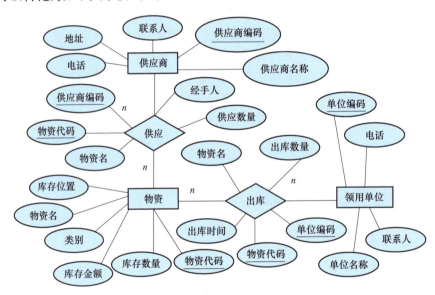

图6-15　某物流系统的部分E-R图

供应商（<u>供应商编码</u>，供应商名称，联系人，地址，电话）
物资（<u>物资代码</u>，物资名，类别，库存数量，库存金额，库存位置）
领用单位（<u>单位编码</u>，单位名称，联系人，电话）
出库（<u>单位编码</u>，<u>物资代码</u>，出库数量，出库时间）
供应（<u>供应商编码</u>，<u>物资代码</u>，供应数量，经手人）

为了使转换成的关系模型不出现操作异常，依据规范化理论，要对关系模式进行规范化，保证其服从第三范式。例如，在上面"出库"和"供应"两个关系模式中，去除了

"物资名"属性。

（4）物理结构设计。物理结构设计是指为数据模型在设备上选定合适的存储结构和存取方法，以获得数据的最佳存取效率。物理结构设计的主要内容包括：

1）文件的组织形式，如选用顺序文件组织形式、索引文件组织形式等。

2）存储介质的分配，如将易变的、存取频度大的数据存放在高速存储器上，将稳定的、存取频度小的数据存放在低速存储器上。

3）存取路径的选择等。

在实际系统设计过程中，一旦 DBMS 确立以后，就要根据 DBMS 的要求进行数据库表的设计并在 DBMS 中建立表的结构，物理结构由 DBMS 完成。

2. 输入输出界面设计

输入输出设计是物流信息系统与用户交互的界面。输入输出设计不仅是系统功能的需要，更是系统性能的需要。一般而言，输入输出设计对于系统开发人员并不重要，但对用户来说却非常重要。良好的输入输出界面是一个组织系统形象（Cooperation Identify System，CIS）的具体体现，它能够为用户建立良好的工作环境，激发用户努力学习、主动工作的热情，能够符合用户习惯，方便用户操作，使目标系统易于为用户所接受，最后能够为用户提供易读易懂的信息形态。

（1）输入设计。输入界面是信息系统与用户之间交互的纽带，设计的任务是根据具体业务要求，确定适当的输入形式，使信息系统能够快速、准确、方便地获取管理工作中产生的正确的信息。输入设计的目的是提高输入效率，减少输入错误。

输入设计的内容主要包括输入格式的设计、输入数据内容的确定、输入方式的选择、输入数据的校对。

1）输入格式设计。在实际设计数据输入时（特别是大批量的数据统计报表输入时）常常遇到统计报表（或文件）结构与数据库文件结构不完全一致的情况。此时，应尽量改变统计报表或数据库关系表二者之一的结构，并使其一致，以减少输入格式设计的难度。现在还可采用智能输入方式，由计算机自动将输入数据送至不同表格。

2）输入数据内容的确定。输入数据内容取决于所需输出信息的内容。因此，输入数据内容的确定应根据系统需要确定需要哪些数据输入，包括数据项名称、数据类型、精度、取值范围等。为了减少输入数据的错误，避免数据重复输入，输入量应保持在满足处理要求的最低限度。

3）输入方式的选择。输入方式的设计主要是根据总体设计和数据库设计的要求来确定数据输入的具体形式。在设计新系统的输入方式时，应尽量利用已有的设备和资源，避免大批量的数据重复多次地通过键盘输入。目前，常用的输入方式有以下几种：

- 键盘输入：键盘输入方式主要适用于常规、少量的数据和控制信息的输入，以及原始数据的录入。这种方式不大适合大批中间处理性质的数据的输入。
- 光电输入方式：这是目前比较流行的基础数据输入方式。这是一种直接通过光电设备对实际数据进行采集并将其转换成数字信息的方法，是一种既省事又安全可靠的数据输入方式。这种方法最常见的方式有一维条码数据读入（包括二维码）。
- 无线射频输入（Radio Frequency Identification，RFID）：RFID 是一种非接触式的自动识别技术，通过射频信号自动识别目标对象并获得相关数据。其系统由电子标签、阅读器和射频天线三部分组成，是近年来快速发展的物联网关键技术之一，被广泛应用于物流领域。
- 传感器技术：这种技术使用数模/模数转换方式，借助于各类传感器实现生产现场产生的各类模拟信号数据的采集和输入。这种技术能够将信息的获取、处理和执行集成在一起，大幅度提高系统的自动化、智能化和可靠性水平。
- 网络传送数据。这既是一种输出信息的方式，又是一种输入信息的方式。对下级子系统它是输出，对上级主系统它是输入。使用网络传送数据既可安全、可靠、快捷地传输数据，又可避免下级忙于设计输出界面，上级忙于设计输入界面的盲目重复开发工作。
- 磁盘传送数据。数据输出和接收双方事先约定好待传送数据文件的标准格式，然后再通过软盘/光盘传送数据文件。这种方式不需要增加任何设备和投入，是一种非常方便的输入数据方式，它常被用在主系统和子系统之间的数据连接上。

4）输入数据的校对。在数据输入时校对方式的设计非常重要，尤其是对一些重要的报表，输入设计一定要考虑适当的校对措施，以减少出错的可能性。常用校对方式如下：
- 人工校对：输入数据后再显示或打印出来，由人来进行校对。这种方法只适用于少量的数据或控制字符输入，对于大批量的数据输入来说效率太低。
- 二次键入校对：二次键入是指一种同一批数据两次键入系统的方法。输入后系统内部会比较这两批数据，如果完全一致则可认为输入正确，反之则将不同部分显示出来由人来进行校对。该方法可以用于任何类型的数据符号。
- 逻辑相关校对：也称为数据平衡校对，常用于对财务报表和统计报表等完全数字型报表的输入校对。具体做法是在原始报表每行每列中增加一位数字小计字（在这类报表中一般本来就有），然后在设计新系统的输入时再另设一个累加值，先让计算机将输入的数据累加起来，然后再将累加的结果与原始报表中的小计自动比较。如果一致，则可认为输入正确，反之，则拒绝接受该数据记录。

（2）输出设计。输出设计的任务是正确、及时地反映和组成管理各部门需要的信息。

从系统开发的角度看，输出决定输入，即输入信息只有根据输出要求才能确定。输出是系统产生的结果或提供的信息。

1）输出设计的内容。输出设计需要考虑信息使用情况，包括信息的使用者、使用目的、信息量、输出周期、有效期、保管方法和输出份数。具体设计内容如下：
- 输出信息内容：输出项目、精度、信息形式（文字、数字）。
- 输出格式：表格、报告、图形等。
- 输出设备和介质：设备有打印机、显示器等；介质有磁盘、磁带、纸张（普通、专用）等。

2）输出方法的设计。在系统设计阶段，设计人员应给出系统输出的说明，这个说明既是将来编程人员在软件开发中进行实际输出设计的依据，也是用户评价系统实用性的依据。输出方法主要有以下几种。
- 表格信息：以表格的形式提供，一般用来表示详细的信息，根据应用的需要，可以采用预印表格、打印多层表格等。
- 图形信息：物流信息系统用到的图形信息主要有直方图、圆饼图、曲线图、地图等。
- 其他输出方式。输出方式还包括报告和由不同输出设备产生的不同输出方式等。

3) 报表打印的设计。除了屏幕输出外，打印报表是用户获取信息的另一条重要途径。它提供了用多种多样的方式显示表的内容，而且不需要进行任何的编程，可以用极少量的工作就能使项目取得显著的进展。一般来说，对于高层领导或综合管理部门，应该使用图形方式给出比例或综合发展趋势的信息为宜，而对于基层或具体事物的管理者，则应以报表方式给出详细的记录数据。

(3) 用户界面设计。用户界面是系统与用户之间的接口，也是控制和选择信息输入输出的主要途径。用户界面设计应坚持友好简便、实用、易于操作的原则，尽量避免过于烦琐和花哨。界面设计一般包括菜单设计、对话框设计、联机帮助设计和权限管理设计。

1) 菜单设计。菜单是信息系统功能选择操作的最常用方式。菜单设计是通过在屏幕上显示出可选择的功能代码，由操作者根据需要进行选择。一般将菜单设计成有层次结构的样式，引导用户使用系统的每一个功能。随着软件技术的发展，菜单设计也更加趋于美观、方便和实用。目前，系统设计中常用的菜单主要有以下几种。

- 一般菜单：在屏幕上以超链接或按钮的形式显示出各个选项，每个选项指定一个代号，然后根据操作者通过键盘输入的代号或单击鼠标左键，即可决定各种后续操作。
- 下拉菜单：它是一种多级菜单，第一级是选择栏，最后一级是功能选择项，以菜单栏的形式排列在屏幕的上方，用户可以选定当前选择栏，在当前选择栏下立即显示出该栏的各项功能，以供用户进一步选择。
- 快捷菜单：选中对象后单击鼠标右键所出现的下拉菜单，将鼠标移到所需的功能项目上，然后单击鼠标左键即可执行相应的操作。

一般功能选择性操作最好让用户一次就进入系统，只有在少数重要执行性操作时，才设计让用户选择后再做一次确定的形式。例如，选择执行删除操作，系统尚未执行完毕前执行退出操作等。

菜单选择的方式包括光标选择、数字（或字母）选择、鼠标点击或触摸式等多种方式，甚至还有声控式等方式。

2) 对话框设计。对话框是实现人机对话最常用的方式。最为常见的对话框有以下几种。

- 填表式对话框：填表式对话框一般用于通过终端向系统输入数据，系统将要输入的项目显示在屏幕上，然后用户逐项填入有关数据。另外，填表式对话框还常用于系统的输出。如果要查询系统中的某数据时，可以将数据的名称按一定的方式排列在屏幕上，然后由计算机将数据的内容自动填写在相应的位置上。由于这种方法简便易读，并且不容易出错，所以它是屏幕输入输出的主要形式。
- 选择和问答式对话框：当系统运行到某一阶段时，可以通过屏幕向用户提问，系统根据用户选择的结果决定下一步执行什么操作。这种方法通常用在提示操作人员确认输入数据的正确性，或者询问用户是否继续某项处理等方面。例如，当用户输完一条记录后，可通过屏幕询问"输入是否正确（Y/N）"，计算机根据用户的回答来决定是继续输入数据还是对刚输入的数据进行修改。

- 提示和警告性对话框：当用户操作错误时，常使用这类对话框向用户发出提示和警告性的信息。为了操作使用方便，常常把操作提示和要点同时显示在屏幕的旁边，当系统执行用户操作指令遇到两种以上的可能时，系统提请用户进一步的说明。

3）联机帮助设计。联机帮助是将整个系统操作说明书全部送入系统文件之中，并设置系统运行状态指针。当系统运行操作时，指针随着系统运行状态来改变。当用户按"求助"键时，系统立刻根据当前指针调出相应的操作说明。调出说明后还有可能需要进一步详细说明，可以通过标题来索引具体内容，也可以通过选择关键字方式来索引具体内容。联机帮助系统还可以设置专门的帮助文件及在线帮助系统。

4）权限管理设计。不同类型的用户拥有的权限是不同的，进入系统后对系统能够操作的方式也不同。权限管理一般都是通过上机或入网口令和建网时定义的该节点级别相结合来实现的。权限不同的用户进入系统后所呈现的界面内容也是不同的。所以在设计界面时针对不同的权限要进行不同的界面设计。

3. 处理流程设计

处理流程设计就是针对总体设计得到的所有系统模块，设计这些模块和它们之间的相互关系即联系方式，并具体地设计出每个模块内部的功能和处理过程，为程序员提供详细的技术资料。

在进行处理流程设计时，设计者面临两方面的问题：一个是决定实现每个模块的算法，另一个是如何精确地表达这些算法。前一个问题涉及所开发项目的具体要求和每个模块的具体功能，因而不能一概而论。后一个问题需要给出适当的算法表达形式，或者说应该选择某种表达工具来描述处理流程。

目前，常用的算法表达工具有 HIPO 图（Hierarchy plus Input-Process-Output）、程序流程图（Program Flow Chart，PFC）、N-S 图（盒图）、PAD 图（Problem Analysis Diagram）、PDL 语言（Program Design Language）等。它们在使用中各有所长，也各有所短。

（1）HIPO 图。HIPO 图是 IBM 公司发起并逐渐完善起来的一种描述系统结构和模块内部处理功能的工具。HIPO 图包含由数据流图经转换和优化形成的系统模块结构图即层次结构图（Hierarchy）和 IPO 图两部分。系统总体设计的模块结构图产生了大量的模块，开发者应为每个模块写一份说明，IPO 图就是用来表述每个模块的输入、输出和数据加工的重要工具。常用 IPO 图的结构如图 6-16 所示。

从图 6-16 可以看出，IPO 图的上部定义模块所属的系统、模块的名称、模块的设计人及设计日期等基本信息，中间部分描述了该模块的上下级模块和输入输出数据，下面详细地定义了算法的处理过程说明，为程序员设计该模块的程序代码提供了非常详细的信息。IPO 图的主体是处理过程说明。为简明准确地描述模块的执行细节，可以采用决策树/决策表，以及下面将要介绍的程序流程图、问题分析图以及过程设计语言等工具进行描述。IPO 图中的输入/输出来源或终止与相关模块、文件及系统外部项，都需在数据字典中描述。局部数据项是指本模块内部使用的数据，与系统的其他部分无关，仅供本模块定义、存储和使用。注释是对本模块有关问题做必要的说明。IPO 图是系统设计中一种重要的文档资料。

（2）程序流程图。程序流程图又称控制流程图，是经常使用的程序细节描述工具。程序流程图包括三种基本成分："矩形框"表示处理步骤，"菱形框"表示判断，"箭头"表示控制流，如图 6-17 所示，是使用最广泛的算法描述工具。

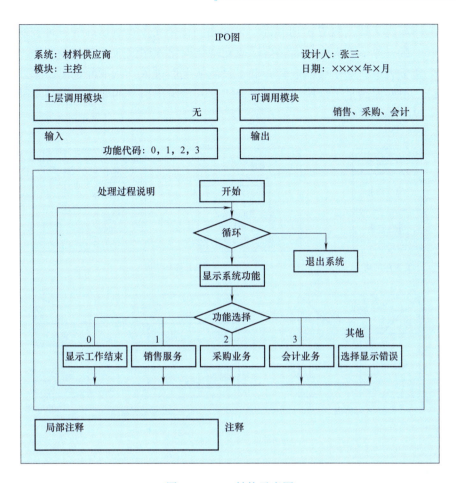

图 6-16 IPO 结构示意图

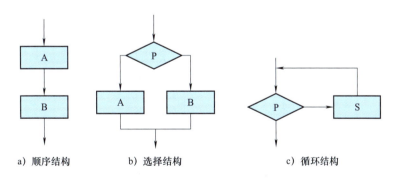

图 6-17 程序流程图示意

程序流程图的特点是清晰易懂，便于初学者掌握。在结构化程序设计出现之前，框图一直可用箭头实现向程序任何位置的转移（即 GOTO 语句），往往不能引导设计人员用结构化方法进行详细设计。箭头使用不当，会使程序流程图非常难懂，而且无法维护。因此，程序流程图的使用有减少的趋势。

（3）N-S 图。N-S 图又称盒图。它是结构化程序设计出现之后，为支持这种设计方法而产生的一种描述工具,如图 6-18 所示。N-S 图同样定义了算法设计的三种控制结构,但是这种图形工具去掉了箭头线,能够很好地支持结构化程序设计。在 N-S 图中,每个处理步骤用一个盒子表示。盒子可以嵌套。盒子只能从上面进入,从下面走出,除此之外别无其他出入口,很好地满足了结构化程序设计"单入口单出口"的要求,限制了随意控制转移,保证了程序的良好结构。

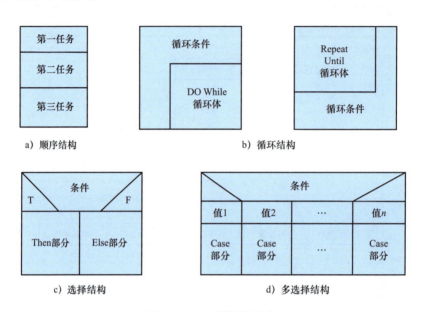

图 6-18　N-S 图结构示意

（4）问题分析图。问题分析图由日立公司于 1979 年提出,是一种支持结构化程序设计的图形工具,也可以取代前述的控制流程图。问题分析图有顺序、循环和选择（含 Case 选择）三种基本结构,如图 6-19 所示,正好与结构化程序设计中的基本成分相对应。

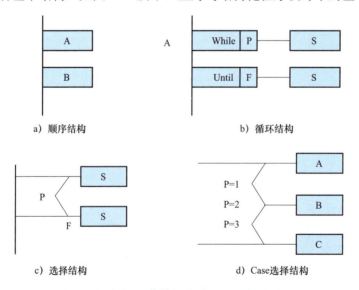

图 6-19　问题分析图的几种结构

问题分析图的独到之处在于以问题分析图为基础，按照一个机械的变换规则就可编写计算机程序。问题分析图有着逻辑结构清晰、图形化、标准化、与人们所熟悉的控制流程图比较相似等优点。更重要的是它能够有效地引导设计者使用结构化程序设计方法，从而提高程序的质量。

6.4 系统分析设计文档

6.4.1 系统分析报告

系统分析报告也称系统说明书，反映了系统调查与分析阶段的全部情况，是对系统分析阶段工作的全面总结，是系统分析阶段的重要文档。系统分析报告是本阶段工作评审的重要依据，也是下一阶段进行系统设计的基础。

系统分析报告的内容主要包括以下几部分：

（1）概述。
- 系统分析原则；
- 系统分析方法。

（2）现行系统概况。
- 现行系统现状调查说明：包括现行系统目标、规模界限、主要功能、组织机构、业务流程、数据流和数据存储，以及存在的薄弱环节等。
- 系统需求说明：主要存在的问题分析与用户要求等。

（3）新系统逻辑设计。
- 新系统目标：根据薄弱环节，提出更加明确和具体的新系统目标。
- 新系统逻辑模型：这部分内容包括各个层次的数据流程图（自顶向下逐层扩展）、数据存取要求；数据字典：包括数据元素、数据结构、数据流（系统的输入/输出数据流要附以样本）、处理逻辑、数据存储、外部项等。
- 系统功能分析：与现行系统比较，新系统在各种处理功能上的加强和扩充。

（4）系统数据分析。
- 系统逻辑设计方案的讨论情况及修改、改进之处。
- 遗留问题：根据目前条件，暂时无法满足的一些用户要求或新系统设想，并提出今后解决的措施和途径。

（5）数学模型及说明。

（6）运行环境规定。

（7）系统设计和实施方案。该部分包括工作任务的分解，时间进度的安排，资源补充、预算等。

（8）用户领导审批意见。

系统分析报告是下一步进行系统设计的依据，也是未来系统的功能描述。如果其中存在问题，会导致整个系统开发的失败。因此，在完成系统分析报告之后，需要组织各方面的人员（包括组织的领导、管理人员、技术人员、系统分析人员等）一起对已经形成的逻辑方案进行论证，尽早发现可能存在的疏漏和问题。

6.4.2 系统设计说明书

系统设计的目标是建立系统的物理模型。系统设计阶段的最后一项工作就是将系统设计各阶段的成果编撰成一套完善的文档资料，这就是系统设计说明书。系统设计说明书是本阶段工作的完整表述，也是系统设计的阶段性成果的具体体现，是下一阶段进行系统实施的重要依据。系统设计说明书包含以下内容。

（1）概述。
- 系统设计目标。
- 系统设计策略。
- 系统设计规范（含命名规范及数据字典）。

（2）计算机系统的选择。
- 计算机系统的选择原则。
- 方案的比较。

（3）计算机系统配置。
- 硬件配置：说明硬件设备基本配置的考虑要求，列出设备明细表，画出硬件设备配置图。
- 软件配置：说明与硬件设备协调的系统软件的考虑，列出软件设备明细表，对自制或复制的软件要予以说明。相关软件包括操作系统（OS）、数据库管理系统（DBMS）、服务程序、使用的编程语言、通信软件、软件开发工具等。

（4）系统结构设计。
- 结构图（自顶向下、逐层扩展的层次化暗盒模块结构）。
- 模块说明书或 IPO 图。

（5）数据库设计。
- 数据库总体结构。
- 数据库逻辑设计。
- 数据库物理设计。
- 数据库保证（安全性、保密性、完整性、一致性考虑）。
- 评价和验收。

（6）代码设计。
- 代码表的类型、名称、功能、使用范围、使用要求的说明等。
- 代码设计原则。
- 校验码计算公式。
- 编码设计的评价与验收：从识别信息、信息标准化、节省存储单元、提高运算速度、节省计算机的处理费用以及代码的特性方面进行评价。

（7）输入设计。
- 输入项目。
- 输入的承担者。
- 主要功能要求：从满足正确、迅速、简单、经济、方便使用者等方面去加以说明。
- 输入要求：主要输入数据类型、来源、所用设备介质、格式、数值范围、精度等。

- 输入校验：校验方法和效果。
- 输入设计的评价与验收。

（8）输出设计。
- 输出项目。
- 输出接收者。
- 主要功能。
- 输出要求：输出数据类型、所用设备介质、格式、数值范围、精度等。
- 输出设计的评价和验收。

（9）实施方案说明。
- 项目的说明。
- 数据项目的说明。
- 处理内容的说明。
- 实施的总计划。
- 工作任务的分解。
- 进度。
- 预算。
- 实施方案的审批。

思考题

1. 物流信息系统分析与设计的工作内容和主要成果有哪些？
2. 车辆管理是物流管理的重要组成部分，试分析车辆管理的职能及业务流程。
3. 通过对车辆管理的系统分析，得到物流信息系统车辆管理子系统的功能构成是什么？
4. 试给出物流信息系统车辆管理子系统主要数据库的逻辑结构及操作界面。

第 7 章
物流信息系统实施与运行维护

> 学习目标

1. 了解物流信息系统实施的主要内容和步骤；
2. 掌握信息系统测试的步骤和方法，掌握物流信息系统交付过程；
3. 理解物流信息系统维护的目的和类型，掌握物流信息系统维护的步骤；
4. 理解物流信息系统的监理、审计和评价的内容。

7.1 物流信息系统实施概述

7.1.1 物流信息系统实施的概念

系统实施是指在系统概要设计和详细设计以后的系统实现与交付过程。它分两个阶段。第一阶段是系统技术实现过程和对这个过程的管理，包括建立编程标准、程序设计、测试、建构和发行，这都是交付前的工作。实施阶段交付物包括软件、数据和文档资料。最终发行的软件是交付物的核心，用户手册等其他交付物也必不可少。第二阶段是用户转化阶段，即系统发行后交付用户使用的过程，包括用户培训、业务流程重组实施、系统转换、运行和维护。这主要是系统实施的用户化过程。这一阶段的交付物主要是用户实施方案，包括培训方案、重组实施方案、转换方案、运行和维护方案，以及维护记录与修改报告等。第一阶段由开发团队完成，着重于技术实现，完成的系统完全覆盖需求，达到系统目标和指标，即从技术角度实现系统，满足用户需要；第二阶段着重于管理，在用户端完成。两个阶段侧重点不同，目标都是为系统成功实施，给用户一个好系统，让用户用好这个系统。

7.1.2 系统实施的目标

物流信息系统实施的总体目标是建立符合企业管理与运营需要的软件系统。

物流信息系统实施具体目标包括以下三点。

（1）物流信息系统的建立，要为需求者创造设备先进、操作方便并且具有高效率的系统以及标准化的良好使用环境。

(2）具有在企业生产经营全过程中进行收集、处理、存储和传送信息的功能，提供各种经营管理信息，并辅助决策工作。

（3）系统设计的物理模型转换成可实际运行的新系统，提高系统的安全性能，取得用户对系统的信任。

7.1.3 系统实施的任务

一般来说，系统实施的主要任务有以下几点。

1．建立系统实施环境

系统实施环境主要包括硬件设备和软件设备，硬件设备主要包括计算机、输入输出设备、存储设备、辅助设备、网络通信设备等。物流企业需要购置、安装和调试这些设备。软件包括系统软件、数据库管理系统，以及其他一些应用程序。

2．数据准备

主要是做好物流系统各环节基础数据的准备。系统调试的好坏依赖于数据的准备。一般说来，在确定数据库物理模型之后，就应进行数据的整理和录入。这样既分散了工作量，又可以为系统调试提供真实的数据。

3．系统测试与调试

测试是通过一些典型的数据运行检验系统在各种情况下的正确性的过程，是系统质量可靠性的保证，也是对需求分析、系统设计和程序设计的最终评审。可以运用一定的测试技术和方法，通过模块测试、系统测试等步骤，找出系统存在的问题并予以调试修正。

4．系统切换

新旧系统切换，人员、设备、组织结构改造和调整，使新系统投入使用。

5．用户培训

"用户"是指物流信息系统的使用者。从某种角度来说，系统投入运行之后，这些人员将在系统中工作。为了保证系统调试和运行顺利进行，应根据用户的计算机知识基础，提前进行培训，使他们逐步熟悉新的操作方法。物流信息系统能否在本企业获得成功的应用，除了与系统本身的质量和水平有关以外，用户是一个非常重要的因素。

7.2 物流信息系统程序设计

7.2.1 程序设计的概念

程序设计是给出解决特定问题程序的过程，是软件构造活动中的重要组成部分。程序设计往往以某种程序设计语言为工具，给出这种语言下的程序。程序设计过程应当包括分析、设计、编码、测试、排错等不同阶段。专业的程序设计人员常被称为程序员。

某种意义上，程序设计的出现甚至早于电子计算机的出现。英国著名诗人拜伦的女儿爱达·勒芙蕾丝曾设计了巴贝奇分析机上计算伯努利数的一个程序。她甚至还创建了循环和子程序的概念。由于她在程序设计上的开创性工作，爱达·勒芙蕾丝被称为世界上第一位程序员。

任何设计活动都是在各种约束条件和相互矛盾的需求之间寻求一种平衡，程序设计也不例外。在计算机技术发展的早期，由于机器资源比较昂贵，程序的时间和空间代价往往是设计关心的主要因素；随着硬件技术的飞速发展和软件规模的日益庞大，程序的结构、可维护性、复用性、可扩展性等因素日益重要。

另一方面，在计算机技术发展的早期，软件构造活动主要就是程序设计活动。但随着软件技术的发展，软件系统越来越复杂，逐渐分化出许多专用的软件系统，如操作系统、数据库系统、应用服务器等，而且这些专用的软件系统越来越成为普遍的计算环境的一部分。在这种情况下，软件构造活动的内容越来越丰富，不再只是纯粹的程序设计，还包括数据库设计、用户界面设计、接口设计、通信协议设计和复杂的系统配置过程。

7.2.2 程序设计的任务和基本要求

1. 程序设计的任务

程序设计是以特定的程序设计语言为工具，解决特定问题的过程，是软件构造活动的重要组成部分。程序设计过程包括分析、设计、编码、测试、排错等不同阶段。

程序设计就是为系统编写程序，把设计阶段的成果换成计算机语言，然后写成程序。

2. 程序设计的基本要求

程序设计语言的选择是编程的基础，明确程序设计的要求和标准才可以保证程序整体设计工作的顺利进行。程序的质量将直接影响整个物流信息系统的质量。程序设计的基本要求包括以下几点。

（1）可靠。它包括对安全可靠性和运行可靠性两方面的要求。安全可靠性反映在多个方面，如操作人员的可靠性、系统运行时数据存取的可靠性等。运行可靠是通过高质量的程序设计、细致的程序调试、规范的系统测试等工作过程来保证的，即通过在调试时严格把关来保证编程工作的质量。

（2）可读。程序的可读性是指设计的程序结构和语句清晰、条理清晰，可为他人理解。

（3）实用。实用是指系统正常运行之后，从用户的角度认为系统有用、灵活、方便。

（4）规范。信息系统的划分、书写格式、变量命名等应遵循统一的标准。程序设计的规范化和结构化对日后的阅读、修改、维护及互相交流都会带来便利。

（5）高效。高效主要是指能提高程序的效率和程序设计人员的工作效率。程序的效率是指程序可以有效利用计算机资源的程度；提高程序设计人员的工作效率，不仅能降低软件开发成本，而且可明显降低程序的出错率，进而减轻维护人员的工作负担。在实际编程过程中，片面地追求程序的运行效率反而不利于程序设计质量的全面提高。人们往往牺牲一定的效率，来尽量提高系统的可理解性和可维护性。

（6）可维护。如果程序设计能够做到编写规范、条理清晰、结构清楚、可读性强，系统的可维护性就会比较好，能确保系统程序开发各个组成部门在相互独立的情况下，不会产生连锁反应。

7.2.3 程序设计的步骤

不管选择哪种程序设计语言，程序设计的基本步骤是不变的，主要有以下几个。

1. 明确现有条件和系统要求

设计人员接到一项程序设计任务后，首先根据系统设计及其他有关资料，明确程序设计的条件和设计要求，如硬件、软件的状况和拟选择的计算机语言，编码、输入、输出、文件设置、数据处理等方面的要求，以及和其他各项程序的关系等，然后才能进一步考虑程序设计。

2. 分析数据

数据是加工处理的对象。要完成一个系统，必须对要处理的数据进行仔细分析，弄清数据的详细内容和特点，按照要求确定数据的数量和层次结构，安排输入、输出、存储、加工处理，以及具体的计算方法等。本阶段需要严格遵循数据字典中对数据的定义。

3. 确定流程

确定流程是为完成规定的任务给计算机安排的具体操作步骤，一般用统一规定的符号，把数据的输入、输出、存储、加工处理过程，绘成程序流程图作为编写程序的依据。

4. 编写程序

采用某种程序设计语言，按其规定的语法规则把确定的处理流程描写出来。在程序的编写过程中，必须仔细考虑处理过程中的每个细小环节，严格遵守语法规则，准确地使用各种语句，编写出符合要求的程序。

5. 检查和调试

程序编好以后，还要经过反复的检查。检查内容包括程序结构安排是否得当，语句选用和组织是否合理，语法是否符合规定，语义是否准确等。发现问题应及时进行修改，一般情况下，程序往往要经过反复多次的检查、调试和修改后，才能通过。

6. 编写程序使用说明书

说明书说明执行该程序需要使用的设备，输入、输出对象，数据的存储、备份，操作的步骤，以及出现意外状况时的应对步骤、如何恢复系统等。

7.2.4 编程语言和编程风格

1. 编程语言的发展

计算机编程语言经历了四个发展阶段：第一代语言：机器语言；第二代语言：汇编语言；第三代语言：高级语言，如 BASIC、Pascal、C 语言、C++、Delphi；第四代语言，如 Java、XML、C#。

常用编程语言包括 C/C++、Java 等。这些语言一般不具有很强的针对性，它们只是提供了一般程序设计命令的基本集合。因为适应范围很广，原则上任何模块都可以用它们来编写。但它们的适用范围广是以用户编程的复杂程度为代价的，规范的程序编码工作往往生成大量代码。

选择编程语言时，需要考虑系统的可维护性和可移植性。应分析用户对计算机语言的掌握程度，选择用户较为熟悉，或易于学习、易于应用的语言，便于用户的后期维护。同时，可移植性也是语言选择的重要因素。随着计算机设备的多样化，必须保证编制好的程序能够在异构的计算机系统上编译运行。

2. 编程风格

在编写程序之前，从系统开发的角度选择开发工具非常重要。一种合适的程序设计语言可以降低编写困难，减少不必要的工作量，同时也有助于写出易读和易维护的程序。程序的可读性对于软件，尤其是对软件的质量有重要影响。因此，在程序设计过程中对其应当充分予以重视。为了提高程序的可读性，在程序设计风格方面应注意以下几点。

（1）适当的程序注释。在程序中做适当注释，有助于提高程序的可读性。原则上，注释可以出现在程序中的任何位置。如果注释和程序的结构能够配合起来，效果更好。注释一般分为两类：序言性注释和描述性注释。

序言性注释出现在模块的首部，内容包括模块功能说明、界面描述（如调用语句格式所有参数的解释和该模块调用的模块名等）、某些重要变量的使用限制、开发信息（如作者复查日期和修改日期）等。

描述性注释嵌在程序之中，用来说明程序段的功能或数据的状态。如果详细设计是根据过程设计语言描述的，则编程时可将过程设计语言描述嵌在程序中。

（2）合乎习惯的程序编码。良好的书写习惯和格式编排有助于他人理解程序。在结构化程序设计中一般采用缩进格式，即把同一层次的语句行左端对齐，而下一层的语句则向右边缩进若干格书写，它能体现程序逻辑结构的深度。此外，在程序段与段之间安排适当的空白行，也有助于理解。

（3）根据含义选择变量名。理解程序中每个变量所代表数据的含义是理解程序的关键，所以应规范变量的命名，确保人们通过变量名能够了解其类型、含义、作用域等信息。例如，采用有实际意义的变量名，不用过于相似的变量名，同一变量名应避免多种意义。此外，编程前最好能对变量名的选取建立统一标准，以保证编程人员共同遵守。

7.3 物流信息系统的测试与调试

7.3.1 测试的概念

软件测试是伴随着软件的产生而产生的。在早期的软件开发过程中，软件规模都很小、复杂程度低，软件开发的过程混乱无序、相当随意，测试的含义比较狭窄。开发人员将测试等同于"调试"，目的是纠正软件中已经知道的故障，常常由开发人员自己完成这部分的工作；对测试的投入极少，测试介入也晚，常常是等到形成代码，产品已经基本完成时才进行测试。到了20世纪80年代初期，软件和IT行业进入了大发展阶段，软件趋向大型化、高复杂度，软件的质量越来越重要。这时，一些软件测试的基础理论和实用技术开始形成，人们开始为软件开发设计了各种流程和管理方法，软件开发的方式也逐渐由混乱无序的开发过程过渡到结构化的开发过程，以结构化分析与设计、结构化评审、结构化程序设计以及结构化测试为特征。人们还将"质量"的概念融入其中，软件测试定义发生了改变，测试不单纯是一个发现错误的过程，而是将测试作为软件质量保证（SQA）的主要职能。Bill Hetzel 在《软件测试完全指南》（*Complete Guide of Software Testing*）一书中指出，测试是以评价一个程序或者系统属性为目标的一种活动，测试是对软件质量的度量。这个定义至今仍被引用。软件开发人员和测试人员开始坐在一起探讨软件工程和测试问题。

现在，软件测试已有了行业标准（IEEE/ANSI）。1983年，在IEEE提出的软件工程术语中给软件测试下的定义是："使用人工或自动的手段来运行或测定某个软件系统的过程，其目的在于检验它是否满足规定的需求或弄清预期结果与实际结果之间的差别。"这个定义明确指出：软件测试的目的是检验软件系统是否能满足需求。它再也不是一个一次性的、只是开发后期的活动,而是与整个开发流程融合成一体。软件测试已成为一个专业,需要运用专门的方法和手段,需要专门人才和专家来承担。

系统测试是指将经过集成测试的软件,作为计算机系统的一个部分,与系统中其他部分结合起来,在实际运行环境下对计算机系统进行的一系列严格有效的测试,以发现软件潜在的问题,保证系统的正常运行。系统测试主要内容包括:

(1)功能测试,即测试软件系统的功能是否正确,其依据是需求文档,如《产品需求规格说明书》。由于正确性是软件最重要的质量因素,所以软件功能测试必不可少。

(2)健壮性测试,即测试软件系统在异常情况下能否正常运行的能力。健壮性有两层含义:一是容错能力,二是恢复能力。

系统测试流程如图 7-1 所示。

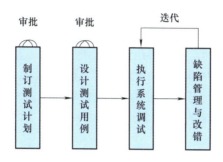

图 7-1　系统测试流程

7.3.2　测试的目的和标准

信息系统测试的目的就是以最少的人力和时间发现系统中潜在的各种错误和缺陷。应根据开发各阶段的需求、设计等文档或程序的内部结构设计测试用例,并利用这些实例来运行程序,以便发现错误。测试通过并不能证明系统程序完全无误,只不过说明各个模块、各子系统的功能和运行情况正常,相互之间连接无误。系统交付用户使用以后,在系统的维护阶段仍有可能发现少量错误。

在系统程序设计过程中,每个模块的编写人员在交付模块之前,都必须对模块进行单元测试;系统编码完成后,再由专业的系统测试人员按照系统分析和设计的有关要求,对信息系统进行综合测试。

物流信息系统测试的衡量标准包括以下几个方面。

(1)系统是否达到了系统开发的目标和要求。

(2)系统是否符合客户的需要。系统测试要从客户的需求出发,从客户的角度去看待系统。只有在合适的时间,用合适的方法,正确地完成用户的工作,才能说系统是高质量的。

(3)系统是否符合物流行业的标准等。

7.3.3　测试的原则与策略

1.测试的原则

测试阶段应该遵循以下基本原则。

（1）所有测试都应该追溯到用户需求，遵循"尽早和不断测试"原则。

（2）测试用例应该由"输入数据"和"预期的输出结果"组成，即在执行程序之前应该对期望的输出有很明确的描述，测试后可将程序的输出同它仔细对照检查。若不事先确定预期的输出，很可能把看似正确而实际是错误的结果当成是正确结果。

（3）"二八"原则，测试发现的错误中80%很可能来源于20%的模块中。

（4）不仅要选用合理的输入数据进行测试，还应选用不合理的甚至错误的输入数据进行极端测试。许多人往往只注意第一种情况而忽略了后一种情况，为了提高程序的可靠性，应组织异常数据进行测试，并仔细观察和分析系统的反应。

（5）除了检查程序是否做了它应该做的工作，还应检查程序是否做了它不该做的工作。例如，除了检查订单管理程序是否为每次订货正确地产生了一份订单以外，还应检查它是否还产生了多余的订单。

（6）应该长期保留所有的测试用例，直至该系统被废弃不用为止。在信息系统的测试中，设计测试用例是很费时的，如果将用过的例子丢弃了，后期一旦需要再测试有关的系统时（如技术鉴定、系统维护等场合）就需要再花很多人力、物力。如果将所有测试用例作为系统的一部分保存下来，可以达到事半功倍的效果。为了合理安排测试步骤、提高测试效率和降低测试成本，信息系统测试分别按硬件系统、网络系统和软件系统进行测试，最后对整个系统进行综合测试。

2. 测试的策略

测试策略就是在一定的软件测试标准、测试规范的指导下，依据测试项目特定环境约束而规定的软件测试原则、方式、方法的集合。测试策略必须在测试计划文档中体现。测试方法与测试方案设计有很大关系，根据不同测试方法设计的方案也会有所不同，用某种方法设计出的测试方案可能最容易检测出某种类型的错误，但对于其他类型的错误则可能无法检测出来。

因此，在对信息系统进行测试时，应该联合使用各种测试方法进行方案设计，形成一种综合测试策略。一般常用黑盒测试法设计基本的测试方案，再用白盒测试法补充一些必要的测试方案。基本测试策略是在进行测试方案设计时，将逻辑覆盖等价类划分和边界值分析等方法综合运用，使测试用例既能检测设计的内部要求，又可以检测设计的接口要求。

可视具体情况用等价类划分法补充测试方案，必要时再用错误推测法等其他方法补充测试方案，对照程序逻辑，检查已经设计出的测试方案。根据程序的可靠性要求采用不同的逻辑覆盖标准，如果现有方案未达到规定的覆盖标准，则应再补充测试方案。

7.3.4 测试的步骤和方法

1. 测试的步骤

物流信息系统测试并不一定要在系统实施阶段才能进行，它可以插入到整个系统开发生命周期中的各个阶段中去。测试被看作分析、设计、实施三个阶段的收尾工作，以保证系统的质量。测试并不仅仅是程序的测试，也包括一些开发文档的测试。在测试阶段正式开始之前应先编写测试计划和大纲，拟定测试数据，选择测试工具。系统测试的基本工作如图7-2所示。

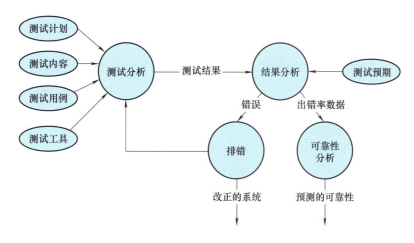

图 7-2　系统测试的基本工作

信息系统测试流程一共分为四个步骤进行,即单元测试、集成测试、系统测试和验收测试。

(1)单元测试。单元测试的对象是软件设计的最小单位——模块。单元测试应对模块内所有重要的控制路径设计测试用例,以便发现模块内部的错误。单元测试一般采用白盒测试方法,系统内多个模块的测试可以并行进行。

单元测试的内容有:

① 模块接口测试:模块接口测试是单元测试的基础。只有在数据能正确流入、流出模块的前提下,其他测试才有意义。

② 模块局部数据结构测试:检查局部数据结构是为了保证临时存储在模块内的数据在程序执行过程中完整、正确。局部数据结构往往是错误的根源,应仔细设计测试用例。除了局部数据结构外,如果可能,单元测试时还应该查清全局数据对模块的影响。

③ 模块边界条件测试:边界条件测试是单元测试中最后也是最重要的一项任务。众所周知,软件经常在边界上失效,采用边界值分析技术,针对边界值及其左右设计测试用例,很有可能发现新的错误。

④ 模块中所有独立执行通路测试:应对每一条独立执行路径进行测试,保证模块中每条语句至少执行一次。这类测试是为了发现因计算不正确和不适当的控制流造成的错误。其中,基本路径测试和循环测试是最常用且最有效的测试技术。

⑤ 模块的各条错误处理通路测试:一个好的设计应能预见各种出错条件,并预设各种出错处理通路。出错处理通路同样需要认真测试,以提供足够的出错信息。

一般认为,单元测试应紧接在编码之后,源程序编制完成并通过复审和编译检查后,便可开始单元测试。测试用例的设计应与复审工作相结合,根据设计信息选取测试数据,以增大发现各类错误的可能性。

需要注意的是,系统设计过程中提高模块的内聚性可简化单元测试。如果每个模块只完成一个相对独立的任务,其所需测试用例数目将显著减少,模块中的错误也更容易被发现。

(2)集成测试。软件中时常有这样的情况发生:每个模块都能单独工作,但这些模块集成在一起之后却不能正常工作。其主要原因是模块接口出现了新的问题。集成测试是组装软件的系统测试技术，按设计要求把通过单元测试的各个模块组装在一起之后，进行集成测试以便发现与接口有关的各种错误，同时将实际结果与期望值进行比较，以验证系统设计的正确性。

集成测试的主要内容有：

① 各模块是否正确的连接。

② 能否保证数据有效传送，数据的完整性、一致性如何。

③ 人机界面及各种通信接口能否满足设计要求。

④ 除了在存储器中需要分配绝对地址的程序段外，是否具有新定位的能力。

⑤ 能否与软件需求规格说明中规定的所有设备正确连接。

模块集成测试方法有两种：

① 一次性组装方式。一次性组装方式是把所有模块按设计要求一次全部组装起来，然后进行整体测试。这种方法容易出现混乱，因为测试时可能发现一大堆错误，为每个错误进行定位并予以纠正非常困难，并且在改正一个错误的同时又可能出现新的错误，新旧错误混杂，更难断定出错的原因和位置。

② 增量式组装方式。增量式组装方式首先对每个模块进行模块测试，然后将这些模块逐步组装成较大的系统。在组装的过程中边连接边测试，以发现连接过程中产生的问题。这种方法的优点是测试的范围是逐步增大的，错误易于定位并得到纠正。

(3) 系统测试。系统测试是将通过确认测试的软件，作为一个整个整体，与计算机硬件外设、某些支持软件、数据和人员等其他系统元素结合在一起进行的测试。在实际运行环境下，对计算机系统进行系统测试是指用系统测试用例执行系统，将实际结果与期望值比较，以验证是否满足系统的设计和需求。系统测试的内容主要包括对各子系统或分系统的接口正确性的检查，以及对系统的功能、性能的测试。

2. 测试的方法

在系统测试中，不仅需要测试模块代码的内部结构，而且还要测试代码的输出或行为。因此，测试方法可以分为白盒测试和黑盒测试。其中，按测试模块的内部结构来选择用例，称为白盒测试；按测试模块的行为来选择用例，称为黑盒测试。

(1) 白盒测试。白盒测试又叫结构测试，是对软件的过程性细节做细致的检查。这一方法是把测试看作一个打开的盒子，它允许测试人员利用程序内部的逻辑结构及有关信息，设计或选择测试用例，对程序所有逻辑路径进行测试。其实，一个富有经验的测试员非常清楚应该测试模块中哪些条件，以及测试哪种循环结构。

(2) 黑盒测试。黑盒测试又称功能测试，它把程序看成一个黑盒子，完全不考虑程序内部结构和处理过程。也就是说，黑盒测试是在程序接口上进行的测试，它只检查程序功能是否能按照规格说明书的规定正常使用，程序是否能适当地接收输入数据，产生正确的输出信息，并且保持外部信息的完整性。黑盒测试主要是为了发现以下几种类型错误：

1) 是否有不正确或遗漏的功能。

2) 接口是否能正确地接收输入，能否输出正确的结果。

3) 是否有数据结构错误或外部信息（如数据文件）访问错误。

4) 性能上是否能够满足要求。

第 7 章 物流信息系统实施与运行维护

5）是否有初始化或终止性错误。

因此，用黑盒测试发现程序中的错误，必须在所有可能的输入条件和输出条件中确定测试数据，来检查程序是否能够产生正确的输出结果。

从上述两种测试方法看，只要对每一种可能的情况进行测试，就可以得到完全正确的程序。包含所有可能情况的测试称为穷尽测试，对于实际程序而言，穷尽测试通常是不可能做到的。使用黑盒测试方法，为了做到穷尽测试，至少必须对所有输入数据各种可能值的排列组合都进行测试，但是这种情况往往是根本无法完成的。

另一方面，测试员设计的测试用例集应该尽可能地处理到各种可能的情况。但用黑盒技术来设计包含所有情况的参数用例集是不可能的。因此黑盒测试和白盒测试都存在各自的优点和特点，需要结合起来使用。

7.3.5 系统调试

在测试过程中如果发现问题，就要进行程序调试，排查各种错误，如语法错误、逻辑错误等。相对来说，语法错误容易发现，逻辑错误却很难排查。程序调试是系统实施阶段较艰苦的阶段，调试人员必须通过现象找原因，在程序中找出错误的编码。

1. 系统调试的步骤

程序调试过程一是错误定位，二是改正错误。具体步骤如下：

（1）从错误的表现形式入手，进行分析判断，以确定程序出错的位置。

（2）研究分析相关部分的程序，找出错误的内在原因。

（3）修改代码，排除错误。

（4）对修改之处进行测试，以确认修改的结果。

2. 系统调试的难度

程序调试有一定的技术难度，主要表现在：

（1）产生错误现象与引起错误根源的代码位置可能相距甚远，这种情况在调试耦合度较高的程序模块时更加明显。

（2）纠正某个错误，可能会使错误所表现出来的现象暂时消失，但错误并未真正排除。

（3）错误的产生可能不是由程序自身错误而是其他原因引起的，如计算或舍入精度不够，或由一些人为的错误引起的，而这些错误又不太容易被发现。

（4）错误是由于时序问题所引起的，与处理过程无太大的关系。

（5）错误现象可能是周期性出现的，这在软硬件结合的嵌入式系统中比较常见。

通过反复的"测试—调试"，将程序的错误尽可能排除之后，物流信息系统软件就可以上线交付使用了。

7.4 物流信息系统交付与维护

在完成系统测试工作以后，即可将其交付使用。所谓交付使用，是指新系统与旧系统的交替，旧系统停止使用，新系统投入运行。整个交付过程也可以称为系统转换过程。在这个过程中，要选择切换的方式，要进行用户的操作培训，完成数据的转换等工作。在新系统投入运行的过程中要做好系统的维护工作。

7.4.1 系统交付

物流信息系统交付使用，意味着开发实施阶段结束，进入了系统生命周期的最后一个阶段——运行维护阶段。

在进行新旧系统转换以前，首先要进行新系统的试运行。在系统测试、调试中，人们使用的是系统测试数据，有些实际运行中可能出现的问题，很难通过这些数据被发现。所以，一个系统开发后，让它实际运行一段时间，是对系统最好的检验和测试方法。新系统试运行成功之后，就可以正式转换。

1. 系统转换前的准备工作

（1）数据准备。数据准备是系统转换工作中一项十分艰巨的任务，它要求按照系统分析和系统设计所规定的详细内容，以及数据字典的描述，收集和整理系统所需要的全部原始数据，然后将其准确地输入计算机系统。

在很多企业中，数据准备，尤其是数据录入工作往往是由一些临时的、非专业性业务人员来完成的，并不受重视。但是因为系统的原始数据输入的正确性直接影响着系统信息处理结果的准确性，即输出数据的正确性，所以数据准备工作应该由责任心较强的专业业务人员来承担，由专人负责，以保证数据的真实性、准确性、完整性、有效性。

如果新系统是在手工管理基础上建立起来的，那么就要将手工处理的数据，如各类单证、报表、账册、卡片等，按照新系统的规则进行分类并集中在一起，然后组织人力进行数据录入，将这些纸介质中存放的数据转换成机内信息。由于系统运行需要的可能是一年、几年甚至更长时间内的数据，因此数据的录入过程所耗费的人力、时间是巨大的，相应地也必须耗费一定的财力，必须做好录入计划，以便合理安排人力、规定录入进度、检查录入质量，进而保证系统的正常运行。

如果新系统是在已有的计算机信息系统上开发的，那么就要通过合并、更新、转换等方法，将原系统的数据转换到新系统中来。这种转换工作也是十分复杂而耗时的，有时要涉及数据库的改组或重建。

数据准备工作一般涉及三个方面的内容：

第一是数据的收集和整理。收集数据可以采用人工走访的方式来实施；可以利用原始单据获得原始数据，如订单、货物出库单、入库单以及运输货物清单等；也可以利用一些阶段性的或周期性的汇报性材料获取信息；还有一些历史数据和静态数据完全可以从旧系统中导入，业务信息也可以从老系统的输出报表中获得，如配送业务历史信息、固定客户信息、物流业务人员基本信息等，这些信息都可以从旧系统中直接导入。

第二是数据的转换。它包括数据格式的转换、数据类型的转换等。在新旧物流信息系统之间进行数据转换时尤其要注意数据格式的匹配问题。

第三是数据的录入。它是指数据录入人员把收集回来的原始数据按照系统要求的格式输入到计算机中去。在数据录入过程中，输入人员要注意输入数据的校验，即保证输入数据的正确性，如图7-3所示。另外，在整个数据准备过程中，还要注意数据统计的程序化和规范化，以及数据报表和数据格式表示的一致性和规范性。

（2）文档准备。总体规划、系统分析、系统设计、系统实施、系统测试等各项工作完成后，应有一套完整的开发文档资料。这套资料记录了整个开发轨迹，是开发人员工作的依据，也是用户运行系统、维护系统的依据，因此文档资料要与开发方法相一致，并且符合一定的规范。在系统运行之前要将这套文档资料准备齐全，形成正规的文件。

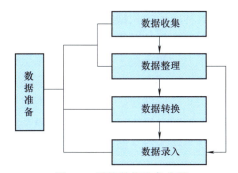

图 7-3　系统数据准备步骤

在系统转换时，建立系统使用说明书也是一项重要的工作。物流信息系统使用说明书应当使用简洁、通用的语言表达系统功能，最好配有直观的图示，告诉用户应该如何操作、维护和修复等。用户使用说明书有时也叫用户操作手册，可以针对不同的子系统使用用户来编写。用户使用说明书应该包括的内容有：手册使用对象、编写手册的目的，应用物流软件目标、功能、性能描述，运行环境要求，系统支持软件，操作举例以及简单出错诊断等。除此之外，还应该有详细的程序说明书，列出整个物流信息系统的程序清单以及相关的说明性材料，并附有修改程序的相关规定等。

（3）用户培训。关于系统操作培训，实际上在程序设计完成之后的系统测试阶段就已经开始了。管理人员和操作人员要认真学习系统操作，学习如何应用所开发出的系统完成各项管理功能，并进行一些实际操作实践，以了解、适应、支持新系统的运行。针对不同的用户，可以进行不同层次的培训工作。例如，对于操作人员或数据录入员来说，要进行操作培训，使他们掌握系统操作规则和操作过程；对于管理人员（各层的管理人员）来说，要进行使用培训，使他们能够灵活地使用系统提供的各项功能，实现信息的查询检索，利用系统提供的各类信息进行决策；对于系统管理人员（如系统维护人员、数据库管理员等）来说，要进行系统技术培训，使他们掌握各种技能，以保证整个系统的正常运行。

总之，在系统转换前要充分做好各方面的组织、准备工作，特别是要做好人的工作，为系统切换和系统运行奠定基础。

2．系统转换方式

新旧系统之间的转换方式有直接转换、并行转换和分段转换，每种方法都有自己的特点。在实际工作中，要根据具体情况，采取合适的方法。

（1）直接转换。直接转换就是在确定新的物流信息系统可以准确无误运行的时候，原有系统停止，新系统立刻投入运行，中间没有任何过渡阶段。这种方式人力和费用最省，适用于新系统不太复杂或者原有系统完全不能使用的情况，如图 7-4 所示。

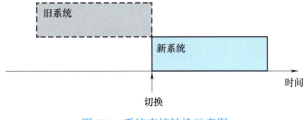

图 7-4　系统直接转换示意图

这种转换方式缺陷是风险比较大，一旦新系统发生严重错误而不能顺利运行，将导致整个业务工作的混乱，造成较大的损失。因此，在实际应用中，一定要有很好的预防措施和技术力量的支持，一旦系统问题出现，要能够在允许的时间内得到解决。这种方法适合于处理过程不太复杂的小型简单系统。

（2）并行转换。并行转换是指完成系统测试之后，一方面原有系统继续运行，另一方面新系统同时投入运行，通过与原系统并行运行一段时间之后，再停止原系统的工作，让新系统单独运行，如图7-5所示。

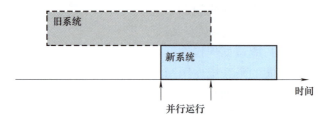

图7-5　系统并行转换示意图

这种转换方式有利于减轻管理人员的心理压力，风险小，安全性较好。但是由于用户需要同时运行两套系统，随着并行时间的延长，转换成本极大增加。另外，由于用户的依赖性，不利于新系统的启用。采用这种方法时，从管理上应该给予保障，采取相应的措施，制定相应的办法，使系统能在预期的并行期内完成转换。这种方法适合于处理过程复杂、数据重要的系统。

（3）分段转换。分段转换是直接转换和并行转换的结合转换，采用分期分批逐步切换，如图7-6所示。一般大型的系统会采用这种方法进行转换。从整个系统来说，新系统与原系统的转换是并行的，但是每个子系统与原系统的转换是直接的。该方法将新系统的转换分成若干个阶段，从时间点分阶段将新的物流管理信息系统的各个子系统替代现行系统。

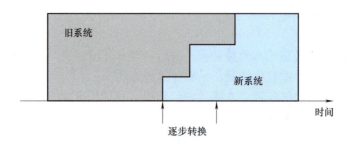

图7-6　系统分段转换示意图

这种转换方式比直接转换风险要小，比并行转换的工作量要小，有利于减轻工作管理人员的心理负担，安全性较好，但费用较高。该方法在使用中存在的问题是子系统投入运行的顺序问题。可以根据数据与外界关联度大小确定先后投入运行的顺序。但是对于系统来说，各子系统之间总是存在数据联系，因此为保证先启动的系统能正常运行，需要开发输入其他系统数据的接口程序，所以有可能产生很大的资源浪费。这种方法适合于处理过程复杂、数据重要的大型复杂物流信息系统。

实际上，在具体的系统转换过程中，人们常常把以上三种方式结合起来使用。比如，对整个物流信息系统全局的转换采用分段转换方式，而对于每一个具体的子系统的转换则采取并行转换方式，对于一些数据不太重要的规模较小的辅助性子系统还可以采取直接转换方式。在转换过程中要安排专人负责，跟踪系统运行状态并进行实时记录，以确保出现的问题能够得到及时解决。

7.4.2 系统运行维护

1. 系统维护的目的

系统维护是对物流信息系统使用过程中发现的问题进行处理的过程，也是系统完善的过程。交付使用的信息系统需要在使用中不断完善。即使精心设计、精心实施、经过调试的系统，也难免有不尽如人意的地方，或者还有故障和错误，或者效率还需提高，这些问题只有在实践中才会暴露。另外，随着管理环境的变化，人们会对物流信息系统提出新的要求，物流信息系统只有适应这些要求才能生存下去。这些工作都是系统维护。

系统维护的任务是改正物流信息系统在使用过程中发现的隐含错误，扩充在使用过程中用户提出的新的功能及性能要求，其目的是维护系统的"正常运作"。这一阶段的文档是系统问题报告和系统修改报告，它记录发现系统错误的情况以及修改系统的过程。

2. 系统维护的类型

系统维护的类型可以概括为以下四类：

（1）硬件维护。硬件维护包括专职的硬件人员对系统设备日常的保养性维护和对突发性故障进行的维护。随着系统的运行，系统内的硬件设备会出现一些故障，需要及时进行维修或更换。当系统功能扩大后，原有的设备不能满足要求时，就需要增置或更新设备。所有这些工作都属于硬件的维护任务。硬件人员应加强设备的保养以及定期检修。

（2）软件维护。软件维护就是在软件已经交付使用之后，为了改正错误或满足新的需要而修改软件的过程。其目的是保证软件系统能持续地与用户环境、数据处理操作、政府或其他有关部门的请求取得协调一致。

软件维护工作包括以下几种情况：

1）纠错性维护。由于系统测试不可能揭露系统存在的所有错误，所以在系统投入运行后频繁的实际应用过程中，就有可能暴露出系统内隐藏的错误。诊断和修正系统中遗留的错误，就是纠错性维护。

纠错性维护是在系统运行中发生异常或故障时进行的，这种错误往往是遇到了从未用过的输入数据组合或是在与其他部分接口处产生的，因此只是在某些特定的情况下发生。有些系统运行多年以后才暴露出在系统开发中遗留的问题，这是不足为奇的。

2）适应性维护。适应性维护是为了使系统适应环境的变化而进行的维护工作。

一方面，计算机科学技术迅速发展，硬件的更新周期越来越短，新的操作系统和原来操作系统的新版本不断推出，外部设备和其他系统部件经常有所增加和修改，这就必然要求信息系统能够适应新的软硬件环境，以提高系统的性能和运行效率。另一方面，信息系统的使用寿命在延长，超过了最初开发这个系统时应用环境的寿命，即应用对象也在不断发生变化，机构的调整、管理体制的改变、数据与信息需求的变更等都将导致系统不能适应新的应用环境。比如，代码改变、数据结构变化、数据格式以及输入/输出方式的变化、数据存储介质的变化等，都将直接影响系统的正常工作。因此，有必要对系统进行调整，使之适应应用对象的变化，满足用户的需求。

3）完善性维护。在系统的使用过程中，用户往往要求扩充原有系统的功能，增加一些在软件需求规范书中没有规定的功能与性能特征，以及对处理效率进行改进。例如，有时可将几个小程序合并成一个单一的运行良好的程序，从而提高处理效率；增加数据输出的图形方式；增加联机在线帮助功能；调整用户界面等。

尽管这些要求在原来系统开发的需求规格说明书中并不存在，但用户可能要求在原有系统基础上进一步改善和提高；并且随着用户对系统的使用和熟悉，这种要求可能不断提出。为了满足这些要求而进行的系统维护工作就是完善性维护。

4）预防性维护。系统维护工作不应总是被动地等待用户提出要求后才进行，应进行主动的预防性维护，即选择那些还有较长使用寿命、目前尚能正常运行、但可能将要发生变化或调整的系统进行维护，目的是通过预防性维护为未来的修改与调整奠定更好的基础。

目前，完善性维护需求越来越频繁。例如，将目前能应用的报表功能改成通用报表生成功能，以应付今后报表内容和格式可能的变化。根据对各种维护工作分布情况的统计结果，一般纠错性维护占21%，适应性维护工作占25%，完善性维护达到50%，而预防性维护以及其他类型的维护仅占4%。可见，在系统维护工作中，一半以上的工作是完善性维护。

（3）数据维护。数据维护工作一般由数据库管理员来负责。管理员主要负责数据库的安全性和完整性，进行并发性控制。用户在向数据库管理员提出数据操作请求时，数据库管理员要负责审核用户身份定义及其操作权限，并监督用户的各项操作。同时，数据库管理员还要负责维护数据库中的数据，当数据库中的数据类型、长度等发生变化，或者需要添加某个数据项时，负责修改相关的数据库、数据字典，并通知有关人员。另外，数据库管理员还要负责定期修订数据字典文件及一些其他数据管理文件，以保留系统开发和运行的轨迹，当系统出现硬件故障后要负责数据库的恢复工作。

（4）代码维护。随着环境的变化，当有必要重新设计、添加、删除、修改代码时，应由代码管理部门讨论新的代码系统，确定之后以书面方式提交，然后再贯彻执行。代码维护的困难不在于代码本身的变更，而在于新代码的贯彻。因此，除了代码管理部门外，各业务部门都要指定负责代码的管理人员，通过他们贯彻使用新代码。

3．系统维护的步骤

（1）提出修改要求。系统操作人员或某业务部门的负责人根据系统运行中发现的问题，向系统主管领导提出具体项目的修改申请。申请形式可以是书面报告，也可以填写专门的申请表。这里应注意，修改要求不能直接向程序员提出。

（2）报送领导批准。系统主管人员负责审批并报领导批准。系统主管人员在进行一定的调查后，根据系统目前的运行情况和工作人员的工作情况，考虑这种修改是否必要、是否可行，并做出是否进行及何时进行修改的明确批复。

（3）分配维护任务。维护工作得到领导批准后，系统主管人员就可以对程序人员或系统硬件人员下达维护任务，并制订维护工作的计划，明确完成期限和复审标准等。

（4）实施维护工作。程序人员和系统硬件人员接到维护任务后，按照维护的工作计划和要求，在规定的期限内实施维护工作。完成维护任务后，要编写系统维护工程完成报告，并上交系统主管人员。

（5）验收工作成果。由系统主管人员对修改部分进行测试和验收。若通过，由验收小组写出验收报告，并将修改的部分嵌入到系统中，取代原来相应的部分。

（6）登记修改情况。登记所做的修改，并将其作为新的版本通报用户和操作人员，说明新的功能和修改的地方，使他们能尽快地熟悉并使用好修改后的系统。

思考题

1. 简述物流信息系统实施与物流信息系统分析设计的关系。
2. 物流信息系统实施的主要工作有哪些？对实施人员有何要求？
3. 为什么在实施过程中要进行物流信息系统测试？对测试人员有何要求？
4. 简述物流信息系统维护的目的以及维护工作的难点。

第 8 章

物流信息系统应用

学习目标

1. 了解各类典型物流信息系统的概念、特点及作用等;
2. 理解各类物流信息系统的应用需求;
3. 掌握各类物流信息系统的业务及功能模块。

8.1 仓储管理信息系统

8.1.1 仓储概述

1. 仓储的概念

仓储是利用仓库及相关设施设备进行物品的入库、存储、出库活动的总称。仓储与运输是物流活动的两大支柱,除了运输活动,其他物流活动大多是在仓库内完成的。仓库是物流活动的重要载体,也是仓储活动的主要场所。

仓库是保管、储存物品的建筑物和场所的总称。建设和经营现代仓库要更多地考虑经营上的收益,而不仅仅是为了储存。因此,现代仓库从运输周转、储存方式和建筑设施上都重视通道的合理布置、物品的分布方式和堆积的最大高度,并配置经济有效、机械化、自动化的存取设施,同时借助信息化管理系统平台,提高存储能力和工作效率。

2. 仓储的功能

(1) 储存和调节功能。社会需求的持续性与产品的季节性、批量性生产与集中供给之间,存在着时间上和空间上的矛盾。产品流通活动中的存货行为是为了调整生产和消费之间的时间差。一方面,仓库将集中生产的产品进行储存,能持续地向消费者提供,保证持续满足消费者的需求;另一方面,集中生产的产品如果即时推向市场销售,必然造成短时期内产品供给远远大于需求,价格大幅度降低,甚至因无法消费而被废弃。相反,在非供应季节,市场供应量少而价格高。所以,只有通过将产品进行储存,均衡地向市场供给,才能稳定市场,有利于生产的持续进行。

(2) 检验和保管功能。仓库保管要让存货人交付的仓储物在数量、质量方面尽量保持不变。为了保证物品的数量和质量,分清事故责任,维护各方面的利益,仓库方面对物品必须进行严格的检验，并为组织检验提供场地和条件。同时，为了保证仓储物的质量不变，保管人需要采用合理的保管措施，妥善地保管仓储物，防止物品因损坏而丧失价值。

（3）信息反馈功能。现代企业生产特别重视仓库的信息反馈，将仓储量的变化作为决定生产的依据。仓储量减少，周转量加大，表明社会需求旺盛；反之则为需求不足。企业存货增加，表明其产品需求减少，或者竞争力降低，或者生产规模不合适。仓库所获得的市场信息虽然比销售信息滞后，但由于仓储是物流的节点，物品入库与出库均经过仔细的检查和核对，并需要完整的记录，因而仓储信息是动态物流中最为准确的信息，获取信息的成本也相对较低。

（4）增值服务功能。现代物流不仅要求仓库有储存、保管功能，还要求仓储企业充分利用物品在仓库的存储时间，为存货人开发和开展多种服务，如对存货人的物品进行分拣、包装、加工、配送等。这样不但能帮助存货人降低流通成本，还能提高仓储企业的创收能力，完善仓储服务功能，使仓储功能从单一的保值转变为多元化，再到增值、保值合一，实现向现代仓储业的转换，真正实现物品的场所价值、时间价值。

（5）交易中介功能。仓储企业可以利用大量存放在仓库中的有形物品，以及与各类物资使用部门业务的广泛联系，开展现货交易中介，扩大物品交易量，加速仓储物的周转，吸引新的仓储业务，提高仓储效益。同时还能充分利用社会资源，加快社会资金周转，减少资金沉淀。交易中介功能的开发是仓储经营发展的重要方向。

（6）信用保证功能。在仓储活动中，仓单是保管人（仓库）在与存货人签订仓储保管合同的基础上，对存货人所交付的仓储物品进行验收之后出具的物权凭证。保管人签发仓单，表明已接受仓储物。它既是保管人收到物品的证明，又是存货人提货的根据。仓单不像提单那样可以通过背书流通转让，持有人将仓单转让给第三人时，只有办理过户手续，第三人才能取得仓储物的所有权。

8.1.2 仓储系统的基本构成

仓储系统的主要构成要素包括储存空间、货品、人员及设备等。

1. 储存空间

储存空间即仓库内的保管空间。在进行储存空间规划时，必须考虑到空间大小、柱子排列、梁下高度、走道、设备回转半径等基本因素，再配合其他相关因素的分析方可做出完善的设计。

2. 货品

货品是储存系统的重要的组成要素。分析货品的特征、货品在储存空间的摆放方法，以及货品的管理和控制是储存系统要解决的关键问题。货品的特征包括供应商、货品特性、数量、进货规定及品种等五个方面；影响货品在储存空间摆放的因素包括：货位单位、货位策略的决定、货位指派原则的运用、货品特性、补货的方便性、单位在库时间和订购频率等。

3. 人员

规模较大的仓库人员分工比较细，一般包括仓管人员、搬运人员、拣货及补货人员等。仓管人员负责管理及盘点作业；拣货人员负责拣货作业；补货人员负责补货作业；搬运人员负责入库、出库等搬运、翻堆作业（为了货品先进先出、通风、气味避免混合等目的)。

仓库作业人员在存取、搬运货品时讲求的是省时、高效,而在照顾员工的前提下讲求的是省力,因此目标作业流程要合理化。例如,货位配置及标示要简单、清楚,一目了然;货位上的货品要好放、好拿、好找。另外,库内货位分类要简单、统一、标准化。

4. 设备

仓储设备主要包括储存设备、搬运与输送设备。如果货品不是直接堆放在地面上则必须考虑相关的托盘、货架等;如果不是仅仅依靠人力搬运则必须考虑使用叉车、笼车、输送机等输送与搬运设备。

8.1.3 仓储业务流程

仓储基本业务包括入库、出库和在库管理。

1. 入库

入库业务分为到货接收和货物验收入库两个主要环节。货物入库管理按货物交接的方式分为提货入库(到车站、码头、民航、邮局或者生产厂、流通企业提取货物并运输入库)和自送入库;按运输工具分为铁路专线到货和汽运到货;按货物交接人分为承运单位和供货单位。这几种分类方式相互结合,形成实际入库业务。下面以铁路专线到货和汽运到货对入库管理进行说明。

(1)铁路专线到货。铁路专线到货是仓库直接与铁路部门在库内发生货物交接并验收入库的一种方式。业务过程如图 8-1 所示。

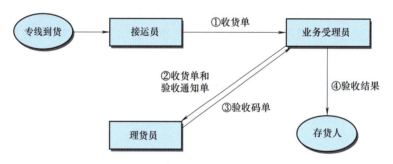

图 8-1 铁路专线到货入库业务过程

专线接运员接到到货通知后,立即做好各项接车、卸车、验货准备,确定停车位置并到现场准备接车。专线列车到达后,接运员现场核对运单,清点到达货物件数,检查货物外观质量,记录在收货单上。

业务受理员将输入存货人的货物验收通知连同收货单一并交给理货员。理货员按照验收通知单的要求,根据其验收标准和计量方式确定验收方案,进行货物验收,包括货物的数量与外观质量验收、计量、堆码、记录、标识等。

验收完毕后,理货员将货物实际验收数量、码放情况记录在验收码单中,复核员依据收货单、验收码单等验收资料对实物的品名、规格、件数、存放货位等内容逐项进行核对确认,最后的验收结果由业务受理员存档并转交存货人。

(2)汽车到货入库作业。汽运到货相对简单,没有与铁路部门的协调和单据往来,货物到货接收与验收入库同步。理货员可以同时兼接运员。

理货员根据货物验收标准进行货物验收、货物码放，并将货物的码放信息记录在验收码单中，将汽车运输单有关信息记录在收货单中。复核员依据收货单、验收码单等验收资料对实物的品名、规格、件数、存放货位等内容逐项进行核对确认，最后的验收结果由业务受理员存档并转交存货人。

2．出库

仓储信息系统支持多种出库模式，如自提出库、代运出库、中转出库、分割出库、边发边验、出库单变更、出库退单等。下面介绍最常见的前三种业务。

（1）自提出库。自提出库按出库货物的检验性质分为明确数量和不明确数量两种情况，它们在出库流程上有一定区别。明确数量是指根据存货人开具的提货凭证，可以得到确定的出库数量（如点件的货物）；不明确数量是指出库的货物不能直接确定准确的数量，只有通过检斤、检尺或过磅后才能确定实发货物的数量。

提货人首先向业务受理员出示由存货人开具的提货凭证，业务受理员需要检查其真实性、有效性及信息的完整性，如单证是否伪造和假冒、印签是否与预留印签一致、内容是否有涂改等。通过检查后，业务受理员将提货信息录入系统，系统检查库存情况后会根据提货信息、系统内货物存放信息和出库原则等生成发货单，交由理货员进行拣选、装车工作。复核员对实物以及相关单据进行复核。最终，业务受理员将相关单据存档。

（2）代运出库。代运出库就是存货人委托仓库代理其发货、完成运输业务。在代运出库方式下，参与的业务人员较多，除自提业务涉及的人员以外，还包括货运代理员和接运员，如图 8-2 所示。在代运业务进行之前，提货人要和仓库签订代运合同，明确双方的权利和义务。代运业务也是从业务受理员开始，业务受理员根据提货人出示的提货凭证填写发货单，并交给货运代理员填写运输计划，并与运输部门联络安排车辆。待运输计划得到批准后，接运员根据此计划来确定备料时间并通知理货员进行备料，理货员则按照要求在指定时间和地点完成备货。当接货车辆到达后，接运员组织装车发货，并记录实际的发货情况，填写配车清单。最后该业务相关的单据汇集到业务受理员处存档。

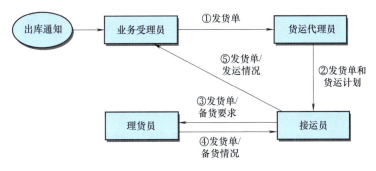

图 8-2 代运出库业务过程

（3）中转出库。中转出库是指货物由生产地运达最终使用地，中途经过一次以上落地并换装的一种运输方式。货物在中间仓库或站点不经过验收、入库过程，直接从一个运载工具换到另一个运载工具；或者货物到达仓库后部分入库，部分直接发往其他地方。中转业务因出库方式不同分为中转自提和中转代运两种方式。存货人必须与仓库签订中转合同才能开展此项业务，在合同中将规定存货人采取何种中转出库方式。

3. 在库管理

（1）盘点。盘点是指对仓库现有货物进行清点，通过对货物验收码单出入库信息的统计，得出货物当时应有的库存量并输出货物盘点清单，作为盘点的主要依据。当盘点某笔货物总数出错时，可以打印该货物验收码单的详细信息，进行详细盘点。盘点后，记录盘点信息。

（2）并垛。并垛一般是指仓库为了便于管理货物和货位，有时也是为了更有效地利用货位而进行的操作。一般有以下两种情形：不同存货人、同一生产厂家的货物码放在一个垛的情况；同一存货人，不同时期、同一生产厂家的货物码放在一个垛的情况。

（3）移垛。移垛是指货主的货物全部或部分从一个货位移到另一个货位的操作。此操作一般是仓库为了节省空间，最大限度地利用现有货位而进行的。

（4）过户。过户是指同一仓库内货物所有权改变，由仓库记录确认的过程。过户分为非移位过户和移位过户。非移位过户是指一个存货人的货物全部或部分过户给其他存货人后，货物的存放货位不发生改变；移位过户是指一个存货人的货物全部或部分过户给其他存货人后，货物的存放货位发生改变。

8.1.4 仓储管理信息系统应用

1. 仓储管理信息系统的概念

仓储管理信息系统也称仓储管理系统（Warehouse Management System，WMS），是一个实时的计算机软件系统，能够按照仓储运作的业务规则和运算法则，对信息、资源、行为、存货和商业运作进行更完善的管理，以满足有效产出和精确性的要求。

2. 仓储管理信息系统的目标

仓储管理信息系统的目标是提高企业生产效率，降低物资流通总成本，实现企业经济效益最大化，同时促进企业供应链优化，减少社会的商品流通浪费，降低社会商品的总成本，进一步产生良好的经济效益。

3. 仓储管理信息系统的功能结构

仓储管理信息系统的功能可以概括为标准化管理、资源管理、储运业务管理、查询与统计分析、系统维护。

（1）标准化管理。基础数据的规范化、标准化和可扩充性是系统应用的基础。仓储管理信息系统需要提供标准化管理模块，对基础信息进行录入和管理。标准化管理模块主要包括对货物、货位、人员三大内容的管理。

1）货物代码管理。仓储管理信息系统应按照国家标准 GB/T 7635—2002《全国主要产品分类与代码》的要求进行货物代码定义和维护，并在使用时根据实际情况在该标准的基础上进行了细化与补充。该标准的应用使得系统的数据与国内各地区、各部门的计划、统计、会计等各类业务工作相统一。

整个系统应用统一的货物代码。对于仓库中新出现的品名或者不能确定的品名，可以先申请临时代码，不影响业务的正常进行。品名最终确认后，系统应进行临时代码审批和替换。

2）成套货物代码管理。成套货物的代码管理，可以满足对仓库的增值业务的支持，如对货物的再包装、拆件发货、组合配送等。

3）理论换算管理。系统可以针对特定的货物进行相关的计量计算，也可以针对不同的换算要求对理论换算表进行维护。

4）仓库仓容管理。对仓库的货位原始信息进行录入管理，可进行增加、修改、删除等操作。数码仓库应用系统的货位分三级进行管理，即库区、货区、货位。三级管理使货位划分更灵活，可以满足不同的管理要求。

5）岗位人员代码管理。系统提供建立不同岗位人员简明人事档案的功能。除提供对这些档案的基本维护外，在人员换岗位或者离开企业时，系统能更改其对系统的使用功能权限、数据权限和审批权限。这里主要包括对系统使用人员的代码管理，对业务岗位的代码管理，以及系统使用权限的分配与管理。

（2）资源管理。需求是业务开展的基础，客户是企业服务的对象。资源管理主要包括对客户需求等资源的管理。

1）仓库基本资料管理。可以对各个仓库基本信息进行增加、修改、删除和查询操作。当需要新增经营单位或仓库时，可以按照既定的编码原则生成相应的编码，同时分配系统功能使用权限、数据操作权限等。

2）合同管理。合同是企业之间开展业务的依据，系统能提供几类常用合同（如仓储合同、代运、中转、租赁和货物质押合同）的管理功能；一个合同可以对应多种货物、多个规格的收费标准。新增合同只能由合同管理员录入，录入内容一经审核，将不能进行修改。如果要修改，需要上级授权。

3）客户基础资料管理。可以对客户的基础资料进行增加、修改、删除和查询操作，支持对大客户、集团客户的多级管理，对进行互联网查询的客户进行授权。

（3）储运业务管理。一般来说，仓储管理信息系统的储运业务管理模块应支持前述主要仓储业务。以某实际 WMS 为例，其储运业务管理模块的基本功能如图 8-3 所示。

图 8-3　仓储管理信息系统储运业务管理模块的基本功能

1）货物入库管理。系统能处理不同形式与要求的入库指令，根据要求生成验收通知单，传递至相应岗位。由于客户要求的多样性，系统能提供非一般业务流程的入库管理功能，支持特殊业务审批、授权。入库业务管理主要包括一般入库管理、铁路到货入库管理、汽车到货入库管理、中转到货入库管理等。系统根据不同的仓储管理策略、货物属性、数量及现有库存情况，自动给出货物堆码位置、堆码搬运路径建议，从而有效地利用现有仓容空间，提高作业效率。

2）货物在库管理。在库管理主要是指货物在库期间的日常管理、清查盘点、保管养护、存储时间和货物质量保质期检查，以及为了便于管理货物和更有效地利用仓容而进行的并垛、移垛操作。

① 日常盘点。在仓储管理信息系统中，盘点有三种类型：随着其他业务进行的动态盘点，根据盘点计划做出的定期盘点，以及根据实际需要随时进行的不定期盘点。结合人工操作，可产生盘盈盘亏报告。系统还可以支持通过手持终端或者远程射频设备进行的自动盘点，也能根据盘点要求，将盘点任务打印到纸面文件，指导人工盘点。无论自动盘点还是手工盘点，系统都能自动汇总并提供审计报告，在盘点工作结束后调整盘点状态，并辅助管理人员进行库存调整。

② 货物在库移垛、并垛。系统支持货物在库中搬移位置、同类货物合并存放，并可实时记录其相应位置的变化。随着时间的推移，仓库储位有可能发生变化，系统能自动识别这些变化，辅助给出货物在库中的搬移决策信息，以免仓库生产率下降。

③ 货物在库过户。系统支持货物在库中货权发生转移的相关业务处理。例如，一个码单上的货物部分过户给一个存货人；一个码单上的全部货物过户给一个存货人；一个码单上的货物全部过户给几个存货人。

3）货物出库管理。系统可以按照多种原则（如"先进先出"）设定多种出库形式，处理不同的出库指令，如货主直接提货或者货主委托提货，并自动产生通知单据给具体岗位按时间按量安排备货，记录实际出库数量。

系统根据客户不同的出库指令，以及该客户现有货物的存储情况，所提货物的货物属性、数量、实际作业情况等，设定货物拣选、搬运路径建议。

① 中转。系统能处理临时或者既定的货物中转业务，记录业务发生时间、产生的费用，以及设备和人员的占用情况。

② 货物拣选。系统支持按某种固定策略进行调度安排拣选工作，如按照地域、顺序、批次或者船只装载量进行拣选。系统也可以支持基于多种计量方式如长度、重量、体积的拣选工作。

系统支持紧急拣选，对于急需的物品可以优先拣选；支持组合拣选，为了提高在库搬运的效率，系统支持同一趟运输可以同次或不同次地拣选小件货物，对于小批量拣选可以优化组合在一起一次完成。

③ 货物包装。系统可以自动根据运载工具类型和有关包装标准产生包装规格要求说明，也可以记录相关费用。用户可以根据常规包装尺寸、形状设定包装策略，以及包装材料的使用方法、加工要求。

在应用过程中，可选择在分拣过程中同时完成包装操作，也可在分拣工作结束后进行包装并支持标签的打印和粘贴。

4）货物运输和配送。系统可根据运力资源使用情况和货物出库情况，记录货物从库中出去瞬间的相关运输配送信息，如人、车牌、时间等。

5）处理代理业务。系统能提供处理部分仓库经常处理的代理业务功能，如接受客户委托交易、代理运输等。

6)财务管理功能。财务管理功能有:

① 应收账款(费用)的计算功能。收费可以是每发生一次入库或出库活动就计算一次。在入库时,系统根据合同及货物代码、规格型号、计量单位、件数、数量、重量、计费单位、计费数量、计费单价等业务信息计算入库费,同时也记录代垫费、劳务费、运杂费、装卸费和包装费。在出库时,系统根据合同和该笔业务信息计算出库费,同时计算仓储费。此外,系统可以显示和打印出这些应收账款的信息。

② 应收账款结算功能。系统提供处理多种货币支付和货币金额转换的功能,能列出指定客户的付款活动及其在指定日期内的信用状况,根据客户委托的各笔业务打印收款单据。

③ 预收预付账款管理。系统提供企业预收账款和预付账款的管理功能。

④ 账目查询。系统可以按月或者按次提供账目的有关信息,通过打印对账单的方式辅助实现催交费。客户可以通过网络查询到自己的费用和支付情况。

7)货物库存量控制决策。货物库存量控制可以作为企业调整进货、生产和制订运输装载计划的依据。针对不同企业调整库存的策略,系统提供决策支持。目前,最常用的方式有:根据货主设定,当库存量下降到预定的最低库存数量时,系统自动产生并发出库存不足信息(定量订货);按预先确定的时间间隔进行库存调整,系统自动产生调整信息(定期订货);根据企业采购成本和仓储成本,帮助企业确定最佳的购买数量,实现总订货成本最低(经济批量模型);另外,系统也可以帮助企业在价格变化、按数量多重折扣和延期购买等条件下确定最佳订货量。系统还支持按批次、补货时间控制的补货决策。

(4)查询与统计分析。仓储管理信息系统支持总公司、地区分公司、仓库/物流中心三级管理体系。针对不同级别的管理者,按照其管理权限,提供有关的信息查询和统计功能。

1)业务查询。仓储管理信息系统提供实时的查询功能,为管理决策提供及时准确的数据信息。其主要的查询功能包括:

① 到货验收情况查询。根据到货情况、验收状态、车号、时间范围等条件查询到货品种、数量、车皮数等情况,并根据品名、到货时间等统计选项进行分类汇总。

② 出库情况查询。根据发货状态、货物属性、单据号、货位、时间范围等条件查询出库货物的详细情况,并根据品名、出库时间、货位、规格等统计选项进行分类汇总。

③ 库存情况查询。根据具体单据号、车船号、货物属性等条件查询库存货物的详细情况,并根据入库单号、品名、规格、入库时间等统计选项进行分类汇总。

④ 保质期检查。按货物到货日期、生产日期等条件查询库存货物的到期、临近到期的情况,并可指出检查的货位、批次和数量。

⑤ 安全库存查询。对货物的安全库存情况进行查询,并在库存货物超出或低于安全库存时及时报警。

⑥ 发货明细查询。查询与入库单据相对应的发货情况明细,并可以查询具体发货单据的详细情况,用以跟踪每笔货物的出库情况,便于进行业务检查和问题追溯。

⑦ 出入库明细查询。根据货位、货物品名、规格型号等情况查询一段时间内特定货物、特定货位的货物进出库情况,便于对账。

2）统计报表。仓储管理信息系统能够及时提供相应范围内的货物吞吐量、库存情况、运输情况等方面的统计功能,并产生相关的日报表、月报表、季报表和年报表。其主要的功能包括:

① 吞吐量统计。按品种或品名等指标统计一定期间内的进库、出库、吞吐、期末库存量进行统计。

② 存货(人)综合情况统计。按品种对库存物资进行库存数量统计,以及其所带来的收入情况的汇总。

③ 人员业绩统计。统计各业务人员完成的工作量情况。

④ 仓储货物损坏率统计。根据仓储过程出现的货物损坏情况,计算仓储货物损坏率。

⑤ 仓储利用率统计。按仓库可利用情况与实际的存放状况,计算仓储空间利用率。

3）业务分析。具体包括:

① 预测:系统可以根据既往仓库存储情况和客户情况对下一阶段的仓容需求进行预测,辅助仓库用户挖掘其潜在客户。

② 库存预警:根据货物类别、保质期和库龄等因素,系统自动给出预警信息。

③ 数据分析:根据统计数据进行分析,如应用 ABC 分析法对库存物资进行分类,进行大客户筛选。

④ 管理指标统计:根据相应的管理指标,如仓储吞吐能力实现率、货物收发正确率、货物完好率、货物缺损率等,提供多种统计分析。

(5)系统维护功能。系统维护功能模块涉及系统正常运行所需要的各项功能,包括系统初始化、使用人员权限管理、系统日志管理,等等。

① 系统初始化:当新仓库接入该系统时,通过初始化工作实现手工与系统应用的切换。

② 权限管理(岗位功能的灵活定制):系统建立了用户分级权限管理体系,针对具体业务的各个环节,分配给不同人员以不同权限。总部系统管理员可以修改任何操作人员的权限,仓库系统管理员只能修改本仓库的操作人员的权限。

③ 系统日志管理:详细记录系统运行过程中各模块的操作情况,包括操作时间、操作人员、动作、操作对象等,并可以对日志信息进行查询。该系统的日志包括菜单操作日志、用户管理日志、用户授权日志、操作日志、存档日志。

④ 系统维护查询:对所有操作人员权限和系统日志进行查询。

8.2 运输管理信息系统

8.2.1 运输概述

1. 运输的概念

运输是指用特定的设备和工具,将物品从一个地点向另一个地点运送的物流活动,它是在不同地域范围内,以改变物的空间位置为目的对物进行的空间位移。通过这种位移创造商品的空间效益,实现其使用价值,满足社会的不同需要。运输是物流的中心环节之一,也是现代物流活动最重要的一个功能。

2. 运输管理的作用

（1）保值。货物运输有保值作用。任何产品从生产出来到最终消费，都必须经过一段时间、一段距离的运输。在这个过程中，产品可能会淋雨受潮、水浸、生锈、破损、丢失等。货物运输的使命就是防止上述现象的发生，保证产品从生产者到消费者移动过程中的质量和数量，起到产品的保值作用，使产品在到达消费者时使用价值不变。

（2）节约。搞好运输，能够节约自然资源、人力资源和能源，同时也能够节约费用。比如，集装箱化运输可以简化商品包装，节省大量包装用纸和木材；实现机械化装卸作业和仓库保管自动化，能节省大量人力，大幅度降低人员开支。重视货物运输可节约费用的事例比比皆是。被称为"中国货物运输管理觉醒第一人"的海尔集团，加强运输管理，建设起现代化的国际自动化货物运输中心，在一年时间内将库存占压资金和采购资金从 15 亿元降低到 7 亿元，节省了 8 亿元开支。

（3）缩短距离。货物运输可以克服时间间隔、距离间隔和人的间隔，这自然也是货物运输的实质。现代化的货物运输在缩短距离方面的例证不胜枚举。在北京可以买到世界各国的新鲜水果，全国各地的水果也常年不断；配送中心可以做到上午 10 点前订货、当天送到。这种运输速度，把人们之间的地理距离和时间距离一下子拉得很近。随着货物运输现代化的不断推进，国际运输能力大大加强，极大地促进了国际贸易，使人们逐渐感到这个地球变小了，各大洲的距离更近了。

（4）增强企业竞争力、提高服务水平。制造企业很早就认识到了货运是企业竞争力的法宝，搞好运输可以实现零库存、零距离和零流动资金占用，是提高为用户服务，构筑企业供应链，增加企业核心竞争力的重要途径。在经济全球化、信息全球化和资本全球化的 21 世纪，企业只有管理好货物运输链，才能在激烈的竞争中求得生存和发展。

（5）加快商品流通、促进经济发展。高效的运输能够大大加快商品流通的速度，降低商品的零售价格，提高消费者的购买欲望，从而促进国民经济的发展。

（6）保护环境。很多环保问题都与货物运输落后有关。例如，卡车撒黄土是因为装卸不当或车箱有缝；卡车水泥灰飞扬是水泥包装苫盖问题；交通拥堵属于流通设施建设不足，等等。这些问题，都需要从运输管理的角度去考虑。比如，我们可以在城市外围多设几个货物运输中心、流通中心，大型货车不管白天还是晚上就都不用进城了，只利用小货车配送，夜晚的噪声就会减轻；政府重视货物运输，大力建设城市道路、车站、码头，城市的交通阻塞状况就会缓解，空气质量自然也会改善。

（7）创造社会效益和附加价值。实现运输中装卸搬运作业机械化、自动化，不仅能提高劳动生产率，而且也能解放生产力。把工人从繁重的体力劳动中解脱出来，这本身就是对人的尊重，是创造社会效益。

3. 运输的方式

运输方式主要分为铁路、公路、水路、航空和管道等几种，它们的性质、技术经济特点和运用范围也不相同。

（1）铁路运输。铁路运输是使用铁路列车运送客货的一种运输方式。铁路运输的经济里程一般在 200km 以上。铁路运输主要承担长距离、大数量的货运，在没有水运条件的地区，几乎所有大批量货物都是依靠铁路。铁路运输是在干线运输中起主力运输作用的运输形式。

铁路运输具有很多优势。例如，运输速度快，高速铁路运行时速可达到210～260km/h；运输能力大，能承运大量的货物，是大宗、通用的运输方式；运输成本低，铁路的单位运输成本一般要比公路运输和航空运输低得多，如果考虑装卸费用，有时甚至低于内河运输。

但铁路只能在固定线路上运输，需要其他运输手段配合和衔接。这是铁路运输的主要缺点。

（2）公路运输。公路运输是主要使用汽车在公路上进行客货运输的一种方式。公路运输主要承担小批量的货运、水运、铁路运输难以到达地区的长途、大批量货运，以及铁路、水运难以发挥优势的短途运输。由于公路运输有很强的灵活性，近年来，在有铁路、水运的地区，较远距离的大批量运输也开始使用公路运输。

公路运输的优点如下：

1）灵活性强。公路运输可以满足用户的多种要求，易于因地制宜，对收到站设施要求不高。

2）公路建设期短，投资较低。

3）可以实现"门到门"运输，即从发货者门口直到收货者门口，而不需要转运或反复装卸搬运。

公路运输的缺点是运输单位小，不适合大量运输，长距离运输运费较高。公路运输的经济里程通常在200km以内。

（3）水路运输。水路运输主要使用船舶运送客货，主要承担大数量、长距离的运输，是在干线运输中起主力作用的运输形式。在内河及沿海，水运也常作为小型运输工具使用，担任补充及衔接大批量干线运输的任务。

水路运输有以下四种形式：

1）沿海运输：使用船舶通过大陆附近沿海航道运送客货，一般使用中小型船舶。

2）近海运输：使用船舶通过海上航道向邻近国家运送客货，视航程远近可使用中型船舶，也可使用小型船舶。

3）远洋运输：使用船舶跨大洋的长途运输，主要依靠运量大的大型船舶。

4）内河运输：使用船舶在陆地内的江、河、湖等水道上进行运输的一种方式，主要使用中小型船舶。

不管是哪种形式的水运，其共有的优点是运输成本低，能进行低成本、大批量、远距离的运输，适合宽大、质量重的货物的运输。其缺点是运输速度较慢、港口的装卸费用较高，不适合短距离运输，航行受天气影响较大。

（4）航空运输。航空运输是使用飞机或其他航空器进行运输的一种形式。航空运输的单位成本很高，因此，主要适合运载的货物有两类：一类是价值高、运费承担能力很强的货物，如贵重设备的零部件、高档产品等；另一类是紧急需要的物资，如救灾抢险物资。

航空运输的主要优点是速度快，不受地形的限制。在火车、汽车都达不到的地区也可依靠航空运输，因而有其重要意义。其主要的缺点是运费偏高，也受重量的限制。

（5）管道运输。管道运输是利用管道输送气体、液体和粉状固体的一种运输方式。管道运输形式是靠物体在管道内顺着压力方向循环移动实现的，和其他运输方式的重要区别在于，管道设备是静止不动的。

管道运输的主要优点是，由于采用密封设备，在运输过程中可避免散失、丢失等损失，也不存在其他运输设备在运输过程中消耗动力所形成的无效运输问题。另外，其运输量大，适合于大量且连续不断运送的物资。其主要缺点是建设投资大，对运输货物有特定要求和限制，功能单一，灵活性差。

8.2.2 运输系统的基本构成

1. 运输系统的主体

运输系统中的主体是指运输活动的参与者。运输系统的主体包括发货人、收货人、承运人、代理人等。发货人即指办理货物托运手续的办理人，既可以是货主，也可以是受委托的代理人；收货人是货物运单上指定的在货物到达地提取货物的单位或个人。收货人在货物到达目的地后，凭到货通知单和货运单（或提单）在指定地点办理相关手续，付清应付费用后，验收并提取货物；承运人是指运输活动的承担者，他们可能是铁路货运公司、航运公司、民航货运公司、储运公司、物流公司或个体运输业者等。承运人受发货人或收货人的委托，按委托人的意愿完成委托人委托的运输任务，同时获得运输收入。承运人根据委托人的要求或在不影响委托人要求的前提下，合理地组织运输和配送，包括选择运输方式、确定运输线路、进行货物配载等。货运代理人是根据用户的指示，为获得代理费用而招揽货物、组织运输的人员，其本人不是承运人。他们负责把来自各用户的小批量货物合理组织起来，以大批量装载，然后交由承运人进行运输。待货物到达目的地后，货运代理人再把该大批量装载拆分成原先较小的装运量，送往收货人。

2. 运输系统的客体

物流运输系统中的客体是指需要被运输的货物。货物主要按其自然属性分类，同时也可以按照国内以及国际贸易运输中各类报表、EDI报文信息的传递以及货运业务管理的需要分类。

3. 运输设施设备

运输设施设备是指运输过程中提高运输相关功能和组织运输服务的设施及设备，包括运输工具、运输节点、运输路线等。

（1）运输工具。运输工具是区分各种运输方式的重要因素，如汽车、火车、轮船、管道等。运输工具随着科学技术水平的不断提高而发展，逐渐呈现出大型化、高速化、专门化、自动化、信息化等趋势。

（2）运输节点。运输节点是处于运输线路上的节点，是货物的集散地，以及各种运输工具的衔接点。运输节点对优化整个运输网络起着不可低估的作用，是运输系统乃至物流系统非常重要的组成部分。

（3）运输路线。运输线路是供运输工具定向移动的通道，是交通运输的基础设施，也是构成运输系统的基本要素，包括公路、铁路、航道、管道、民航航线与航路。

4. 其他要素

在运输系统基本构成中，除主体、客体和设施设备外，还有一些其他要素，如管理系统、交通规则、政策法规等。

8.2.3 运输业务分析

货物运输业务流程总体上可分为三个环节：货物发送作业、运输途中作业和货物到达作业。

1. 货物发送作业

货物发运业务在发站进行，包括托运人向作为承运人的发站申报运输要求，提交货物运单、进货、交费，办理托运手续；发站受理托运要求，审查货物运单，验收货物及运输包装、收费，办理承运手续。整车运输是先装车后承运，零担和集装箱运输是先承运后装车。具体作业环节有：

（1）货物托运：填写"运单"。运单是由承运人签发的，证明货物运输合同和货物由承运人接管或装船，以及承运人保证将货物交给指定的收货人的一种不可流通的单证，具有合同证明和货物收据的作用。

（2）货物承运：承运以签章返还托运人提交运单的"托运回执"联。运单的托运回执联具有协议书或运输合同的性质，受法律保护与约束。承运并已装车完毕，承运人应填制汽车运输货票。货票是向托运人核收运费的收据、凭证，也是收货人收到货物的证明。

（3）运输变更：提出变更的方式是填写运输变更申请书或提出信函、电报等形式的书面申请。

（4）货物装卸：无论是托运人自理还是承运人承办，都需要有良好的装卸质量保证。

2. 运输途中作业

途中作业是指在途经车站进行的作业，包括货物在中转站的换乘专装、整车分卸货物的卸车作业、冷藏车的加冰作业、根据托运人或收货人提出的运输变更要求所做的工作等。

3. 货物到达作业

到达作业在货物到达站进行，包括承运人办理到站查询、缴费、领货、接受货物运单等手续。

货物运输业务流程图如图 8-4 所示。

8.2.4 运输管理信息系统的应用

1. 运输管理信息系统的概念

运输管理信息系统（Transportation Management Information System，TMIS）是物流信息系统的重要组成部分，主要是指使用系统的观点、思想和方法建立起来的，利用计算机网络等现代信息技术，对运输计划、运输工具、运送人员及运输过程的跟踪、调度指挥等管理业务进行有效管理的人机系统。它的任务是实时掌握物流运输的动态，从货物订单托运，到物流公司所控制的一系列环节的协调，再到将货物交到收货人手中，使得物流尽可能做到透明、准确、灵活。其总体目标是实现运输作业流程的标准化、统一化；货物全程跟踪，运输作业信息的透明化；降低空驶率，提高运载效率；将新的管理理念、先进的管理技术与运输管理信息系统相结合，进行资源整合，提高客户服务水平。一般来说，运输管理信息系统涉及的流程如图 8-5 所示。

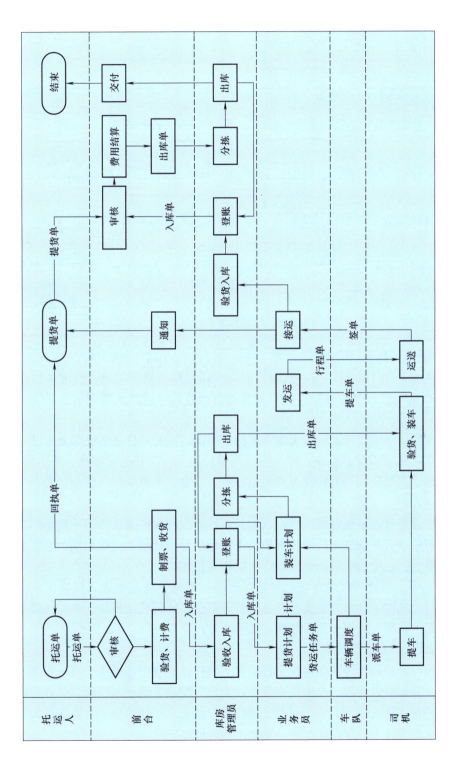

图 8-4 货物运输业务流程图

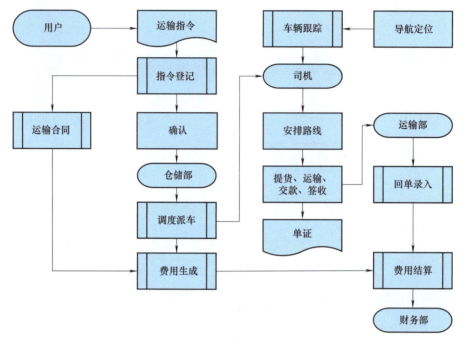

图 8-5 TMIS 流程示例

2. 运输管理信息系统的种类

从行业来看，由于公路运输、铁路运输、水路运输、航空运输、管道运输这几种主要运输方式在实际业务中各有特点，有各自的管理体系，因此其管理信息系统也是相对独立的。

从物流企业的角度，按照运输组织方式的不同，运输管理信息系统可分为以下三类。

（1）整车运输管理信息系统。整车运输是指托运人一次托运量够装一车的货物运输。整车运输管理信息系统的功能模块主要包括理货、收费、开具货票、货物监装、货物在途及到货等。

（2）零担运输管理信息系统。零担运输是指托运人一次托运装不满一整车的少量货物的运输。零担运输管理信息系统的功能模块主要包括受理托运、过磅起票、仓库保管、配载装车、车辆运行、货物中转、到站卸货及货物交付等。

（3）集装箱运输管理信息系统。集装箱运输是指将货物集中装入规格化、标准化的集装箱内进行运输的一种形式。集装箱运输管理信息系统的功能模块主要包括接受托运申请、提取空箱、装箱、箱货交接、办理交接手续等。

3. 运输管理信息系统的特点

（1）统一性。运输管理信息系统实现了对运输作业流程中各模块的统一管理，可以实现订单管理、货运业务管理、仓库台账管理、人车分配、车辆技术管理、财务管理、查询等功能；为运输决策提供支持，通过对企业的客户信息、车辆信息、人员信息、货物信息的管理，建立运输决策的知识库，使企业整体运营更加优化。

（2）协作性。通过运输管理信息系统，企业客户可得到货物动态信息、车辆信息、司机信息等，从而可以根据自身需求随时下单。与此同时，运输承接方得到订单快速制订运输计划，进行车辆调度、路线选择等，其各个物流节点根据运输计划合理安排人员、工具等资源，做好货物的接收、转运，直至货物安全准确到达客户手中。信息的实时传递，使运输各作业有力衔接，实现信息协同，加强业务协作，提高运输效率。

（3）动态性。工作人员实时记录，在运输管理信息系统中随时更新运输订单信息，进行管理；客户可以凭有效身份实时查询货物状态，了解进度；公司可以通过车载终端实现对车辆的实时监控、跟踪，提高车辆的有效利用率，保证车辆及货物安全，加强对车辆和驾驶员的控制；客户和承运方能在系统中得到的实时信息，及时发现运输过程中的风险，并快速沟通作出应对。

（4）服务性。运输管理信息系统根据用户的不同业务级别，给予相应的使用权限及安全级别，实时的操作日志记录了所有操作内容，具有极高的安全性和准确性，方便客户在货物流转的过程中更合理地安排生产销售计划，满足了客户业务需求；同时，系统减少人工配单、人工统计的工作量，加强车辆调度功能，加快各环节的信息交流与协作，给工作人员带来便利，并提高了企业整体效率。

4．运输管理信息系统的功能

运输管理信息系统主要是承揽运输业务，根据客户的要求进行货物运输，并对运输过程进行管理。运输管理信息系统可分为市场营销、业务受理、客户服务、业务运作、运途管理、资源管理和相关方管理（外部接口）七个子系统，其功能结构如图 8-6 所示。

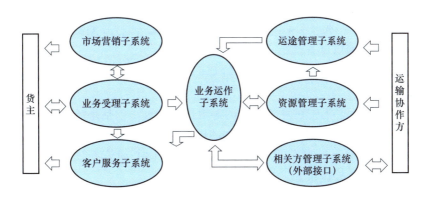

图 8-6 运输管理信息系统的功能结构

（1）市场营销子系统。市场营销子系统主要面向外部客户。运输需求方通过该系统展示的查询界面可以了解、查询该企业的运营网络分布、运营时刻表、掌握的运输工具，针对自身货物情况进行询价。

（2）业务受理子系统。订单受理主要是接受客户订单，登记货物信息，以便合理地安排运输计划。对于长期合作的客户，系统会自动检查客户的订单情况，并通过数据交换自动生成订单，及时通知计划调度人员，做到业务信息电子化、信息传递及时准确、计费方式灵活、合同便于管理及统计。

（3）客户服务子系统。客户服务子系统是为客户提供服务的系统，客户可以通过该系统跟踪订单、查询订单、对出现问题的订单进行投诉、在订单结束后进行意见反馈。

（4）业务运作子系统。该子系统主要有以下功能。

1）运输计划及业务调度。运输计划及业务调度主要是指在业务受理之后安排车辆、线路，涉及上门提货到货后组织运输，通知客户取货等环节。

调度管理一般由提货管理和发运管理两部分组成。

2）费用结算。费用结算是指对客户的运输费、其他费用等进行结算处理，同时对承运人（驾驶员）做运费支出处理，包括订单结算、运输费用结算、车辆维修费用结算等，并根据用户的不同要求生成不同的结算报表。

3）统计分析。该功能可以针对公司的发货量、收入、应收款、利润等以任意条件（按时间、按合作网络等）自动统计查询，企业通过统计表进行分析，了解经营情况、服务质量等，从而对有关的业务进行判断、决策。主要统计表包括：订单统计表、运输计划统计表、发运汇总表、应收款统计表、利润分析表等。查询统计分析还包括回单签收的管理，当货物准确无误地运达后，接收方签收回单。运费的结算以签收过的运输业务为准。签收管理针对订单签收回来之后费用的统计，主要是针对回单付款的统计，用于与承运人之间的费用结算。

（5）运途管理子系统。运途管理主要是在运输途中对货物进行跟踪管理及到货通知管理，以此实现对运输过程的透明化管理，便于确定协议运输计划及提高客户服务水平。对于整个运输管理信息系统来说，基于GPS/GIS/GSM的运输跟踪系统是一个相对独立的子系统，其自身能独立运行，并提供接口供运输管理信息系统调用，形成货物动态跟踪管理子系统。其功能包括：

1）电子地图功能：包括一些电子地图的基本操作，如打开加载图层、地图输出、缩放、漫游、测距、地理信息查询等。

2）监控管理功能：包括车辆单次定位查询、车辆监控、历史轨迹回放、车辆调度、车辆控制等。

3）参数设置功能：集中对系统涉及的参数进行管理，包括系统参数设置、通信参数设置两种。系统参数设置是对系统中应用到的运行参数的动态管理，如历史回放的时间间隔。通信参数设置主要是针对车载GPS机与监控调度中心通信参数设置，如可以设置和更改通信端口、数据传输速率。

4）行车路线规划管理。行驶路线规划是跟踪系统的重要辅助功能，包括自动线路规划和人工线路设计功能。自动线路规划由调度员确定起点和终点，由系统按照要求自动设计最佳行驶路线，包括最快的路线、最省钱路线、尽量走高速公路路线、不走高速公路路线等。人工线路设计由调度人员根据自己的目的设计起点、终点和途经点等，自动建立线路库。线路规划完毕后，将设计线路显示在电子地图上，同时显示汽车运行路径和运行方法。调度人员还可以将设计的线路保存到线路数据库中以用于线路运输费用的管理。

（6）资源管理子系统。资源管理包括对客户、车辆、驾驶员、物流网点以及用户的管理。

1）车辆管理：是对车辆档案的管理。管理内容主要包括：车辆牌号、车辆类型、车辆种类、车辆所属公司、所耗燃料类型、主要驾驶员、保养月数、保养公里数、车辆外长宽高、车辆内长宽高、车龄、车辆外形照片等信息。

2）驾驶员管理：是对驾驶员档案资料的管理。管理内容主要包括：驾驶员姓名、家庭详细住址、详细常用居住地、家里电话、手机、身份证号码、所属公司、驾驶证主证号、驾驶证副证号、驾龄、上岗证、通行证、准营证、劳动合同情况等。

3）物流网点管理：包括合作网络管理及承运商管理。合作网络管理主要是对与公司有业务往来的合作公司的相关信息进行管理，管理内容主要包括：合作网络编号、中文全称、中文简称、所在城市、所在省份、公司地址、公司网址、电子邮箱、传真、电话、邮编等。

4）承运商管理：主要是通过合作情况记录承运商的信用状况，并动态更新。承运商信息主要有承运商的名称、详细地址、详细联系方式、账号、开户银行、法人代表、信誉额度、历史服务记录、付款方式、具体联系人等。其中，信誉额度主要体现该承运商能否承接交给他的货运额度；历史服务记录主要是指以往用户对其运输服务质量的评审级别；付款方式主要是指公司以哪种方式与其结账。

5）用户管理：主要是对系统用户信息进行新增修改及删除处理，按用户不同分工，赋予每个用户不同的权限。

（7）相关方管理子系统（外部接口）。相关方管理子系统主要是指与企业相关其他机构的系统进行连接，开展信息的沟通和业务运作。例如，与政府部门的接口，实时向政府提交相关文件；与仓库、代理方等的接口，进行业务协作；与银行、保险等辅助机构的接口，共同提高客户服务水平。

8.3 供应商管理信息系统

8.3.1 供应商管理概述

1．供应商的概念

供应商是向企业供应各种所需资源的企业和个人。供应商提供的资源包括原材料、设备、能源、劳务和资金等。它们的情况如何会对企业的营销活动产生巨大的影响，如原材料价格变化及短缺等都会影响企业产品的价格和交货期，并会因而削弱企业与客户的长期合作与利益。因此，企业必须对供应商的情况有比较全面的了解和透彻的分析。供应商既是商务谈判中的对手，更是合作伙伴。

2．供应商的分类

（1）战略供应商。它们是与企业有着长期、广泛合作或频繁交易的正式供应商。此类供应商为企业提供核心技术产品，或可能是企业唯一的供应商，对企业的存在和发展极其重要且难以更换，或者更换的成本很高。战略供应商应符合以下条件：

1）与其签订年度框架协议，明确规定有关付款条款、法律条款以及采购价格（或不固定价格）等内容。

2）每次采购申请提出后，如框架协议中有确定的采购价格时，则无须再进行询价、比价工作；反之，仍必须进行询价、比价工作。

3）向此类供应商采购时，可以直接向供应商发出采购订单，无须再行签订采购合同。

（2）优先供应商。它们是针对某一类产品或服务，与企业有着长期合作或者频繁交易的正式供应商。此类供应商所提供的产品和服务在其他供应商处也可获得，但其在价格、质量、交付、提前期及反应时间等方面有优势，总体绩效较好。优先供应商应符合以下条件：

1）与其签订价格备忘录，以确定年度采购价格。

2）每次采购申请提出后，若申请采购的产品或服务的价格已包含在价格备忘录中，则无须再对其进行询价、比价工作；反之，仍必须进行询价、比价工作。

3）根据采购合同有关规定确定需要签订采购合同时，需要就该笔采购签订单独的采购合同。

（3）普通供应商。它们是与企业有过合作或交易，但未签订任何框架协议或价格备忘录的正式供应商，须就每次采购申请进行采购询价、比价，然后根据有关规定签订单独的采购合同。

（4）临时供应商。它们不在现有的合格供应商数据库中，企业因紧急采购，没有时间开发新的供应商去执行常规的询价、比价，因而临时与其签订一次性的采购合约。

（5）淘汰供应商。它们是企业根据供应商定期评估结果，确定不再与其进行交易的供应商。同时，在采购系统中进行供应商选择时不允许对其进行选择。

（6）黑名单供应商。它们是企业根据供应商定期评估结果，发现有欺诈、舞弊或诚信不佳等行为，确定需要提请采购职能部门注意，不再与其进行交易的淘汰供应商。

3. 供应商管理的概念

供应商管理，是在新的物流与采购经济形势下提出的管理机制。供应商管理是供应链采购管理中一个很重要的问题，它在实现准时化采购中有很重要的作用。

4. 供应商管理的作用

供应商的业绩对制造企业的影响越来越大，在交付、产品质量、提前期、库存水平等方面都影响着企业采购是否成功。因此，企业越发重视对供应商的开发、控制、评价、评定，多方面进行跟踪，进而保证企业供应链系统的稳定和高效运作，达到大幅提升企业盈利能力的目标。

当然，企业还可以在自己的能力范围内开发有潜质的供应商，对供应商队伍进行培育和壮大，以避免出现独家供应商的现象。此举也有助于及时淘汰不合格的供应商，最终实现不断推陈出新，以最低的成本获得最优产品和服务的目标。这必将有效地保证企业的产品质量，帮助企业降低成本，提高盈利能力，并将优化采购流程，提高采购运作效率和企业的快速响应能力，使企业在日益严峻的市场竞争中立于不败之地。

供应商管理对于企业的长期发展非常重要，良好的供应商管理不但可以降低企业成本、提高企业产品质量、降低库存和及时满足客户需要，而且还可以提升企业核心能力和竞争力。因此，企业必须重视供应商的管理，时刻关注供应商管理中出现的问题，及时采取措施，实现供应商关系健康、良好、长远的发展，最终实现双方的共赢。

8.3.2 供应商管理业务分析

1. 供应商调查

采购部实施采购前，应对潜在供应商进行调查，目的是了解供应商的各项管理能力，以确定其可否列为合格供应商。由采购部、工程部等相关部门人员组成供应商调查小组，对供应商实施调查评估，并填写《供应商调查表》。评估结果由各部门提出建议，供总经理核定是否准予其成为本公司的合格供应商。对供应商的调查评估包括价格评估、技术评估、品质评估等，具体如下：

（1）价格评估。对于供应商价格，采购部应评价供应商的原料价格、加工费用、估价方法及结算方式。

（2）技术评估。对于供应商的生产技术，技术部应评价其技术水准、技术资料管理、设备状况及工艺流程与作业标准。

（3）品质评估。对于供应商的品质，采购部应评价供应商的品质管理组织与体系、品质规范与标准、检验方法与记录、纠正与预防措施等。

2．供应商定期评估

供应商定期评估小组成员至少应包括：采购部采购员及经理、需求部门经理、财务部经理、合同管理部经理或相应部门的经理授权人。采购部负责召集和领导供应商定期评估的工作。

除已淘汰的供应商外，供应商评估至少每年进行一次。另外，还可以在项目完成后进行项目评估。若供应商的交货期、品质、价格或服务产生重大变化，应及时对供应商做评估。

3．供应商资料的维护

采购部筛选确定新增供应商后，应尽快在进入正式交易谈判之前获取供应商的资料，如营业执照复印件、税务登记证复印件、法人组织机构代码证复印件（适用于法人供应商）或身份证复印件（适用于个人供应商）、最近财年的财务报表（适用于上市公司）、供应商诚信声明函、企业银行账号说明（适用于法人供应商）或个人签字的收款银行账户说明（适用于个人供应商）、相应的资质证书或质量认证证书等。

采购员将上述资料收集完整后，填写"承办商/供应商资料表"并提交采购部经理审核，以建立供应商档案。在与供应商的业务合作过程中，采购部应及时更新"承办商/供应商资料表"。

供应商资料变更情况主要包括：供应商收款方名称变更、开户行及银行账号变更、供应商名称变更、供应商地址变更、供应商联系人或联系方式变更、根据供应商定期审核结果变更。

8.3.3 供应商管理信息系统应用

1．供应商管理信息系统的概念

供应商管理信息系统是采购管理信息系统的一个子系统，也是采购管理信息系统的一个重要模块。供应商管理信息系统以供应商信息管理为核心，以标准化的采购流程及先进的管理思想为依据，从供应商的基本信息、组织架构信息、联系信息、法律信息、财务信息和资质信息等多方面考察供应商的实力，再通过对供应商的供货能力、交易记录、绩效等信息的综合管理，优化管理、降低成本。

2．供应商管理信息系统的目标

供应商管理信息系统是一种致力于实现与供应商建立和维持长久、紧密伙伴关系的管理思想和软件技术的解决方案。它的宗旨在于建立改善企业与供应商之间关系的新型管理机制，实施于围绕企业采购业务相关的领域，通过与供应商建立长期、紧密的业务关系，双方整合资源和竞争优势共同开拓市场，扩大市场需求和份额，降低产品前期的高额成本，实现双赢。同时，它又是以多种信息技术为支持和手段的一套先进的管理软件和技术，将先进的电子商务、数据挖掘、协同技术等信息技术紧密集成在一起，为企业产品的策略性设计、资源的策略性获取、合同的有效洽谈、产品内容的统一管理等过程提供了一个优化的解决方案。

3．供应商管理信息系统的功能结构

供应商管理信息系统的功能结构如表 8-1 所示。

表 8-1 供应商管理信息系统的功能结构

序号	功能模块名称	介绍
1	基础架构	1. 系统的基础架构 2. 数据库基础结构创建 3. Web 基础框架 4. 系统后台管理模块
2	用户管理模块	1. 用户注册 2. 管理员权限 3. 用户管理 4. 密码找回
3	供应商准入模块	供应商注册：提交基础信息及审批申请
		渠道供应商申请、审核：由用户申请或管理员后台设置
		供应商审核：管理员对供应商的资料、证件、相关资质进行审核
		供应商信息维护：由供应商自己对资料进行修改、更新，修改后再次进入审核流程
		供应商进度查询：提供对供应商的审批申请流程进度的查询，另外进行审批提醒
4	供应商信息管理模块	管理员在后台对供应商的基本信息进行管理，提供供应商的分类管理、快捷查询功能以及报表功能
		供应商信息对比功能
		采购信息电子公告功能
		供应商星级评比功能
5	供应商检查管控模块	供应商供货计划：编写对应项目计划，主要针对供货商时间点配合相应的信息内容
		供货商计划审核：管理员审核供货商计划
		供货商应答
6	供应商考评模块	供应商评审：以文本或选项的方式进行评审、记录以及查阅
		绩效评估：以月评、年评的方式进行，以选项打分的方式进行
		系统考评：根据预设的公式对供应商进行评分评级
7	供应商信息交互模块	对选定的供应商以邮件、短信的方式群发通知

4．管理信息系统在供应商管理中的作用

（1）供应商评估及申请。系统可以帮助企业依照企业供应商甄选规则筛选出符合相关标准的供应商，并新建供应商入库，将供应商基本信息、相关资质、财务信息、产品信息

等录入。

（2）全方位供应商信息管理。系统中有供应商筛选、进入、产品目录、询价、比价、合作执行、评级反馈、淘汰退出、供应商收付款、合同记录的详细信息，基于这些信息，可以通过评价考核、等级分类等管理功能对供应商资源进行不断地优化和分层。

（3）详尽的产品和价格库。系统可以随时维护和记录产品的类型、规格、编号、成本等信息，使每个产品都可以追踪到过往的采购次数、报价、采购价以及与其相关联的订单和合同。可自定义查询条件来查找相关的产品信息。

（4）合理、合规的采购需求申请。对于业务和采购强关联的企业，系统支持从业务合同中自动生成采购需求，让每一次采购都有据可依；采购预算可与项目预算及控制系统关联，有效控制采购成本；对每笔采购可设置相对应的审批流程。

（5）实时的供应商收付款状态查看。通过单个的供应商或者项目可以查看实时的付款状态，实时反馈每个采购订单的执行状态，自动归集采购成本和开发票数量。

（6）采购合同排行。可根据供应商、产品项、合同金额等不同条件进行采购排行，为企业采购及供应商管理提供数据支撑，还可以支持自定义数据报表看板。

8.4 客户管理信息系统

8.4.1 客户管理概述

1. 客户管理的概念

客户管理一般是指客户关系管理（CRM）。客户关系管理的定义是：企业为提高核心竞争力，利用相应的信息技术，以及互联网技术协调企业与顾客间在销售、营销和服务上的交互，从而提升其管理水平，向客户提供创新式的个性化的交互和服务的过程。其最终目标是吸引新客户、保留老客户、将已有客户转为忠实客户，扩大市场。

客户关系管理（CRM）主要有三个要点：
- 体现为企业管理的指导思想和理念；
- 是创新的企业管理模式和运营机制；
- 是企业管理中信息技术、软硬件系统集成的管理方法和应用解决方案的总和。

2. 客户管理的作用

对客户管理应用的重视来源于企业对客户长期管理的观念，即客户是企业最重要的资产，并且企业的信息支持系统必须在给客户以信息自主权的要求下发展，所以合理、高效的客户管理对企业的发展极其重要。

（1）提高客户忠诚度。很多企业通过促销、赠券、返利等项目，期望通过"贿赂"客户得到自己需要的顾客忠诚度，但往往事与愿违。现在的顾客需要的是一种特别的对待和服务，企业如果通过提供超乎客户期望的可靠服务，将争取到的客户转变为长期客户，就可以获得客户的长期价值。从市场营销学的角度来说，企业培育忠诚顾客可以借助于关系营销。企业要树立"客户至上"的意识，通过与客户建立起一种长久的、稳固的合作信任、互惠互利的关系，使各方利益得到满足。

（2）建立商业进入壁垒。促销、折扣等传统的手段不能有效地建立起进入壁垒，且极易被对手模仿。客户满意是一种心理的满足，是客户在消费后所表露出的态度；而客户忠诚是一种持续交易的行为，可以促进客户重复购买。对于企业来说，满意并不是客户关系管理的根本目的，客户的忠诚才是最重要的。CRM 系统的建立，使对手不易模仿，顾客的资料都掌握在自己手中，其他企业想挖走客户，则需要更长的时间、更多的优惠条件和更高的成本。只要 CRM 能充分有效地为客户提供个性化的服务，顾客的忠诚度将大大提高。

（3）创造双赢的效果。CRM 系统之所以受到企业的广泛青睐，是因为良好的客户关系管理对客户和企业均有利，是一种双赢的策略。对客户来说，CRM 的建立能够为其提供更好的信息、更优质的产品和服务；对于企业来说，通过 CRM 可以随时了解顾客的构成及其需求变化情况，并可由此找到企业的营销方向。

（4）降低营销成本。过去，每个企业的业务活动都是为了满足企业的内部需要，而不是客户的需要。不以客户为核心的业务活动会降低效率，从而增加营销成本。现在，企业启用 CRM 管理系统，通过现有的客户、客户维系及追求高终身价值的客户等措施促进销售的增长，节约了销售费用、营销费用，降低了客户沟通成本及内部沟通成本。另外，CRM 系统的应用还可以大大减少人为差错，减少营销费用。

8.4.2 客户管理业务分析

客户管理（CRM）的基本流程为：客户资料管理——客户跟踪管理——订单/合同管理（产品管理）——回款及交付管理。

1．客户资料管理

客户资料管理主要是对客户信息的搜集、处理（分析和筛选）和保存，通过对大量客户信息的整合汇总，在 CRM 中建立客户资料库，使资料存储更详尽、规范。

2．客户跟踪管理

客户跟踪管理的作用在于让所有与客户的往来情况有据可查。客户的跟进方式、时间、结果、跟进对象以及沟通细节全部被记录下来，可以避免因业务人员离职而导致的客户流失。

3．订单/合同管理

通过跟踪管理最终促成产品成交（订单/合同签订）。订单/合同管理处理的信息包括编号、购买产品、金额、主要条款、起止时间、签署人等。电子版合同可以作为附件上传，使合同管理不再混乱。

说到合同管理就要提到产品管理，因为客户和产品是生成订单/合同的两个基本要素，缺一不可。产品管理的作用在于理顺产品分类，客户存在多次购买产品及购买多款产品的情况，产品线的管理就尤为重要。产品线中有多款产品。

4．回款及交付管理

合同完成后，就到了回款阶段。CRM 可以记录回款方式、回款时间、回款金额、经手人、账号信息及交付情况等，完美跟踪整个交易流程。

8.4.3 客户管理信息系统的应用

1．客户管理信息系统的概念

客户关系管理信息系统（常简称为客户管理系统）是以客户数据的管理为核心，利用信息科学技术，实现市场营销、销售、服务等活动自动化，并进行客户的信息收集、管理、分析、利用的信息系统。它帮助企业实现以客户为中心的管理模式。

2. 客户管理信息系统的目标

建立客户管理信息系统的目的在于同每个客户建立联系，通过同客户的联系来了解客户的不同需求，并在此基础上进行"一对一"个性化服务，从而满足客户需求。通常，客户管理信息系统包括销售管理、市场营销管理、客户服务系统以及呼叫中心等方面的内容。

3. 客户管理信息系统的功能

（1）实现服务自动化。客户管理信息系统的一个重要功能就是实现服务流程的自动化。此功能模块主要用于处理和服务业务有关的服务线索、服务任务。可以分类查询服务线索，对其进行服务任务的预约与委派。针对服务任务，可以进行汇报、跟踪、审核，并按照任务的审核情况进一步对其关联服务线索进行再委派或者是核销等处理。同时，还应有服务请求、服务活动、知识库、投诉以及图表分析等功能，用于对服务工作进行有效的管理。

（2）实现销售自动化。销售自动化主要由客户档案管理、联系人管理、商机管理、商业活动管理、向导式的自动报价、合同生成和管理、订单处理、费用管理、员工绩效以及统计分析等功能组成。

（3）实现营销自动化。此功能模块主要用于帮助企业完善目标客户基本信息，分离不完整客户信息记录并对其进行补充编辑。对客户分析的结果能给企业提供销售机会，即通过对各种销售信息进行分析，找出潜在客户，从而对潜在客户进行目标营销。

（4）实现电子商务。随着互联网技术的发展，越来越多的客户关系管理信息系统都将电子商务作为其必不可少的一项功能提供给用户。该功能模块主要是帮助企业建立和维护网上商店，实现网上产品销售和提供服务。系统后台集中和维护产品档案资料，自动将产品图文资料信息直接发布到网上。公司能根据客户会员等级等个人信息向客户提供个性化的解决方案，同时实现网上企业宣传、产品宣传及服务宣传。

系统通过前端与网站的接口，实现客户个性化需求在企业网站上的延伸。另外，与后台产品档案信息库和服务资料库集成，可实现通过网站发布常见产品故障解决方案，为客户查询订单情况、解决疑难问题等，实现最大限度的客户自助化服务，让客户真正满意。

（5）实现客户交流。客户交流方面的主要功能有：转达业务问题、回答接收、回答整理、提问接收、问题处理、呼叫管理、路由选择、报表统计分析、管理分析、资料发送等。

（6）合作伙伴关系管理。该模块主要功能包括：对公司数据库信息设置存取权限，合作伙伴按权限对客户信息相关文档进行存取。

（7）客户档案维护。客户资料管理负责维护客户及其账户的所有档案资料数据，对客户及其账户进行的日常管理，包括创建和更新客户基本资料、扩展资料，创建和更新账户资料，客户账户资料的数据准确性和完整性校验，对客户网络和群组进行管理。

4. 客户管理信息系统的作用

（1）优化服务。通过建立客户管理信息系统，物流企业可以收集到客户通过多种途径反馈的售后服务信息，从而优化对客户的服务，提高客户满意度。同时，由于提供实时的客户查询功能,可实现物流信息的"客户共享",向客户提供各类统计报表的查询,可以帮助客户制订生产计划,增强物流企业和客户之间的合作伙伴关系。

(2) 提高市场占有率、增加销售额。通过对各种客户信息的分析,找出潜在的客户群,针对其制定相应的销售策略进行营销,有助于将潜在客户发展为最终客户,提高市场占有率,进而增加销售额。

(3) 降低销售成本。通过对收集到的客户信息进行分析,对客户进行评价和分类,通过细分客户群,有针对性地对优质客户提供一些优惠政策,使物流企业在进行市场推广和销售策略时避免盲目性,节省时间和资金。

(4) 市场预测、分析。通过对客户管理信息系统中的各种销售数据以及客户需求的分析,企业可以对市场的发展方向进行预测,使物流企业能够根据市场的变化及时调整销售和服务策略。

(5) 提高工作效率。客户管理信息系统能够给物流企业的各环节提供信息与数据共享,可以提高业务处理流程的自动化程度,提高企业员工的工作能力和效率,也使企业内部能够更高效地运转,使物流企业能够及时掌握运营状况,有效地管理各业务环节,同时提高对非正常业务的处理能力。

思考题

1. 同一种物流职能的信息系统,由于不同企业或用户需求的不同,其功能结构会有所差异。试分析物流企业运输管理信息系统与其他企业运输管理信息系统的异同。
2. 试分析独立的仓储管理信息系统与作为集群组成部分的 WMS 在应用上有何异同。
3. 装卸搬运是物流的基本职能之一,试分析其管理信息系统的组成和功能。

第 9 章 物流信息系统项目管理

学习目标

1. 了解物流信息系统的生命周期；
2. 理解物流信息系统建设项目管理的内容与过程；
3. 掌握物流信息系统建设项目的立项、推进计划、实施过程的组织管理、验收评价等各阶段的管理内容、方法与步骤。

9.1 物流信息系统项目概述

9.1.1 物流信息系统项目的概念

物流信息系统项目是指采用一定的技术和方法，组织企业内外资源，开发出符合用户需要的物流信息系统的活动。

物流信息系统的建设活动符合项目的几个特征：首先，物流信息系统的建设是一次性的任务，有一定的任务范围和质量要求，有时间或进度的要求，有经费或资源的限制；其次，物流信息系统具有生命期，这与项目具有生命期也是一致的。所以，物流信息系统的建设也是一种项目的建设，可以采用项目管理的思想和方法来指导。

9.1.2 物流信息系统项目的特点

1. 物流信息系统项目的目标是不精确的

物流信息系统项目的目标是不精确的，任务的边界是模糊的，质量要求更多是由项目团队来定义的。对于物流信息系统的建设，在许多情况下，客户一开始只有一些初步的功能要求，给不出明确的想法，提不出确切的要求。物流信息系统项目的任务范围很大程度上取决于项目组所做的系统规划和需求分析。由于客户方对信息技术的各种性能指标并不熟悉，因此，物流信息系统项目所应达到的质量要求——各种技术指标，更多地由开发方的项目组来定义，而客户更多的是尽可能地审查。为了更好地定义或审查物流信息系统项目的任务范围和质量要求，客户方可以聘请第三方的物流信息系统监理或咨询方，但尽管有第三方的帮助，物流信息系统项目的范围还是不如工程项目精确。

2. 物流信息系统项目的需求变更比较频繁

在物流信息系统项目建设过程中，客户的需求会不断被激发，不断变明确，可能导致项目的范围、进度、费用等计划不断更改。在修改的过程中可能会产生新的问题，并且这些问题很可能在过了相当长的时间以后才会被发现。这就要求项目经理要不断监控和调整项目的计划执行情况，还要有较强的范围变更管理能力。

3. 物流信息系统项目受人力资源的影响很大

物流信息系统项目是智力密集、劳动密集型的项目，受人力资源影响最大，项目成员的结构、责任心、能力和稳定性对物流信息系统项目的质量及能否成功都有决定性的影响。物流信息系统项目工作的技术性很强，充满了大量高强度的脑力劳动，尽管近年来信息系统辅助开发工具和套装软件应用越来越多，但是项目的各个阶段还是渗透大量的手工劳动，这些劳动十分细致、复杂，容易出错，因而物流信息系统项目既是智力密集型项目，又是劳动密集型项目。

由于物流信息系统建设的核心成果——开发的应用软件（包括基于特定客户对套装软件进行的二次开发）是不可见的逻辑实体，如果人员发生流动，对于没有深入掌握软件知识或缺乏信息系统开发实践经验的人员，一般很难在短时间里做到无缝承接物流信息系统的后续开发工作。

物流信息系统的建设特别是软件的开发渗透了人的因素，带有较强的个人风格。为了高质量地完成项目，必须充分发掘项目成员的智力才能和创造精神，不仅要求他们具有一定的技术水平和工作经验，还要求他们具有良好的心理素质和高度的责任心。因而，在物流信息系统项目的管理过程中，要将人力放到与进度和成本一样高的地位上来对待。

除上述三个特点以外，物流信息系统项目还具有如下特点：牵涉的技术人员高度专业化；涉及的设备和软件的供应商比较多；项目生命期通常比较短；通常要采用大量的新技术；使用与维护的要求比较复杂；行业特性比较强等。这些特点要求系统建设人员除了要有IT方面的技术外，必须还要有较丰富的行业经验。

9.1.3 物流信息系统项目的生命周期

物流信息系统项目的生命周期可以分为立项、开发、运维及消亡四个阶段。

1. 立项阶段

这一阶段分为两个过程：一是概念的形成过程，即根据用户单位业务发展和经营管理的需要，提出建设物流信息系统的初步构想；二是需求分析过程，即对物流信息系统的需求进行深入调研和分析，形成"需求规范说明书"，经评审、批准后立项。

2. 开发阶段

该阶段又可分为以下五个阶段。

（1）总体规划阶段。这是系统开发的起始阶段。它以立项阶段所做的需求分析为基础，明确物流信息系统在企业经营战略中的作用和地位，指导物流信息系统的开发，优化配置并利用各种资源，包括内部资源和外部资源，通过规划过程规范或完善用户单位的业务流程。一个比较完整的总体规划应当包括物流信息系统的开发目标、总体结构、组织结构、管理流程、实施计划、技术规范。

（2）系统分析阶段。其目标是为系统设计阶段提供系统的逻辑模型，内容包括组织结构及功能分析、业务流程分析、数据和数据流程分析及系统初步方案。

（3）系统设计阶段。这一阶段的目标是根据系统分析的结果设计出物流信息系统的实施方案，主要任务包括系统架构设计、数据库设计、处理流程设计、功能模块设计、安全控制方案设计、系统组织和队伍设计及系统管理流程设计。

（4）系统实施阶段。这一阶段的任务是将设计阶段的成果在计算机和网络上具体实现，即将设计文本变成能在计算机上运行的软件系统。由于系统实施阶段是对以前全部工作的检验，因此用户的参与特别重要。

（5）系统验收阶段。通过试运行，系统性能的优劣及其他各种问题都会暴露在用户面前，此即进入了系统验收阶段。

3．运维阶段

物流信息系统通过验收，正式移交给用户以后，就进入运维阶段，系统长时间的有效运行是检验系统质量的试金石。

要保障系统正常运行，系统维护是不可缺少的工作。维护可分为四种类型：排错性维护、适应性维护、完善性维护、预防性维护。

4．消亡阶段

开发一个物流信息系统并希望它能一劳永逸地运行下去是不现实的。物流信息系统经常不可避免地会遇到系统更新改造、功能扩展，甚至报废重建等情况。对此，用户单位应当在物流信息系统建设的初期就注意系统消亡条件和时机，以及由此而花费的成本。

9.2 物流信息系统项目立项管理

9.2.1 物流信息系统项目建议书

1．项目建议书的概念

项目建议书（又称立项申请）是项目建设单位向上级主管部门提交项目申请时必须准备的文件，是对拟建项目提出的框架性的总体设想。项目建议书是上级主管部门选择项目的依据，也是可行性研究的依据。项目建议书批准后，方可开展后续工作。

2．项目建议书的内容

项目建议书应该包括的核心内容如下。

（1）项目的必要性。

（2）项目的市场预测。

（3）产品方案或服务的市场预测。

（4）项目建设必需的条件。

9.2.2 物流信息系统项目可行性研究

可行性研究是开发物流信息系统项目过程中的重要环节之一。国家《计算机软件开发规范》中指出，可行性研究的主要任务是："了解用户的需求及现实环境，从技术、经济和社会因素三个方面分析并论证软件项目的可行性，编写可行性研究报告，制订初步的项目开发方案。"可行性研究是物流信息系统项目建设前期工作的一个重要步骤，启动项目的一个重要环节就是对项目进行论证。也就是说，确定是否应该立项。

可行性研究的目的是在开发系统立项之前，对所要开发的系统进行必要性、可行性及可能采取的方案进行分析和评价，为组织领导层决策提供科学的依据。统计显示，70%以上的信息系统项目都失败了。事实表明，很多的项目在立项阶段就应该终止。可行性分析就是要根据组织的环境、资源等条件，判断所提出的物流信息系统项目是否有必要、有可能进行。

1. 可行性研究的内容

可行性研究的内容包括必要性和可行性两方面。项目建议书已通过的项目一般来讲是必要的，这里重点讨论其可行性。可行性可以从以下三个方面去分析。

（1）技术上的可行性。技术上的可行性是指分析所提出的要求在现有技术条件下是否有可能实现：是不是具有所需的相应的人力资源，是不是具备了所需的技术能力。例如，对加快速度的要求，对存储能力的要求，对通信功能的要求等，都需要根据现有的技术水平认真地考虑。这里所说的现有水平，是指社会上已经比较普遍采用了的技术。不应该把尚在实验室里研究的新技术作为讨论的依据。

（2）经济上的可行性。这包括对项目所需费用的估算和对项目预期收益的估算。这是非常重要的，如果不认真分析，就可能带来巨大的损失。在估算的过程中，常常会出现将费用低估而把收益高估的现象，这主要是由于人们在进行经济的可行性分析时经常忽略一些重要的因素。以计算机为例，人们在考虑费用的时候，常常是只考虑了主机的费用，而忽略或低估其外围设备的费用；或者只考虑硬件的费用，而低估了软件的费用；或者只考虑了建设的费用而忽略了运行维护的费用。所有这些因素都会导致对物流信息系统项目费用的低估。另一方面，对于项目的收益，人们往往把引进物流信息系统项目后所提高的信息处理能力，与实际产生的效益混为一谈。

（3）组织或社会环境的可行性。由于物流信息系统是在组织或社会环境中工作的，除了技术因素与经济因素之外，还有许多组织环境或社会环境因素对于项目的开展起着制约作用。例如，与项目有直接关系的管理人员是否对于项目的开展抱有支持的态度？又如，组织中的相关人员是不是具备了使用物流信息系统所需具备的基本能力？物流信息系统项目运行绩效的产生离不开具有相应能力的人员的有效使用，如果这些相关人员的信息化能力较低，而且在短时期内这种情况不可能发生根本的转变，这时如果考虑大范围地使用某些信息化能力要求较高的新信息系统项目，那就是不现实的。对这些组织和社会的因素、人的因素，都必须进行充分的考虑。

可行性分析需要从以上三个方面来判断项目是否具备开始进行的各种必要条件。

2. 可行性研究的步骤

一般地，可行性研究分为初步可行性研究、详细可行性研究、可行性研究报告三个基本的阶段，并可归纳为七个基本步骤：

（1）确定项目规模和目标。

（2）研究正在运行的系统。

（3）建立新系统的逻辑模型。

（4）导出和评价各种方案。

（5）推荐可行性方案。

(6) 编写可行性研究报告。
(7) 递交可行性研究报告。

9.2.3 物流信息系统项目招投标

招投标是招标和投标的简称。招标和投标是一种商品交易行为，是交易过程的两个方面。招标和投标是一种国际惯例，是商品经济高度发展的产物，是应用技术、经济的方法和市场经济的竞争机制的作用，有组织地开展活动的一种择优成交的方式。在货物、工程和服务的采购招标中，招标人通过事先公布的采购要求，吸引众多的投标人按照同等条件进行平等竞争，按照规定程序并组织技术、经济和法律等方面专家对众多的投标人进行综合评审，从中择优选定项目的中标人。其实质是以较低的价格获得最优的货物、工程和服务。

1．招标

招标是在一定范围内公开货物、工程或服务采购的条件和要求，邀请众多投标人参加投标；并按照规定程序从中选择交易对象的一种市场交易行为。

招标项目按照国家有关规定需要履行项目审批手续的，应当先履行审批手续，获得批准。

招标人应当有进行招标项目的相应资金或者资金来源已经落实，并应当在招标文件中如实载明。

招标人有权自行选择招标代理机构，委托其办理招标事宜。招标代理机构是依法设立从事招标代理业务并提供服务的社会中介组织。任何单位和个人不得以任何方式为招标人指定招标代理机构。

招标有公开招标、邀请招标和议标等。公开招标是指招标人以招标公告的方式邀请不特定的法人或者其他组织投标。邀请招标是指招标人以投标邀请书的方式邀请特定的法人或者其他组织投标。

2．投标

（1）投标的基本概念。投标是与招标相对应的概念，它是指投标人应招标人的邀请，按照招标的要求和条件，在规定的时间内向招标人提交标书，争取中标的行为。

（2）投标流程。

1）编制投标文件。投标人首先取得招标文件，认真分析研究后，编制投标书。投标书实质上是一项有效期至规定开标日期为止的要约，内容必须十分明确，中标后与招标人签订合同所要包含的重要内容应全部列入。投标文件并在有效期内不得撤回、变更报价或对内容作实质性修改。为防止投标人在投标后撤标或在中标后拒不签订合同，招标人通常都要求投标人提供一定比例或金额的投标保证金。招标人决定中标人后，未中标的投标人已缴纳的保证金即予退还。

投标人在递交投标书时应注意的问题：

《中华人民共和国招标投标法》规定，投标人应当在招标文件要求提交投标文件的截止时间前，将投标文件送达投标地点。招标人收到投标文件后，应当签收保存，不得开启。投标人少于三个的，招标人应当依照本法重新招标。在招标文件要求提交投标文件的截止时间后送达的投标文件，招标人应当拒收。

2）递交投标文件。投标人必须按照招标文件规定的地点、在规定的时间内送达投标文件。投递投标文件的方式最好是直接送达或委托代理人送达，以便获得招标机构的回执。

如果以邮寄方式送达，投标人必须留出邮寄时间，保证投标文件能够在截止日期之前送达招标人指定的地点。

3）投标文件的签收。招标人收到标书以后应当签收，不得开启。为了保护投标人的合法权益，招标人必须履行完备的签收、登记和备案手续。签收人要记录投标文件递交的日期和地点以及密封状况，签收人签名后应将所有递交的投标文件放置在保密安全的地方，任何人不得开启投标文件。

3. 评标

评标由评标委员会负责。评标委员会由具有高级职称或同等专业水平的技术、经济等相关领域专家、招标人和招标机构代表等5人以上单数组成。其中，技术、经济等方面专家人数不得少于成员总数的2/3。开标前，招标机构及任何人不得向评标专家透露其即将参与的评标项目内容及与招标人和投标人有关的情况。评标委员会成员名单在评标结果公示前必须保密。招标人和招标机构应当采取措施保证评标工作在严格保密的情况下进行。在评标工作中，任何单位和个人不得干预、影响评标过程和结果。评标委员会应严格按照招标文件规定的商务、技术条款对投标文件进行评审，任何招标文件中没有规定的标准不得作为评标依据，法律、行政法规另有规定的除外。评标委员会的每位成员在评标结束时，必须分别填写评标委员会成员评标意见表，评标意见表是评标报告必不可少的一部分。采用最低价评标法评标的，在商务、技术条款均满足招标文件要求时，评标价格最低者为推荐中标人；采用综合评价法评标的，综合得分最高者为推荐中标人。投标人应当提供在开标日前三个月内由其开立基本账户的银行开具的银行资信证明的原件或复印件。对投标文件中含义不明确的内容，招标人可要求投标人进行澄清，但不得改变投标文件的实质性内容。澄清要通过书面方式在评标委员会规定的时间内提交。澄清后满足要求的按有效投标接受。

4. 选定项目承建方

评标委员会应当按照招标文件确定的评标标准和方法，对投标文件进行评审和比较；设有标底的，应当参考标底。评标委员会完成评标后，应当向招标人提出书面评标报告，并推荐合格的中标候选人。招标人根据评标委员会提出的书面评标报告和推荐的中标候选人确定中标人。招标人也可以授权评标委员会直接确定中标人。

中标人的投标应当符合下列条件之一。

（1）能最大限度地满足招标文件中规定的各项综合评价标准。

（2）能满足招标文件的实质性要求，并且经评审的投标价格最低；但是投标价格低于成本的除外。

中标人确定后，招标人应当向中标人发出中标通知书，并同时将中标结果通知所有未中标的投标人。中标通知书对招标人和中标人具有法律效力。

招标人和中标人应当自中标通知书发出之日起30日内，按照招标文件和中标人的投标文件订立书面合同。招标人和中标人不得再订立背离合同实质性内容的其他协议。依法必须进行招标的项目，招标人应当自确定中标人之日起15天内，向有关行政监督部门提交招标投标情况的书面报告。

9.2.4 物流信息系统项目的合同

物流信息系统项目的建设方案选定之后，项目的投资方就必须尽快和建设方签订合同，并且尽快启动项目。一份完善的合同对信息系统项目的成功至关重要。合同应当保障实现客户和承包商二者的目标，对待双方都应公平合理。合同的内容要清楚明了，以使双方以及第三方（法庭）都对合同能有一个清晰的理解。

合同必须是客户和承包商双赢的结果，双方达成共识的层面必须是全面的，从而具有一致的商业含义，但又必须有足够的柔性，以涵盖业务中的变化，使双方不必再次回到谈判桌前。合同代表了双方的合作伙伴关系，客户不能完全免除自己的责任，而且必须密切关注进展，并参与到合同的管理中。

1. 合同的一般格式与主要内容

合同是交易双方签订的法律文件，是双方产生争议时协调、仲裁或诉讼的基点，所以合同应该尽可能完备。虽然合同不可能涵盖所有的不确定性，但是合同应该涉及处理变更和争议的方法。

物流信息系统开发合同一般内容包括：合同的名称（如××公司信息系统委托开发合同）、甲方（客户）、乙方（开发方）、合同的主要条款、甲乙双方的签字盖章、合同的签订日期。

合同中一般应该包括如下的语句：甲乙双方经过协商和谈判达成了本协议，并经双方协商一致制订如下条款。合同的条款应该包括如下主要内容。

（1）标定的范围，即开发物流信息系统的目标及其功能描述。物流信息系统的需求应该明确和可以度量，不能采用含糊的词语。

（2）合同期限。

（3）费用，即合同价格。按照酬金的计算方式不同，项目合同可以划分为固定价格合同和成本补偿合同。

（4）进度和质量。该部分规定物流信息系统的进度和检验标准，对以什么样的进度递交原型和中间结果、采用什么样的测试方法和测试环境、验收测试的方法和程序、每一测试阶段的验收标准、总体的资料要求，以及培训、对双方的准备、标准、时间表和责任都应作出规定。

（5）争议的解决。争议的解决方式包括协商、调解、仲裁和诉讼。对此双方需要在合同中进行约定，具体包括仲裁或诉讼的适用法律、地点、费用的承担等。

（6）保证和责任的限定。双方要做出一些承诺和保证，比如，开发商该项合同的订立不得与开发商作为一方与其他方签订的任何合同相抵触，开发商是一家具有正式组织、有效存在并严守国家法律的公司等。客户方也应该做同样或类似的承诺。

（7）合同到期和终止。合同的有效期限届满，开发商和客户应履行"合同到期和终止程序"部分的约定。

（8）其他条款，如变更、知识产权、分包、保密、不可抗力等条款。

2. 合同中的非价格条款

物流信息系统项目的建设合同与其他合同一样，必须以可计量的或可测试的方式规定项目的范围、质量、进度和费用等目标，同时还要规定双方的权利和义务。除此之外，物流信息系统项目合同中还必须注意以下非价格条款的内容。

（1）成本超支或进度延迟的通知条款。如果成本超支或进度延迟，承建方必须提前通知客户，并提交书面的情况说明及纠正措施和计划。承建方很有可能通过简化功能模块、取消部分功能、忽略系统优化等手段控制成本、加快进度，从而使用户蒙受损失。所以，一旦出现实际成本或预期成本超支或进度计划将延迟的迹象，承建方必须及时通知用户单位，以使成本回到预算内来或使进度计划回到正常的轨道上来。

（2）分包的限制条款。用户可以要求禁止或限制分包。即使分包，承建方也必须通知用户，并要征得用户的同意。

（3）明确用户承担配合义务的条款。物流信息系统的顺利建设不仅仅是承建商的事情，也离不开用户的配合和协助。用户需要在规定的时间提供给承建方与物流信息系统建设方有关的、必要的文件、资料、设备等，在建设的过程中对于承建商的合理要求给予必要的协助和配合。这个条款保护了承建方的利益，明确了由于用户配合不到位而导致进度延误的情况下，用户应承担的责任。

（4）有关知识产权的条款。在建设物流信息系统过程中产生的知识或软件的所有权的问题必须明确。在合同中，要明确知识产权的归属，如果归双方共有，还应明确各自所占的比例。需要强调的是，不同的知识产权安排将导致项目建设费用的不同，特别是对于可推广的项目。

（5）有关保密协议的条款。当承建商可以接触到核心系统和数据时，要求其保密是非常重要的。出于安全的考虑，可以在合同中规定，任何一方向其他方面透露有关该信息系统项目的情况，或把项目有关机密信息、技术或该项目中另一方的工作流程用作其他用途时，必须经另一方的书面同意或授权，否则视为侵权。

（6）付款方式条款。在合同中应该明确付款方式。具体的付款方式有很多，如每月付款、每季度付款、按合同中总数的百分比付款等。需要注意的是，在付款方式条款中要界定相应的里程碑，在这些里程碑上要有明确的提交物，在这些提交物提交之后，支付一定百分比的款项。

（7）有关奖罚的条款。对于物流信息系统对用户业务有重大影响的项目，用户应该在合同中规定相应的奖罚条款，以确保项目的质量和进度能按预期实现。如果承建方提前或高于合同约定标准完成项目，用户应付给承建方奖金。另外，如果项目到期没有完成或者没有达到合同约定标准，用户将减少付给承建方的最终款额，甚至处以罚款。

3. 合同的管理

双方签订合同了，无论是物流信息系统项目的用户方还是承建方，都意味着项目正式立项了，项目执行过程中要对项目合同进行管理。

用户方和承建方签订信息系统建设合同后，为了保证项目按时按质完成，必须对合同进行有效的管理。合同为双方在物流信息系统建设过程中提供了行为的基础或规范。

保持承建商行为规范的基本方法是监督和控制。监督是指观察承建商是否在做他应做的事情。如果通过监督发现承建商正在偏离合同预定的行为目标，控制就是使承建商回到正确的轨道上去。在信息系统建设合同中，合同是监督和控制行为的基础。

监督从根本上说是由合同目标决定的。监督应该提供必需的信息来判断合同的目标

第 9 章 物流信息系统项目管理

是否得到满足。在合同中明确的可量化和可测量的指标是非常重要的，这样将会使合同的管理变得相对简单。另外，要做好监督管理的组织工作。例如，由谁来检查监督数据是否得到及时而准确的收集；谁来收集监督数据；这些数据怎样分析和由谁分析；如何发现、识别和表述差异或分歧。每隔一段时间，都应该对物流信息系统建设的效果进行评估，对各个里程碑以及相应的提交物进行广泛的评估。在合同执行过程中，应该按照预定的时间表，每隔一段时间进行一次检查。当在合同履行中产生问题时，则应按需进行检查。

在监督中发现承建方的工作在某一方面没有达到确保项目成功所需要的标准和尺度时，就需要通过控制，使项目回到正确的轨道上去。控制的步骤如下。

1）找到造成工作偏离预定标准问题的实质。
2）对产生问题的原因进行调查。
3）拟定解决问题的可行方案，并从中选择出最好的方案。
4）实施选定的方案，从而使系统建设工作回到原定的标准上。

9.3 物流信息系统项目规划管理

9.3.1 编制物流信息系统项目章程

项目章程是正式确认项目存在的文件，主要内容包括对项目所产生的产品或服务的特征，及其所要满足的商业需求的简单描述。在项目章程中，需要任命项目经理（或项目负责人），章程赋予项目经理运用、组织生产资源，进行生产活动的权力。

尽管项目章程不能阻止冲突的发生，但它可以提供一个有助于解决冲突的框架，因为它界定了项目经理为完成项目而使用和组织公司资源的权限，以及项目经理与其他职能部门经理之间的关系。项目章程是正式认可项目存在并指明项目目标和管理人员的一种组织级正式文件。项目主要干系人应该在项目章程上签字，以表示认可项目目的，并已经与组织达成一致。

对于物流信息系统建设项目来讲，承建方和用户方都应该签发各自的项目章程，任命各自的项目经理。作为用户，要成立一个配合和管理承建方的项目团队；作为承建方，要成立一个实施团队。

9.3.2 制订物流信息系统项目管理计划

项目管理计划是用来生成和协调如质量计划、进度计划、成本计划等所有计划的总计划，是指导整个项目执行和控制的文件。项目管理计划的内容有：

1. 项目简介

包括：①项目名称。②项目目标，包括应用需求、组织项目的原因、系统功能。③项目各方负责人和联络人，包括建设单位负责人姓名、头衔，建设单位联络人头衔及联络方式，承建单位负责人姓名、头衔，项目经理姓名及联络方式，监理单位负责人姓名、头衔，总监或总监代表姓名及联络方式。④分计划清单，包括组织和人员管理计划，质量管理计划，进度管理计划，成本管理计划，变更和风险管理计划，外购外包管理计划，沟通和协调管理计划，安全管理计划，知识产权管理计划，文档管理计划，评估和验收管理计划。⑤交付成果清单。⑥项目组织结构图。⑦责任说明。⑧相关定义、术语及缩写说明。

2. 项目进度

包括：①阶段的划分，各阶段的完成日期、交付成果。②列出项目活动间的相互依赖关系。③提出为保证项目进度所需的条件。④形成进度管理计划的基础。

3. 项目预算

包括：①提出对项目所需资金的整体估算及按年度或月度的预算估算；②指出预算的可伸缩程度——可浮动范围或不可更改。③项目成本构成。④形成成本管理计划的基础。

4. 有关项目管理的若干说明

包括：①项目过程检查，如多长时间进行一次评估，是以月、季度为单位，还是以任务阶段为单位，采用何种评估方法等。②变更管理、变更控制的原则以及不同类型的变更需经哪个管理层批准，形成变更管理的基础。③风险管理，对风险的识别、管理和控制进行简要描述，形成风险管理计划的基础。④人员需求说明，预估项目所需人员类型及数量，形成组织和人员管理计划的基础。⑤技术说明，描述本项目主要采用的具体技术、方法及归档要求。⑥标准规范说明，指出本项目所必须遵循的标准和规范。

9.3.3 物流信息系统项目计划变更控制报告

1. 物流信息系统项目计划变更的原因

即使物流信息系统项目计划书做得再好，变更也是在所难免的。因此，为尽量减少或避免问题，应找到变更的根源所在。在分析了物流信息系统生命周期后会发现，变更来源可能有：错误报告、工程命令、项目管理考虑、市场组、开发者详细分析、设计评审反馈、技术团队讨论、功能说明评审和客户支持讨论。通过总结，得到如表 9-1 所示的计划变更原因。

表 9-1 计划变更的主要原因

环境因素	（1）组织外部环境变化，如技术的变更、政府政策的改变、行业环境的改变、行业竞争的加强 （2）组织内部环境变化。这与组织结构、组织目标和政策有关，如功能增强、产品战略改变、范围减少、组织快速地采用新技术以获得竞争优势等
团队因素	（1）客户对系统知识的理解增加 （2）客户对提出的需求不能做出承诺 （3）需求分析员领域知识和专长的缺乏 （4）开发者对系统理解的深入、文档的重审 （5）需求遗漏、需求错误、需求冲突 （6）对需求的理解分歧
项目因素	（1）项目规模 （2）项目技术、进度、费用的变化

外部环境变化一般是很难靠组织个体力量来控制的。这就要求组织尽可能以长远的战略视角来分析行业走势及政府支持方向，进而做出物流信息系统项目的目标规划。内部环

境变化是可控可预测的,而市场环境变化多端,应以不变应万变,尽量做到物流信息系统的柔性化。对于团队因素,相关研究已经非常深入,应用与软件相适应的先进的"需求工程"方法和工具,可以有效避免团队原因造成的问题。对于项目因素,运用项目管理方法可以减少由此带来的不确定性。下面就三个常见的变更仔细分析。

(1) 对需求的理解分歧。当客户向需求分析人员提出需求的时候,往往是通过自然语言来表达的,这样的表达对于真实的需求来说只是一种描述,分析人员需要把这种需求整理为正式规格化的说明。这种转化在理解无误的情况下都不可能保证百分百的正确,更何况有时分析员领域知识还会比较欠缺。

(2) 开发周期长。物流信息系统的建设周期很长,短则 1~2 个月,长则几年,客户现在提出的要求,可能等到系统开发出来后已有所变化。当客户看到真正的系统时,就会对系统的界面、操作、功能、性能等有一些切身的体会,有可能提出需求变更要求,或者提要求的客户已经离开,而取代其的客户又会提出新的需求。

(3) 客户的组织环境变化。组织环境既包括外部环境,也包括内部环境。外部环境的变化包括技术的更新、政府政策的改变、行业环境的改变、行业竞争的加强等。内部环境变化与组织结构、组织目标和政策有关,如功能增强、产品战略改变、范围减少、快速地采用新技术以获得竞争优势等。在这种情况下,很难在系统开发早期就发现问题,或许那时做的范围定义已经很"完美"(只针对当时环境)。这就需要把物流信息系统的规划与客户自身发展的战略规划相结合。

2. 物流信息系统项目计划变更管理

物流信息系统项目计划变更之所以难于管理,不仅是因为变更意味着要花费更多时间来实现某一个新特性,还因为某个变更很可能会影响到其他部分。项目所处的阶段越早,项目不确定性就越大,项目调整或变更的可能性就越大,但是相应的代价却越低。但随着项目的进行,不确定性逐渐减小,而变更的代价、付出的人力、资源却逐渐增加。

下面是一些可以有效管理变更的措施:

(1) 变更识别:减少需求忽略。这个措施的目的是尽可能快地识别和获取来自客户需求、市场环境、规章制度、组织结构转换等的变更请求。运用的管理策略包括以下五点。

1) 系统重审。系统重审是周期性进行或根据需要临时召集的审查。重审小组组成包括系统相关的核心人员,内容包括对系统优劣势的分析。对有缺陷的地方应该进行排序,并识别根本原因。

2) 用户工作室。它使系统开发者能收集到来自大量用户的反馈。"鸿沟分析"可以用来识别用户期望和当前系统的不同。

3) 亲自体验。这种方式用于用户不能清楚表达需求变更时,系统分析员可以亲自到用户工作场所进行考察。

4) 满意度调查问卷。IBM 公司在软件开发过程中使用的满意度参数包括能力、功能、可用、执行、可靠、不稳定、可维护性、文档/信息、服务和总体;HP 公司使用的满意度参数包括功能、可用、稳定、执行和服务。

5) 基准。把行业竞争标杆作为基准进行比对,能帮助识别现存系统的弱点。

(2) 联合应用设计。采用这种方法的目的是让客户参与开发的全过程。客户代表和开发者在一起工作，有问题及时解决，便于开发者迅速开发系统原型，让用户尽早接触开发系统界面，感受其操作、性能等。这样至少能减少一半的范围蔓延。

（3）协商"达成一致"。这个策略的目标是与项目利益相关方就范围变更达成一致。如果不想使反复无常，最好让客户把变更请求书面化，并向其解释变更的影响和后果。协商"达成一致"就是让客户不要觉得变更是一项很轻松的事情。

（4）影响分析。影响分析的目标是评价计划变更对现存功能质量方面的影响。计划的变更会造成功能的增减，同时会造成质量的下降。相应的管理策略包括：

1）运用质量功能配置（QFD）技术，用一个矩阵使客户需求和设计特性相关起来。

2）许多需求工程工具可以跟踪各个需求之间的联系。跟踪链可以用来识别潜在的影响点。

（5）变更估计。不能正确估计变更带来的成本、人力和时间的变化，就不能正确做出接受、拒绝还是需要增加系统经费的决定。在规范的组织中，变更不应该是随意的，任何变更都要经过变更控制委员会的评审。

（6）区别对待。随着开发进展，有些用户会不断提出一些在项目组看来确实无法实现，或工作量比较大、对项目进度有重大影响的需求。遇到这种情况，开发人员可以向用户说明，项目的启动是以最初的基本需求作为开发前提的，如果大量增加新的需求（虽然用户认为是细化需求，但实际上是增加了工作量的新需求），会使项目不能按时完成。如果用户坚持实施新需求，可以建议用户将新需求按重要和紧迫程度划分档次，作为需求变更评估的一项依据。同时，还要注意控制新需求提出的频率。

（7）选用适当的开发模型。原型法比较适合需求不明确的开发项目。开发人员先根据用户对需求的说明建立一个系统原型，再与用户沟通。一般用户看到一些实际的东西后，对需求会有更为详细的解释，开发人员可根据用户的说明进一步完善系统原型。这个过程重复几次后，系统原型逐渐向最终的用户需求靠拢，从根本上减少需求变更的出现。目前，业界较为流行的迭代式开发方法对工期紧迫的项目需求变更控制很有成效。

（8）用户参与需求评审。作为需求的提出者，用户理所当然是最具权威的发言人之一。实际上，在需求评审过程中，用户往往能提出许多有价值的意见。同时，这也是由用户对需求进行最后确认的机会，可以有效减少需求变更的发生。

9.4 物流信息系统项目执行与监控管理

9.4.1 项目管理方法论

项目管理方法是一个结构化的方法，是可以在大部分项目中应用的方法。在具体实践过程中，还要针对行业特点，建立适合行业特色的项目管理体系。

依照项目管理理论，项目管理过程可按阶段划分为启动、计划、实施、收尾四个阶段。对于任何一个项目，我们都可以依此进行阶段的划分，这是项目的共性。而对于项目中的个性，也就是项目的业务和技术层面，项目的阶段划分就需要由具体企业的业务流程和技术方法决定，并在实施过程中，针对具体的项目进行客户化。项目管理方法论的核心

第 9 章 物流信息系统项目管理

就是综合所有项目的特点,建立一套包括技术、工具、管理技巧在内的一站式服务的指南和模板。这种将项目管理方法和业务流程相互配合,并在实践中进行优化的管理方法,就是项目管理方法论。

9.4.2 物流信息系统项目范围管理

1. 项目范围管理的定义

项目范围是为了达到项目目标、交付具有某种特质的产品和服务而规定要做的工作。项目范围管理就是要确定哪些工作是项目应该做的,哪些不应该包括在项目中,既不多做也不少做。如果少做,会影响项目既定功能的实现;如果多做,又会造成资源浪费。项目范围是对项目目标的更具体的表达。具体来说,项目范围管理需要做好以下工作:

(1)明确项目边界,即明确哪些工作是包括在项目范围之内的,哪些工作是不包括在项目范围之内的。

(2)对项目执行工作进行监控,确保所有该做的工作都做了,而且没有多做。对不包括在项目范围内的额外工作说"不",防止项目范围发生蔓延。范围蔓延是指未对时间、成本和资源做相应调整,未经控制的产品或项目范围的扩大。

2. 项目范围管理的重要性

项目的范围一般来自项目投资方或客户的明确的项目目标或具体需求。任何一个项目的建设过程都有其明确的目标,因此在讨论项目范围管理的时候,不可能脱离项目的目标。项目的目标是项目范围管理计划编制的一个基本依据。

如何有效、全部地完成项目范围内的每项工作,是每个项目经理必须思考的问题。项目范围管理及控制的有效性,是衡量项目是否成功的一个必要标准。项目范围管理是项目管理的一个主要部分,同时,在项目中不断地重申项目工作范围,有利于项目不偏离轨道,是项目管理的一个重要手段。

项目范围管理不仅仅是让项目团队成员知道为达到预期目标需要完成哪些具体工作,还要搞清楚项目相关各方在每项工作中的分工界面和责任。详细、清楚地界定分工界面和责任,不但有利于项目实施中的变更控制和推进项目发展,减少责任不清的事情发生,而且便于项目结束时对项目范围的核实。分工界面明确后,如果项目的某个工作包出现工期延迟,就可以很快找到具体的责任人并及时提出解决方案。

由于进行项目范围管理能够确定项目的边界、明确项目的目标和项目的主要可交付成果,因此,范围管理能够提高对项目成本、进度和资源估算的准确性,并且会影响到项目的成功。在项目实践中,范围蔓延是项目失败最常见的原因之一。项目往往在启动、计划、执行、甚至收尾时不断加入新功能,无论是客户的要求还是项目团队成员的创新或者新技术的出现,都可能导致项目范围的失控,从而使项目在进度、成本和质量上都受到严重影响。

3. 物流信息系统项目范围管理的过程

物流信息系统项目范围管理主要是通过规划范围管理、收集需求、定义范围、创建工作分解结构(WBS)、确认范围和控制范围六个过程来实现的。物流信息系统项目范围管理的各过程如表 9-2 所示。

表 9-2　物流信息系统项目范围管理的过程

管理过程	所属过程组	解释
规划范围管理	规划过程组	编制范围管理计划，书面描述如何定义、确认和控制项目范围
收集需求		为实现项目目标而确定、记录并管理干系人的需要和需求
定义范围		对项目和产品进行详细描述
创建工作分解结构（WBS）		将项目可交付成果和项目工作分解为较小的、更易于管理的组件
确认范围	监控过程组	正式验收已完成的项目和可交付成果
控制范围		监督项目和产品的范围状态，管理范围基准变更

9.4.3　物流信息系统项目进度管理

1. 项目进度管理的定义

项目进度管理是指在项目实施过程中，对各阶段的进展程度和项目最终完成的期限所进行的管理。在项目的建设过程中，要经常检查实际进度是否按计划要求进行，若出现偏差，便要及时找出原因，采取必要的补救措施或调整、修改原计划，直至项目完成。其目的是保证项目能在满足其时间约束条件的前提下实现其总体目标。

2. 物流信息系统项目进度管理的过程

（1）规划进度管理：为规划、编制、管理、执行和控制项目进度而制定政策、程序并形成书面进度管理计划。

（2）定义活动：识别和记录为完成项目可交付成果而需采取的具体行动。

（3）排列活动顺序：识别和记录项目活动之间的关系。

（4）估算活动资源：估算执行各项活动所需材料、人员、设备或用品的种类和数量。

（5）估算活动持续时间：根据资源估算的结果，估算完成单项活动所需工期。

（6）制订进度计划：分析活动顺序、持续时间、资源需求和进度制约因素，创建项目进度模型。

（7）控制进度：监督项目活动状态、更新项目进展、管理进度基准变更，以落实计划。

上述过程会彼此相互作用，在某些项目（特别是小项目）中，定义活动、排列活动顺序、估算活动资源、估算活动持续时间及制订进度计划等过程之间的联系非常密切，以至于可视为一个过程，由一个人在较短时间内完成。

9.4.4　物流信息系统项目成本管理

1. 项目成本的概念

项目成本是指为实施项目、完成项目目标所需资源的货币价值。物流信息系统项目成本一般包括直接工时、其他直接费用、间接工时、其他间接费用，以及采购价格。

2. 项目成本管理的重要性

项目管理受范围、时间、成本和质量的约束。项目成本管理在项目管理中占有重要地位。实施项目成本管理，就是要确保在批准的预算内完成项目。虽然项目成本管理主要关心的是完成项目活动所需资源的成本，但也必须考虑项目决策对项目产品、服务或成果的使用成本、维护成本和支持成本的影响。例如，限制设计审查的次数有可能降低项目成本，但同时就有可能增加系统的运营成本。广义的项目成本管理通常称为"生命期成本计算"。生命期成本计算经常与价值工程技术结合使用，可降低成本、缩短时间、提高项目可交付成果的质量和绩效并优化决策过程。如果项目建设的实际成本远远超出批准的投资预算，就很容易造成成本失控。

3．物流信息系统项目成本管理的过程

物流信息系统项目成本管理包含为使项目在批准的预算内完成而对成本进行规划、估算、预算，以及相关的融资、筹资、管理，其具体过程包括：

（1）规划成本：为控制项目成本而制定政策、程序和相关文档。
（2）估算成本：对完成项目活动所需资金进行近似估算。
（3）制定预算：汇总所有单个活动或工作包的估算成本，建立一个经批准的成本基准。
（4）控制成本：监督项目状态，以更新项目成本，管理成本基准变更。

9.4.5　物流信息系统项目质量管理

1．项目质量管理的定义

从项目作为一次性的活动来看，项目质量体现在由工作分解结构（WBS）反映出的项目范围内所有的阶段、子项目、项目工作单元的质量所构成，此即项目的工作质量；从项目作为一项最终产品来看，项目质量体现在其成果的性能或者使用价值上，此即项目的产品质量。项目的质量是由顾客的要求决定的，不同的顾客有着不同的质量要求，其意图已反映在项目合同中，因此，项目合同通常是进行项目质量管理的主要依据。

2．物流信息系统项目质量管理过程

项目质量管理是项目管理的重要组成部分。项目质量管理要求保证项目能够兑现它的关于满足各种需求的承诺，其过程具体包括：

（1）规划质量管理：识别项目及其可交付成果的质量要求和标准，并准备对策确保符合质量要求。本过程的主要作用是为在整个项目中如何管理和确认质量提供了指南和方向。

（2）实施质量保证：审计质量要求和质量控制测量结果，确保采用合理的质量标准和操作性定义。本过程的主要作用是促进质量过程改进。质量保证旨在建立对输出或未完输出（即正在进行的工作）将在完工时满足特定需求和期望的信心。质量保证通过用规划过程预防缺陷，或者在执行阶段对正在进行的工作检查出缺陷，来保证质量的确定性。

实施质量保证也为持续改进创造了条件。持续改进是指不断地改进所有过程的质量。持续改进可以减少浪费，消除非增值活动，使各个过程在更高的效率与效果水平上运行。

（3）质量控制：监督并记录质量活动执行结果，以便评估绩效，并推荐必要的变更。本过程的主要作用首先是识别过程低效或产品质量低劣的原因，提出并采取相应措施消除这些原因，其次是确认项目的可交付成果及工作满足用户的既定需求。

9.4.6　物流信息系统项目人力资源管理

1．项目人力资源管理相关概念

（1）项目团队。项目团队由为完成项目而承担不同角色与职责的人员组成。项目团队成员可能具备不同的技能，可能是全职的或兼积的，可能随项目进展而增加或减少。

尽管项目团队成员被分派了特定的角色和职责，但让他们全员参与项目规划和决策仍是有益的。团队成员在规划阶段就参与进来,既可使他们为项目规划工作贡献专业技能,又可以增强他们对项目的责任感。

(2) 项目管理团队。项目管理团队是项目团队的一部分,负责项目管理和领导活动,如各项目阶段的启动、规划、执行、监督、控制和收尾。项目管理团队也称为核心团队或领导团队。对于小型项目来说,项目管理职责可由整个项目团队分担或者由项目经理独自承担。

(3) 领导和管理。领导者的工作主要涉及三方面:
- 确定方向:为团队设定目标、描绘愿景、制定战略;
- 统一思想:协调人员,团结尽可能多的力量来实现愿景;
- 激励和鼓舞:在向目标进军的过程中不可避免要面对艰难险阻,领导者要激励和鼓舞大家克服困难奋勇前进。

管理者被组织赋予职位和权力,负责某件事情的管理或实现所期望的成果。领导力是让一个群体为了一个共同的目标而努力的能力。尊重而非畏惧和顺从,是有效领导力的关键要素。领导力是一种影响力,是对人们施加影响从而使人们心甘情愿地为实现组织目标而努力的艺术。

(4) 冲突和竞争。冲突是指两个或两个以上的社会单元在目标上互不相容或互相排斥而产生心理上的或行为上的矛盾。冲突的产生不仅会使个体体验到一种过分紧张的情绪,还会影响正常的群体活动与组织秩序,对管理产生重大的影响。

竞争的双方则具有同一个目标,不需要发生势不两立的争夺。冲突并不一定是有害的,"一团和气"的集体不一定是一个高效率的集体。在某些情境中,只有竞争存在,效率才会更高。项目经理对于有害的冲突要设法加以解决或减少;对有益的冲突要加以利用,鼓励团队成员良性竞争。

2. 物流信息系统项目人力资源管理过程

(1) 规划人力资源管理:识别和记录项目团队人员的角色、职责、所需技能、报告关系,并编制人员配备管理计划。

(2) 组建项目团队:确认人力资源的可用情况,并为开展项目活动而组建团队。

(3) 建设项目团队:提高团队成员工作能力,促进团队成员互动,改善团队整体氛围,以提高项目绩效。

(4) 管理项目团队:跟踪团队成员工作表现,提供反馈,解决问题并管理团队变更,以优化项目绩效。

9.4.7 物流信息系统项目风险管理

1. 项目风险的定义

项目风险是指一种不确定的事件或条件,一旦发生,会对项目目标产生某种正面或负面的影响。风险有其成因,同时,如果风险发生,也会导致某种后果。只有当事件、活动或项目有损失或收益与之相联系,涉及不确定性和选择时,风险才存在。

2. 项目风险的特点

虽然不能说项目的失败都是由于风险造成的,但成功的项目必然是有效地进行了风险管理的项目。任何项目都有风险,由于项目中总是有这样那样的不确定因素,所以无论项目进行到什么阶段，无论项目的进展多么顺利，都会随时出现风险，进而产生问题。

风险具有两个基本属性，分别是随机性和相对性。随机性是指风险事件的发生及其后果都具有偶然性；相对性是指风险总是相对项目活动主体而言的，同样的风险对于不同的主体有不同的影响。人们对于风险的承受能力主要受以下三个因素的影响：

（1）收益的大小。通常来说，收益越大，人们愿意承担的风险也就越大。

（2）投入的大小。项目活动投入得越多，人们对成功的希望也越大，愿意冒的风险也就越小。

（3）项目活动主体的地位和拥有的资源。管理人员中级别高的人与级别低的人相比，更能够承担较大的风险。个人或组织拥有的资源越多，其风险承受能力也越强。

另外，项目风险还具有以下特点：

（1）风险存在的客观性和普遍性。风险是不以人的意志为转移并超越人们主观意识的客观存在，而且在项目的全生命周期内，风险是无处不在、无时不有的。人类一直希望认识和控制风险，但直到现在也只能在有限的空间和时间内改变风险存在和发生的条件，降低其发生的频率，减少损失，而不能也不可能完全消除风险。

（2）某一具体风险发生的偶然性和大量风险发生的必然性。任一具体风险的发生都是诸多风险因素和其他因素共同作用的结果，是一种随机现象。个别风险事故的发生是偶然的、杂乱无章的，但对大量风险事故资料的观察和统计分析发现，其呈现出明显的运动规律，这就使人们有可能用概率统计方法及其他现代风险分析方法去计算风险发生的概率和损失程度。

（3）风险的可变性。在项目实施的过程中，各种风险在质和量上是可以变化的。随着项目的进行，有些风险得到控制并消除，有些风险得到处理。同时，在项目的每一阶段都可能产生新的风险。

（4）风险的多样性和多层次性。大型开发项目周期长、规模大、涉及范围广、风险因素数量多且种类繁杂，致使其在生命周期内面临的风险多种多样。而且大量风险因素之间的内在关系错综复杂、各风险因素之间交叉影响，使风险显示出多层次性。

3．物流信息系统项目风险管理的过程

风险管理的目的就是最小化风险对项目目标的负面影响，抓住风险带来的机会，增加项目收益。项目经理必须评估项目中的风险，制定风险应对策略，有针对性地分配资源，制订计划，保证项目顺利进行。项目风险管理的基本过程包括下列活动：

（1）风险管理计划编制：描述如何为项目执行风险管理活动。

（2）风险识别：识别和确定项目究竟有哪些风险，这些风险有哪些基本特性，可能会影响项目的哪些方面。

（3）风险定性分析：对已识别的风险进行优先级排序，以便采取进一步措施，如进行风险量化分析或风险应对。

（4）风险定量分析：定量地分析风险对项目目标的影响，以帮助决策。

（5）风险应对计划编制：通过开发备用的方法、采取某些措施提高项目成功的机会，同时降低失败的威胁。

（6）风险监控：跟踪已识别的风险，监测残余风险和识别新的风险，保证风险计划的执行，并评价这些计划对减轻风险的有效性。

9.5 物流信息系统项目验收与评价

9.5.1 物流信息系统项目验收

1. 项目验收的概念

由于物流信息系统项目资金投入大、工程项目多、技术性复杂，项目验收已成为物流信息系统项目管理的重要一环。它是核查项目计划规定范围内各项工作或活动是否已经全部完成、可交付成果是否令人满意，并将核查结果记录在验收文件中的一系列活动。在项目的结束过程中，依据项目的原始章程和合法变更行为，对项目成果和之前全部的活动过程进行审验和接收的行为，叫作项目验收。

验收是控制整个物流信息系统项目交付质量的"最后关卡"。如果用管理学上的"80-20 理论"来解释，虽然这个环节所用时间只占整个项目计划时间的 20%，但它却对前述占据整个项目团队 80% 时间的工作成果进行审核。在某些时候，这 20% 的工作量甚至将对整个物流信息系统项目的成败产生极其重大的影响。

物流信息系统项目的验收是一个事务繁多、涉及面广的环节，如果要想在这一环节保持高效、优质和低成本，最好事先充分准备。物流信息系统项目验收前的准备工作主要包括以下内容：

（1）做好项目的收尾工作。当项目接近尾声时，大量复杂的工作已经完成，但还有部分剩余工作需要耐心细致地处理。一般情况下，遗留的工作大多是分散的、零星的、工作量小的棘手工作。同时，临近项目的结束，项目团队成员通常有松懈心理，因而对项目工作的热情不如项目开始时高涨。这些现象是正常的，这就要求项目负责人把握好全局，正确处理好团队的情绪，保质保量地将收尾工作做好，善始善终。

（2）准备好项目验收材料。项目验收的重要内容之一就是项目的配套材料，因此，项目团队在项目的实施过程中，就应不间断地做好各种项目文件的收集工作，编制必要的图表、说明书、合格验收证、测试材料（包括相关的记录、测试报告等）。当项目准备验收时，再将分阶段、分部分的材料汇总、整理、装订入档，形成一套完整的验收材料。准备一套清晰、完整、客观的项目材料是项目验收的前提，也是顺利通过项目验收的必要保证。

（3）自检。项目负责人应组织项目团队，在项目成果交付验收之前进行必要的自检、自查，找出问题和漏洞并尽快解决。

（4）提出验收申请，报送验收材料。项目自检合格后，项目团队应向用户方提交申请验收的请求报告，并同时附送验收的相关材料，以备用户方组织人员进行验收。

2. 项目验收方式

项目验收方式包括：会议审查验收、网上（通信）评审验收、实地考核验收、功能演示验收等。根据项目的特点和验收需要，可以选择其中一种方式，也可联合多种方式进行验收。

项目承担单位将验收材料提交验收组织单位，采用会议验收方式的，由验收组织单位确定验收组技术和财务专家，举行验收会议；采用现场验收方式的，由验收组织单位确定验收组技术和财务专家，进入企业现场考察，根据企业准备好的验收材料，审核验收后，给出评价。验收专家可从专家库中选择,必须由项目验收组织单位负责通知。

物流信息系统项验收这一步骤会受到几方面因素的影响,包括物流信息系统项目的规模与类型、项目团队与客户工作的协调程度。一些定义明确的项目,在签约时就可预知其明确的结果,因此,对于这类项目,结束阶段一般较为直接,所需时间也较短。

然而,对于一些重大的信息系统集成与实施项目,由于结局较难确定,因而需要一个较长的结束期。对这类项目而言,成功的验收可以有很多种方式,并且通常需要做更多的工作。

一般来说,选择恰当的验收方式后还需要做好下列工作:
(1) 与客户讨论该项目验收之后的工作步骤。
(2) 提出适宜的问题,分析环境,确认客户的需要和可能的新增项目。
(3) 在适当的时间公布项目结束。
(4) 及时发现协作工作中出现的负面问题。

客户与项目团队应该为随后的工作拟定一个提纲并确定参与这些工作的人员。如果系统目标没有实现,项目团队与客户需要重新定义存在的问题或者设计新的备选方案。即使物流信息系统目标已经实现,项目同样可能需要完成一些额外的或相关的工作。在这种情况下,双方便进入寻找新的需求、订立新协约的阶段。

3. 项目验收的参与方

一般由客户单位组织专家实施物流信息系统项目验收工作,负责成立项目验收小组或验收委员会。

验收小组一般 3～7 人,组长应由客户单位法人代表或其委托的负责人担任,验收组副组长中应至少有一名专业技术人员,专家验收评审费用由客户单位负担。验收小组成员中,网络、软件等专业人员应综合考虑,配备齐全。用户验收同时应有项目批准部门(含涉密系统批准部门)的代表参加,必要时还应有检测机构代表参加。

验收小组对物流信息系统应给出正确、公正、客观的验收结论,不利于验收公正性的人员不能参加验收小组;对国家、省级重点信息系统项目和保密、机要等要害单位的信息系统项目,应执行国家或公共安全行业的相关规范,严格把关。发现系统有重大缺陷或明显不符合要求的,应提出质询,并视答辩情况决定验收工作是否继续进行。

项目建设单位(客户单位)、项目承担方、验收组和第三方测评机构等应分别对各自所出具的验收资料、报告和结论的真实性、准确性和完整性负责。

4. 项目验收的内容与程序

项目验收要核查项目计划规定范围内的各项工作或活动是否已经全部完成,可交付成果是否令人满意,并将核查结果记录在验收文件中。如果项目需求没有全部满足而提前结束,则应查明有哪些工作已经完成,哪些工作没有完成、进展到了什么程度。具体核查以下情况:
(1) 物流信息系统的功能、性能、操作方便性均达到了客户要求。
(2) 所商定的可交付成果已实现。
(3) 所有测试已完成。
(4) 培训资料已备齐。
(5) 设备安装完毕并投入使用。

（6）产品使用手册已完成。

（7）相关员工的培训已完成。

所有的完成标准应参照项目双方共同认定的系统需求说明书中所定义的项目范围和产品质量的尺度进行衡量，否则将产生争执。

每个验收项所包含的内容有：

（1）系统功能：根据系统需求说明书对物流信息系统的每一个功能进行实际操作和演示，检查系统各项功能是否实现，整个产品是否准确达到了客户的预期要求。

（2）系统性能：对整个物流信息系统的运行效率，如系统处理数据的速度、系统响应用户操作的速度、系统完成各项业务处理的速度、系统对于硬件资源的占用率等进行考核。

（3）系统数据：检查物流信息系统的所有初始数据是否准确，系统数据库的内容、结构、质量是否完善。

（4）系统可靠性：检测系统是否具备检错能力、容错能力、自动恢复能力，以及当系统出现断电等意外情况时，系统对于正在处理的数据是否能进行恰当的保护等。

（5）系统安全性：检测系统对外界非法用户入侵的抵御能力和系统对数据的安全保护能力，如系统对用户权限的安全粒度划分、系统的备份功能，以及系统的日志管理功能等。

（6）系统的易操作性：检测系统用户界面的友好性、联机帮助的方便性、系统操作的简便性。

（7）系统文档的完整性：最终随物流信息系统产品一起交付的系统文档应当包括可行性研究报告、需求说明书测试报告、用户操作手册等。要求各文档应描述准确，表达清晰，排版规范，通俗易懂。

整个物流信息系统项目验收的主要程序如图 9-1 所示。

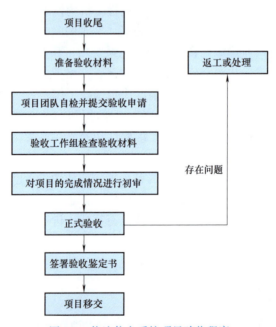

图 9-1　物流信息系统项目验收程序

9.5.2 物流信息系统项目评价

物流信息系统投入运行后,要在平时运行管理工作的基础上,定期对其运行状况进行追踪和监督,并做出评价。开展这项工作的目的是通过审查来检查新系统是否达到了预期,是否充分地利用了系统内各种资源(包括计算机硬件资源、软件资源和数据资源),系统的管理工作是否完善,以及指出系统改进和扩展的方向是什么等。

系统评价的主要依据是系统日常运行记录和现场实际监测数据。评价的结果可以作为系统维护、更新以及进一步开发的依据。通常,新系统的第一次评价与系统的验收同时进行,以后每隔半年或一年进行一次。参加首次评价工作的人员有系统研制人员、系统管理人员、用户、用户领导和系统外专家,以后各次的评价工作主要是由系统管理人员和用户参加。

1. 系统评价的主要指标

物流信息系统评价是一项难度较大的工作,它属于多目标评价问题,目前大部分的系统评价处于非结构化的阶段,只能就部分评价内容列出可度量的指标,不少内容还只能定性描述。其指标体系一般有:①经济指标,包括系统费用、系统收益、投资回收期和系统运行维护预算等;②性能指标,包括系统的平均无故障时间、联机作业响应时间、作业处理速度、系统利用率、对输入数据的检查和纠错功能、输出信息的正确性和精确度、操作方便性、安全保密性、可靠性、可扩充性、可移植性等;③应用指标,包括企业领导、管理人员、业务人员对系统的满意程度,管理业务覆盖面,对生产过程的管理深度,对提高企业管理水平的帮助,对企业领导提供决策参考的程度等。

2. 评价方法

物流信息系统可以用定性与定量的方法进行评价。定性方法主要包括结果观察法、模拟法、对比法、专家打分法等。定量方法主要有德尔菲(Delphi)法、贝德尔(Bedell)法、卡尼斯(Charmes)法等。

3. 系统评价报告

系统评价完后,应根据评价结果写出系统评价报告。系统评价报告一般包括以下几个方面内容。

(1)系统运行的一般情况。这是从系统目标及用户接口方面考查系统,内容包括:系统功能是否达到设计要求;用户付出的资源(人力、物力、时间)是否控制在预定界限内;资源的利用率;用户对系统工作情况的满意程度(响应时间、操作方便性、灵活性等)。

(2)系统的使用效果。这是从系统提供的信息服务的有效性方面考查系统,内容包括:用户对所提供的信息的满意程度(哪些有用、哪些无用、引用率);提供信息的及时性;提供信息的准确性、完整性。

(3)系统的性能。系统性能方面的报告内容包括:计算机资源的利用情况(主机运行时间的有效部分的比例、数据传输与处理速度的匹配、外存是否够用、各类外设的利用率);系统可靠性(平均无故障时间、抵御误操作的能力、故障恢复时间);系统可扩充性。

(4)系统的经济效益。报告内容包括:系统费用,包括系统的开发费用和各种运行、维护费用;系统收益,包括有形效益和无形效益,如库存资金的减少、成本下降、生产率的提高、劳动费用的减少、管理费用的减少、对正确决策影响的估计等;投资效益分析。

（5）系统存在的问题及改进意见。

在上述五个方面的评价内容中，系统的技术性能评价和经济效益评价是整个系统评价的主要内容。

> **思考题**
>
> 1. 物流信息系统建设的类型有哪些？试分析物流信息系统建设项目启动立项的情境。
> 2. 物流信息系统建设项目与一般的工程建设项目有何不同，对项目管理人员有何要求？
> 3. 总体来说，信息系统建设的失败率较高，试分析其原因以及在项目管理中应注意的问题。

第 10 章

物流信息管理新技术

学习目标

1. 了解大数据、云计算、物联网和区块链等技术的基本概念；
2. 掌握大数据、云计算、物联网和区块链等技术在物流中的应用。

10.1 大数据技术

10.1.1 大数据的概念

随着计算机和信息技术的迅猛发展和普及应用，各类信息系统产生的数据爆炸性增长，动辄达到数百太字节（Terabyte，TB）甚至数百拍字节（Petabyte，PB）规模的行业或企业大数据已远远超出了传统信息系统的处理能力。

2008 年，在 Google 成立 10 周年之际，英国《自然》杂志出版了一期专刊，专门讨论与海量数据处理相关的一系列技术问题和挑战，其中提出了"Big Data"，也就是大数据的概念。关于大数据，难以有一个非常定量的定义。维基百科将大数据定性描述为：大数据是现有数据库管理工具和传统数据处理应用很难处理的大型、复杂的数据集。大数据背景下，数据的采集、存储、搜索、共享、传输、分析和可视化等都面临许多挑战。

10.1.2 大数据的特征

大数据的"大"是一个动态的概念，以前 10GB 的数据是一个天文数字，而现在，在地球、物理、基因、空间科学等领域，TB 级的数据集已经很普遍。

关于大数据的特征，比较有代表性的是 2001 年由 Doug Laney 最先提出的"3V"模型，即数量规模（Volume）、速度（Velocity）和种类（Variety）。除此之外，人们在 3V 的基础上又提出了一些新的特征。目前，关于第四个 V 的说法不一。IDC 认为，大数据还应当具有价值性（Value），大数据的价值往往呈现出稀疏性的特点；而 IBM 认为，大数据必然具有真实性（Veracity）。下面介绍的是目前使用最多的关于大数据的"4V"模型特征。

1. 规模性（Volume）

Volume 指的是巨大的数据量及规模的完整性。数据的存储量级从 TB 上升到 ZB，这与数据存储和网络技术的发展密切相关。数据的加工处理技术的提高，网络宽带的成倍增加，以及社交网络技术的迅速发展，使得数据产生量和存储量成倍增长。实质上，在某种程度上来说，数据的数量级并不重要，重要的是其完整性。数据规模性特征的应用价值表现在许多方面，如对每天 12TB 的推文进行分析，了解人们的心理状态，可以用于情感性产品的研究和开发；基于 Facebook 上成千上万条信息的分析，可以帮助人们处理现实中的朋友圈的利益关系。

2. 高速性（Velocity）

Velocity 主要表现为数据流和大数据的移动性，现实中则体现在对数据的实时性需求上。随着移动网络的发展，人们对数据的实时应用需求更加普遍，如通过手持终端设备关注天气、交通、物流等信息。高速性特征要求大数据具有时间的敏感性和辅助决策的有效性，能在第一时间抓住重要事件发生的信息，如有大量的数据输入（需要排除一些无用的数据）或需要马上做出决定时。例如，一天之内需要审查 500 万起潜在的贸易欺诈案件；需要分析 5 亿条日实时呼叫的详细记录，以预防客户的流失。

3. 多样性（Variety）

Variety 是指有多种途径来源的关系型和非关系型数据。这也意味着要在海量、种类繁多的数据间发现其内在关联。互联网时代，各种设备通过网络连成了一个整体。进入以互动为特征的 Web2.0 时代，个人用户不仅可以通过网络获取信息，还成为信息的制造者和传播者。这个阶段，不仅是数据量开始了爆炸式增长，数据种类也开始变得繁多。除了简单的文本分析外，人们还可以对传感器数据、音频、视频、日志文件、点击流以及其他任何可用的信息进行分析。例如，在客户数据库中不仅要关注名称和地址，还包括客户所从事的职业、兴趣爱好、社会关系等。大数据多样性特征决定了大数据应用原则是：保留一切你需要的对你有用的信息，舍弃那些你不需要的数据；发现那些有关联的数据，加以收集、分析、加工，使其变为可用的信息。

4. 价值性（Value）

Value 体现出的是大数据运用的真实意义所在。其价值具有稀缺性、不确定性和多样性。"互联网女皇" Mary Meeker 在 2012 年互联网发展趋势中，用两幅生动的图像来描述大数据。其中，一幅是整整齐齐的稻草堆，另一幅是稻草中缝衣针的特写。其寓意是通过大数据技术的帮助，可以在稻草堆中找到你需要的东西，哪怕是一枚小小的缝衣针。这两幅图揭示了大数据技术一个很重要的特点——价值的稀疏性。

10.1.3 大数据技术组成

大数据的处理离不开相应的技术装备，大数据处理关键技术包括大数据捕捉技术、大数据存储管理技术、大数据处理技术、大数据预测分析技术、大数据可视化技术五类技术。其中，大数据捕捉技术是其他技术应用的基础，如图 10-1 所示。

1. 大数据捕捉技术

大数据捕捉是指通过各种途径，如社交网站、搜索引擎、智能终端等渠道或设备获得的包括文本、照片、视频、位置信息、链接信息等类型多样的海量数据。数据捕捉环节是大数据应用的根本，是大数据价值挖掘最重要的一环，其后的集成、分析、管理都构建于数据捕捉的基础之上。大数据捕捉技术有条码技术、RFID 技术、卫星导航技术、GIS 技术、Web 搜索、社交媒体等许多技术。

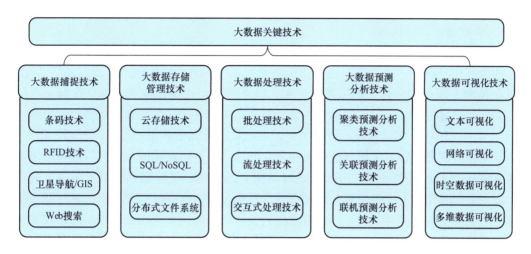

图 10-1　大数据技术组成

2．大数据存储管理技术

大数据存储管理是用存储设备把采集到的数据存储起来，建立相应的数据库并进行管理和调用。大数据存储系统不仅需要以极低的成本存储海量数据，还要适应多样化的非结构化数据管理需求，使之具备数据格式上的可扩展性。大数据存储管理技术包括云存储技术、SQL/NoSQL 技术、分布式文件系统等。云存储技术是通过集群应用、网络技术或分布式文件系统等，将网络中大量各种不同存储设备集合起来协同工作，共同对外提供数据存储和业务访问功能的一个系统。

NoSQL 技术是通过不断增加服务器节点从而扩大数据存储容量的技术。分布式文件系统可以使用户更加容易访问和管理物理上跨网络分布的文件，可实现文件存储空间的扩展及支持跨网络的文件存储。

3．大数据处理技术

大数据处理技术主要负责完成对已接收数据的辨析、抽取、清洗等操作。因为获取的数据可能具有多种结构和类型，而数据抽取过程可以将复杂的数据转化为单一的或者便于处理的构型，以达到快速分析处理的目的。大数据处理技术包括批处理技术、流式处理技术、交互式处理技术等。批处理技术适用于先存储后计算，实时性要求不高，流式数据处理是对实时数据进行快速的处理；交互式数据处理是操作人员和系统之间存在交互作用的信息处理方式，具有数据处理灵活、直观、便于控制等特点。

4．大数据预测分析技术

大数据预测分析技术除了可对数量庞大的结构化和半结构化数据进行高效率的分析、挖掘外，还可以对非结构化数据进行分析，将海量、复杂、多源的语音、图像和视频数据转化为机器可识别的、具有明确语义的信息，进而从中提取有用的知识。大数据预测分析技术包括关联预测分析、聚类预测分析及联机预测分析等。关联预测分析是一种简单、实用的分析技术，用来发现存在于大量数据集中的关联性或相关性，从而描述事物中某些属性同时出现的规律和模式。聚类预测分析是一组将研究对象分为相对同质的群组的统计分析技术，是一种探索分析技术。联机预测分析是处理共享的多维信息，针对特定问题的联机数据访问和联机分析快速处理的技术。

5. 大数据可视化技术

数据可视化是把数据转换为图形的过程。通过可视化技术，大数据可以以图形、图像、曲线甚至动画的方式直观展现，便于研究者观察和分析用传统方法难以总结的规律。可视化技术主要可以分为文本可视化技术、网络（图）可视化技术、时空数据可视化技术、多维数据可视化技术等。文本可视化是将文本中蕴含的语义特征直观地展示出来，典型的文本可视化技术如标签云，可将关键词根据词频或其他规则进行排序布局，用大小、颜色、字体等图形属性对关键词进行可视化。网络（图）可视化的主要内容是将网络节点和连接的拓扑关系直观地展示出来，如 H 状树、圆锥树、气球图等都属于网络可视化技术。时空数据是指带有地理位置与时间标签的数据。时空数据可视化重点是对时间与空间维度及与之相关的信息对象属性建立可视化表征，对与时间和空间密切相关的模式及规律进行展示，如流式地图就是一种典型的时空数据可视化技术。多维数据指的是具有多个维度属性的数据变量，常用的多维可视化技术有散点图、投影、平行坐标等。

10.1.4 大数据的处理流程

大数据的处理流程可以定义为在适合工具的辅助下，对广泛异构的数据源进行抽取和集成，将结果按照一定的标准统一存储，然后利用合适的数据分析技术对存储的数据进行分析，从中提取有益的知识并利用恰当的方式将结果展示给终端用户。大数据处理流程如图 10-2 所示。

1. 数据抽取与集成

由于大数据处理的数据来源类型丰富，大数据处理的第一步是对数据进行抽取和集成，从中提取出关系和实体，经过关联和聚合等操作，按照统一定义的格式对数据进行存储。

2. 数据分析

数据分析是大数据处理流程的核心步骤，通过数据抽取和集成环节，已经从异构的数据源中获得了用于大数据处理的原始数据，用户可以根据自己的需求对这些数据进行分析处理，如数据挖掘、机器学习、数据统计等。数据分析可以用于决策支持、商业智能、推荐系统、预测系统等。

3. 数据解释

大数据处理流程中用户最关心的是数据处理的结果，正确的数据处理结果只有通过合适的展示方式才能被终端用户正确理解。因此，数据处理结果的展示非常重要，可视化和人机交互是数据解释的主要技术。

使用可视化技术，可以将处理的结果通过图形的方式直观地呈现给用户，标签云（Tag Cloud）、历史流（History Flow）、空间信息流（Spatial Information Flow）等是常用的可视化技术，用户可以根据自己的需求灵活地使用这些可视化技术。人机交互技术可以引导用户对数据进行逐步的分析，使用户参与到数据分析的过程中，从而深刻地理解数据分析结果。

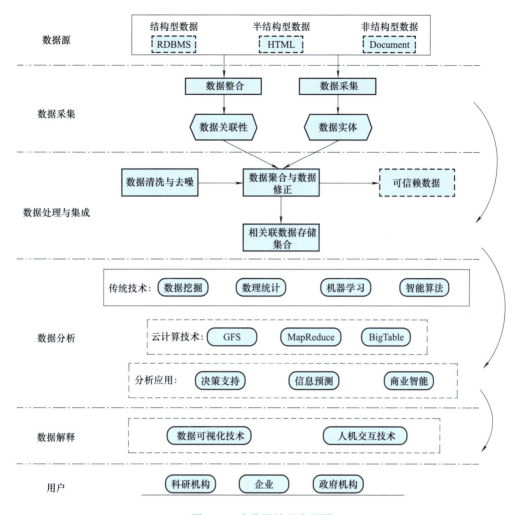

图 10-2 大数据处理流程图

10.1.5 大数据技术在物流管理的应用

物流企业正一步一步地进入数据化发展的阶段,物流企业间的竞争逐渐演变成数据间的竞争。大数据让物流企业能够有的放矢,甚至可以做到为每一个客户量身定制符合他们自身需求的服务,从而颠覆整个物流业的运作模式。大数据技术在物流管理中的应用主要包括以下几个方面。

1. 市场预测

商品进入市场后,并不会一直保持高销量,其销量是随着时间的推移,以及消费者行为和需求的变化而不断变化的。过去,我们总是习惯于通过调查问卷和以往经验来寻找客户的来源,但当调查结果分析出来时,往往已经过时了,延迟、错误的调查结果只会让管理者对市场需求做出错误的估计。而大数据能够帮助企业完全勾勒出其客户的行为和需求信息,通过真实而有效的数据反映市场的需求变化,从而对产品进入市场后的各个阶段做出预测,进而合理地控制物流企业库存和安排运输方案。

2. 物流中心的选址

物流中心的选址问题要求物流企业在充分考虑自身的经营特点、商品特点和交通状况等因素的基础上，使配送成本和固定成本等之和达到最小。针对这一问题，可以利用大数据中的分类树方法来解决。

3. 优化配送线路

配送线路的优化是一个典型的非线性规划问题，它一直影响着物流企业的配送效率和配送成本。物流企业运用大数据技术来分析商品的特性和规格、客户的不同需求（时间和费用）等问题，从而用最快的速度对这些影响配送计划的因素做出响应（如选择哪种运输方案、哪条运输线路等），制定最合理的配送线路。而且企业还可以通过配送过程中实时产生的数据，快速分析出配送路线的交通状况，对事故多发路段提前预警。精确分析配送整个过程的信息，可使物流的配送管理智能化，提高物流管理信息化水平以及管理的可预见性等。

4. 仓库储位优化

合理安排商品储存位置对于仓库利用率和搬运分拣的效率有着极为重要的意义。对于商品数量多、出货频率快的物流中心，储位优化就意味着工作效率和效益。哪些货物放在一起可以提高分拣效率、哪些货物储存的时间较短，都可以通过大数据的关联模式法分析出商品数据间的相互关系而知晓，进而合理地安排仓库位置。

5. 智慧物流服务

利用大数据工具和统计模型对数据库中数据的仔细研究，可以分析客户的商务需求、运输习惯和其他战略性信息。从更广阔的数据范围，如企业营销数据、信息检索数据、Web 搜索数据等，获得商品数量分布、需求分布、商品来源等信息，可以对季节性需求、运输量、消费者购物习惯、消费倾向等进行大数据分析，从而对供需、数量、品类做出决策，更好地满足客户个性化需求。

10.2 云计算技术

10.2.1 云计算的概念

"云计算"概念最早由 Google 首席执行官埃里克·施密特（Eric Schmidt）在 2006 年的搜索引擎大会（SES San Jose 2006）首次提出。

中国云计算专委会认为，云计算最基本的概念是通过整合、管理、调配分布在网络各处的计算资源，并以统一的界面同时向广大用户提供服务。借助云计算，网络服务提供者可以在瞬息之间处理数以千万计甚至数以亿计的信息，实现和超级计算机同样强大的效能。同时，用户可以按需要使用这些服务，从而实现让计算成为一种公用设施来按需使用的梦想。

2012 年 3 月，国务院政府工作报告将云计算列为国家战略性新兴产业，并在附注中给出了云计算的定义：云计算是基于互联网的服务的增加、使用和交付模式，通常涉及通过互联网来提供动态、易扩展且经常是虚拟化的资源；是传统计算机和网络技术发展融合的产物，它意味着计算能力也可作为一种商品通过互联网进行流通。

通俗地讲，云计算就是一种基于互联网的超级计算模式，在远程的数据中心里，成千上万台计算机和服务器连接成一片"云"，用户可以通过计算机、笔记本、手机等方式接入计算中心，体验每秒超过 10 万亿次的运算能力。

10.2.2 云计算的分类

对于云计算的分类可以有多种角度，如从技术路线角度可以分为资源整合型云计算和资源切分型云计算；从服务对象角度可以分为公有云和私有云；按照资源封装的层次可以分为基础设施即服务（Infrastructure as a Service，IaaS）、平台即服务（Platform as a Service，PaaS）和软件即服务（Software as a Service，SaaS）等。

1. 按技术路线分类

资源整合型云计算：这种类型的云计算系统在技术实现方面大多体现为集群架构，通过将大量节点的计算资源和存储资源整合后输出。这类系统通常能实现跨节点弹性化的资源池构建，核心技术为分布式计算和存储技术。MPI、Hadoop、HPCC、Storm 等都可以被分类为资源整合型云计算系统。

资源切分型云计算：最为典型的就是虚拟化系统，这类云计算系统通过系统虚拟化实现对单个服务器资源的弹性化切分，从而有效地利用服务器资源，其核心技术为虚拟化技术。这种技术的优点是用户的系统可以不做任何改变就能接入云系统，是目前应用较为广泛的技术，特别是在桌面云计算上应用得较为成功，其缺点是跨节点的资源整合代价较大。KVM、VMware 都是这类技术的代表。

2. 按服务对象分类

公有云：指的是面向公众的云计算服务，公有云对云计算系统的稳定性、安全性和并发服务能力有更高的要求。

私有云：指主要服务于某一组织内部的云计算服务，其服务并不向公众开放，如企业、政府内部的云服务等。

3. 按资源封装的层次分类

云计算系统按资源封装的层次分为基础设施即服务（IaaS）、平台即服务（PaaS）、软件即服务（SaaS），分别为对底层硬件资源不同级别的封装，从而实现将资源转变为服务的目的。其体系如图 10-3 所示。

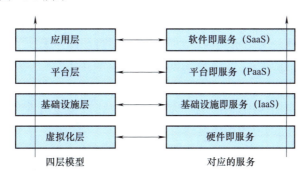

图 10-3　云计算体系服务

（1）基础设施即服务：把单纯的计算和存储资源不经封装地直接通过网络以服务的形

式提供给用户使用。这类云计算服务用户的自主性较大，就像是发电厂将发的电直接送出去一样。这类云服务的对象往往是具有专业知识能力的资源使用者，传统的数据中心的主机租用等可视为IaaS的典型代表。IaaS供给消费者的服务是对所有计算基础设施的利用，包括处理CPU、内存、存储、网络和其他基本的计算资源，用户能够部署和运行任意软件，包括操作系统和应用程序。消费者不管理或控制任何云计算基础设施，但能控制操作系统的选择、存储空间、部署的应用，也有可能获得有限制的网络组件（如路由器、防火墙、负载均衡器等）的控制。

（2）平台即服务：计算和存储资源经封装后，以某种接口和协议的形式提供给用户调用，资源的使用者不再直接面对底层资源。平台即服务需要平台软件的支撑，可以认为是从资源到应用软件的一个中间件，通过这类中间件可以大大减小应用软件开发的技术难度。这类云服务的对象往往是云计算应用软件的开发者，平台软件的开发需要使用者具有一定的技术能力。

（3）软件即服务：将计算和存储资源封装为用户可以直接使用的应用，并通过网络提供给用户。其面向的服务对象为最终用户，用户只是对软件功能进行使用，无需了解任何云计算系统的内部结构，也不需要具有专业的技术开发能力。

10.2.3　云计算的特点

1. 高可靠性

云计算采用了数据多副本容错、计算节点同构可互换等措施来保障服务的高可靠性，使用云计算比本地计算更加可靠。

2. 高扩展性

云计算能够无缝地扩展到大规模的集群之上，甚至由数千个节点同时处理。云计算可从水平和竖直两个方向进行扩展。

3. 高可用性

在云计算系统中，节点错误甚至很多节点失效的情况都不会影响系统的正常运行。因为云计算可以自动监测节点是否出现错误或失效，并且可以将出现错误和失效的节点清除掉。

4. 虚拟化

云计算支持用户在任意位置、使用各种终端获取服务。所请求的资源来自"云"，而不是固定的有形的实体。应用系统在"云"中某处运行，用户无须了解自己的应用系统运行的具体位置。

5. 通用性

云计算不针对特定的应用。在"云"的支撑下，可以构造出千变万化的应用，同一片"云"可以同时支持不同的应用系统运行。

6. 廉价性

云计算将数据送到互联网的超级计算机集群中处理，这样用户无须对计算机的设备不断进行升级和更新，仅需支付低廉的服务费用，就可完成数据的计算和处理，从而大大减少了成本。

10.2.4 云计算在物流信息管理中的应用

1. 基于云计算的物流信息平台的构建

云计算技术主要从云计算系统的设计思想和系统的特性方面来理解，主要包括云计算服务中的软硬件资源所属角色和服务技术特征两个方面。在物流企业云计算的物流信息平台中，云服务集合根据划分层次不同，分别包括应用层、平台层、基础设施层和虚拟化层，如图 10-4 所示。

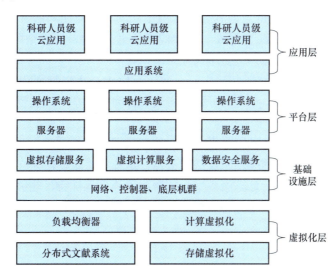

图 10-4 基于云计算的物流信息平台

根据物流信息平台的服务功能，这些层次有着不同的分工。

（1）应用层。在云计算物流信息平台的构建中，应用层主要通过 Internet 提供软件应用。云计算的服务提供商将物流企业的服务统一部署在自己所配置的服务器上，物流企业在云计算的物流信息平台上，从自己的实际需要出发，考虑在运营过程中需要哪些软件的服务，然后按软件服务的时间和方式支付给云计算服务提供商具体的费用，而不必另外购买、维护这些应用软件，即只管应用。软件的管理、维护交由云计算服务提供商来解决。

（2）平台层。在云计算物流信息平台的构建中，平台层提供了服务的开发环境。服务器平台软件和服务中所需要的硬件资源，通过平台层提供给物流企业，而物流企业在此平台层的基础上，通过自己建立的次级的基于互联网服务的应用系统来提供客户服务。

（3）基础设施层。在云计算物流信息平台上的基础设施，将 IT 基础设施以服务的形式提供给物流企业使用，包括服务器、存储和网络设备等资源。

（4）虚拟化管理服务。这个层次是云计算物流信息平台构建的关键，包括服务器集群的硬件检测等。云计算服务提供商负责硬件的维护管理，包括服务器的物理资源、虚拟化资源、服务平台的中间件管理和提供给物流企业连接的服务接口等。

虚拟化资源在本质上是虚拟的，但可以通过软件技术来实现具体的功能，如虚拟环境的建设、虚拟平台的检测等。虚拟化层提供云计算的管理和服务，包括对标识、认证、授权、目录、安全性等服务进行标准化的操作，以及用户的身份安全、使用许可及访问授权功能。

云计算的物流信息平台正是通过应用层、平台层、基础设施层、虚拟化层的层层构建和设置，来搭建起一个信息化的物流服务平台，提供安全的服务环境，为物流企业的快速、安全可靠的信息服务做出贡献。

2. 应用模式

云计算在物流信息管理中的应用模式，主要包括以下三个方面。

（1）基于云计算模式的业务平台。这一应用模式主要处理物流企业利用经过分析处理的感知数据，通过 Web 浏览器为其客户提供丰富的特定应用与服务，包括监控型服务（物流监控、污染监控）、查询型服务（智能检索信息查询）、扫描型服务（信息码扫描、物品的运输传递扫描）等。

（2）基于云计算模式的数据存储中心。数据存储中心提供物流企业所需要的具体数据，也包括数据的海量存储、查询、分析，实现资源完全共享，以及资源的自动部署、分配和动态调整。

（3）基于云计算模式的基础服务平台。在传统数据中心的基础上引入云计算模式，能够为物流企业提供各种互联网应用所需的服务器，这样物流企业便能在数据存储及网络资源利用方面具备优越性。且云计算服务平台的服务价格更具优势，能够减少物流企业的经营成本；还可在应用时实现动态资源调配，自动安装部署，提供给用户按需响应、按使用收费和高质量的基础设施服务。

10.3 物联网技术

10.3.1 物联网的概念和特点

1. 物联网的定义

物联网的英文名称为"The Internet of Things"。由该名称可见，物联网是"物物相连的互联网"。物联网概念是在"互联网概念"的基础上，将其用户端延伸和扩展到任何物品与物品之间，进行信息交换和通信的一种网络概念。

美国麻省理工学院的研究人员最早提出物联网的定义：通过信息传感设备，如射频识别、红外感应器、全球定位系统、激光扫描器等，按约定的协议，把任何物品与互联网连接起来，进行信息交换和通信，以实现智能化识别、定位、跟踪、监控和管理的一种网络。

欧盟关于物联网的定义是：物联网是未来互联网的一部分，能够被定义为基于标准和交互通信协议的具有自配置能力的动态全球网络设施。在物联网内，物理和虚拟的物件具有身份、物理属性、拟人化等特征，它们能够由一个综合的信息网络连接起来。

2012 年的国务院政府工作报告所附的注释中对物联网有如下说明：物联网是指通过信息传感设备，按照约定的协议，把任何物品与互联网连接起来，进行信息交换和通信，以实现智能化识别、定位、跟踪、监控和管理的一种网络。

通过剖析物联网的运行规律，可发现其本质在于物、人和运行环境（网络与标准规范）之间的信息交互。这里涉及的"物"是指物理世界中的实体存在，也包括人的实体属性；而"人"是指控制层面中人的意志，物联网中所有活动均为人的意愿服务；网络与标准规范是物联网运行环境的两个重要组成要素，主要为信息交互提供外界环境支持。物联网运行规律如图 10-5 所示。

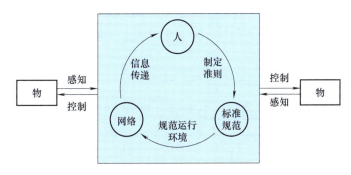

图 10-5　物联网运行示意图

2．物联网的特点

物联网作为新技术时代的信息产物，在传统网络概念的基础上，将其用户端延伸和扩展到任何物品与物品之间，进行信息交换和通信，从而更好地进行"物与物"之间信息的直接交互。物联网主要有以下四个方面的特点。

（1）技术性。物联网是技术变革的产物，代表着计算与通信技术的发展趋势，而其发展又依赖众多技术的支持，如射频识别技术、传感技术、纳米技术、智能嵌入技术等。

（2）连通性。连通性是物联网的本质特征之一。国际电信联盟认为，物联网的"连通性"有三个维度：一是任意时间的连通性；二是任意地点的连通性；三是任意物体的连通性。

（3）智能性。物联网将传感器和智能处理相结合，利用云计算、模式识别等多种智能技术，扩充其应用领域。物联网可通过传感器获得海量信息，对其进行分析、加工和处理，能发现新的应用领域和应用模式，从而智能地做出正确的判断。

（4）嵌入性。物联网的嵌入性表现在两个方面：一是各种各样的物体本身被嵌入人们所生活的环境；二是由物联网提供的网络服务将被无缝地嵌入人们日常的工作与生活。

10.3.2　物联网体系结构

物联网的基本结构是物联网系统化的主要体现，物联网各组成部分分工协作、有机结合，以实现物与物之间的交互沟通和基于物联网的工作组织。物联网的价值在于让物体也拥有了"智慧"，从而实现了人与物、物与物之间的沟通。其基本结构如图 10-6 所示。

1．感知层

物联网在传统网络的基础上，从原有网络用户终端向"下"延伸和扩展，扩大通信的对象范围，即通信不仅仅局限于人与人之间的通信，还扩展到人与现实世界的各种物体之间的通信。

物联网的"物"是物理实体，正是物理实体的集合构成了物质世界，即物联网的作用对象。这里的"物"并不是自然物品，满足一定的条件的"物"才能够被纳入物联网的范围。例如，有相应的信息接收器和发送器、数据传输通路、数据处理芯片、操作系统、存储空间，遵循物联网的通信协议，在物联网中有可被识别标识的"物"。

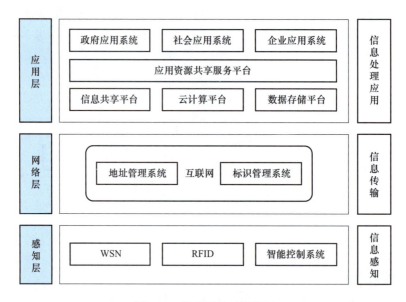

图 10-6　物联网体系结构图

感知层的构成包括实体感触端、感触传输网与感知工具。实体感触端与物质世界紧密相连，是物联网对物理实体属性信息进行直接感触的载体，也是整个物联网网络的末梢节点。实体感触端可以以实物方式存在，也可以是虚拟的。感触传输网是对物理实体的属性信息进行传输的网络，距离可以很长。感知工具是将实物的属性信息转化为可在网络层的传输介质中进行传输的信息的工具。

感知层所需要的关键技术包括检测技术、中低速无线或有线短距离传输技术等。具体来说，感知层综合了传感器技术、嵌入式计算技术、智能组网技术、无线通信技术、分布式信息处理技术等，能够通过各类集成化的微型传感器的协作，实时监测、感知和采集各种环境或监测对象的信息。通过嵌入式系统对信息进行处理，并通过随机自组织无线通信网络以多跳中继方式将所感知信息传送到接入层的基站节点和接入网关，可最终到达用户终端，从而真正实现"无处不在"的物联网的理念。

2．网络层

物联网网络层是在现有网络的基础上建立起来的，它与目前主流的移动通信网、国际互联网、企业内部网、各类专网等网络一样，主要承担着数据传输的功能。在"三网融合"后，有线电视网也能承担数据传输的功能。

围绕着对感知信息的汇集、处理、存储、调用、传输等作用，相应的组成部分完成各自职能。汇集工具与感知层相衔接，将感知层采集终端的信息进行集中，并接入物联网的传输体系；处理工具用于对传输信息进行选择、纠正，以及不同信息形式间的转化等处理工作；存储工具需要对信息进行存储；调用工具以某种方式实现对感知信息的准确调用；传输工具是网络层的主体，通过用可传递感知信息的传输介质构建传输网络，可使感知信息传递到物联网的任何工作节点上。

3．应用层

应用是物联网发展的驱动力和目的。应用层的主要功能是把感知和传输来的信息进行分析和处理，做出正确的控制和决策，实现智能化的管理、应用和服务。这一层解决的是信息处理和人机界面的问题。

应用层由应用控制和应用实施构成。物联网通过感知层和网络层传递的信息是原始信息，这些信息只有通过转换、筛选、分析、处理后才有实际价值，应用控制就承担了该项工作。应用实施是通过应用控制分析、处理的结果对事物进行相关应用反馈，实现物对物的控制。应用实施可由人参与，也可不由人参与，实现完全的智能化应用。

应用层是物联网实现其社会价值的部分，也是物联网拓宽产业需求、带来经济效益的关键，还是推动物联网产业发展的动力。目前，物联网的应用层通过应用服务器、手机、PC、PDA 等终端，可在物流、医疗、销售、家庭等产业实现应用。未来，应用层需要拓宽产业领域，增加应用模式，创新商业运营模式，推进信息的社会化共享。

10.3.3 物联网关键技术

1. 感知与识别技术

感知与识别技术是物联网的基础，负责采集物理世界中发生的物理事件和数据，实现外部世界信息的感知和识别，包括传感器、RFID、二维码等多种技术。

传感技术利用传感器和多种自组织传感器网络，协作感知、采集网络覆盖区域中被感知对象的信息。传感器技术依附于敏感机理、敏感材料、工艺设备和计测技术，对基础技术和综合技术要求非常高。目前，传感器在被检测量的类型和精度、稳定性和可靠性、低成本及低功耗方面还没有达到规模应用水平，这是物联网产业化发展的重要瓶颈之一。

识别技术覆盖物体识别、位置识别和地理识别，对物理世界的识别是实现全面感知的基础。物联网识别技术是以二维码、RFID 标识等为基础的，对象标识体系是物联网的一个重要技术点。从应用技术的角度，识别技术首先要解决的是对象的全局标识问题，需要研究物联网的标准化物体标识体系，进一步融合及适当兼容现有各种传感器和标识方法，并支持现有和未来的识别方案。

2. 网络与通信技术

物联网网络层是建立在 Internet 和移动通信网等现有网络基础上的，除具有目前已经比较成熟的如远距离有线、无线通信技术和网络技术外，为实现"物物相连"的需求，物联网网络层将综合使用 3G/4G/5G、Wi-Fi 等通信技术，实现有线与无线的结合、宽带与窄带的结合、感知网与通信网的结合。同时，网络层中的感知数据管理与处理技术是实现以数据为中心的物联网的核心技术。感知数据管理与处理技术包括物联网数据的存储、查询、分析、挖掘、理解的技术，以及基于感知数据决策和行为的技术。

物联网需要综合各种有线及无线通信技术，其中近距离无线通信技术将是物联网的研究重点。由于物联网终端一般使用工业科学医疗（ISM）频段进行通信（免许可证的 2.4GHz ISM 频段，全世界通用），频段内的物联网设备以及现有的 Wi-Fi、超宽带（UWB）、ZigBee、蓝牙等设备，使得频谱空间非常拥挤，制约物联网的实际大规模应用。为提升频谱资源的利用率，让更多物联网业务能实现空间并存，需要切实提高物联网规模化应用的频谱保障能力，保证异种物联网的共存，并实现其互连、互通和互操作。

3. 计算与服务技术

海量感知信息计算与处理技术是物联网应用大规模发展后面临的重大挑战之一，需要研究海量感知信息的数据融合、高效存储、语义集成、并行处理、知识发现和数据挖掘等关键技术，攻克物联网"云计算"中的虚拟化、网格计算、服务化和智能化技术。核心是采用云计算技术实现信息存储资源和计算能力的分布式共享，为海量信息的高效利用提供支撑。

物联网的发展以应用为导向，在"物联网"的语境下，服务的内涵将得到革命性扩展，不断涌现的新型应用将使物联网的服务模式与应用开发受到巨大挑战，如果继续沿用传统的技术路线，必定束缚物联网应用的创新。从适应未来应用环境变化和服务模式变化的角度出发，需要面向物联网在典型行业中的应用需求，提炼行业普遍存在或要求的核心共性支撑技术，研究针对不同应用需求的规范化、通用化服务体系结构，以及应用支撑环境、面向服务的计算技术等。

4. 管理与支撑技术

管理与支撑技术是保证物联网实现"可运行—可管理—可控制"的关键，包括测量分析、网络管理和安全保障等方面。

（1）测量分析。测量是解决网络可知性问题的基本方法，可测性是网络研究中的基本问题。随着网络复杂性的提高与新型业务的不断涌现，需研究高效的物联网测量分析关键技术，建立面向服务感知的物联网测量机制与方法。

（2）网络管理。物联网具有"自治、开放、多样"的自然特性，这些自然特性与网络运行管理的基本需求存在着突出矛盾，需研究新的物联网管理模型与关键技术，保证网络系统正常、高效地运行。

（3）安全保障。安全是基于网络的各种系统运行的重要基础之一，物联网的开放性、包容性和匿名性也决定了不可避免地存在信息安全隐患，需要研究物联网安全关键技术，满足机密性、真实性、完整性和抗抵赖性的要求，同时还需要解决好物联网中的用户隐私保护与信任管理问题。

我国物联网的信息安全技术还没有一个统一的规范标准，在发展物联网技术的同时，应加快与物联网相关的安全技术措施的建设，提高物联网防范技术水平，使物联网信息安全得到保障。

10.3.4 物联网技术在物流信息管理中的应用

物流企业应用物联网技术完善物流信息管理，需要以提高效率、减少人为错误为目标。利用物联网技术对物流业务信息进行采集、自动化处理和分析研究，以做出更好的决策，对业务流程进行进一步优化。

1. 智能运输管理

基于物联网技术的物流信息管理平台可支撑运输业务的升级，以深度覆盖所服务区域的运输网络平台为基础，提供快捷、准时、安全、优质的标准化服务。通过信息平台整合企业内外物流资源，提供"一站式"综合物流服务，以满足客户对运输业务的个性化需求。物联网技术将用于优化运输业务的各个作业环节，实现运输管理过程的信息化、智能化，并与上、下游业务进行物资资源整合和无缝连接，实现智能运输，如图10-7所示。

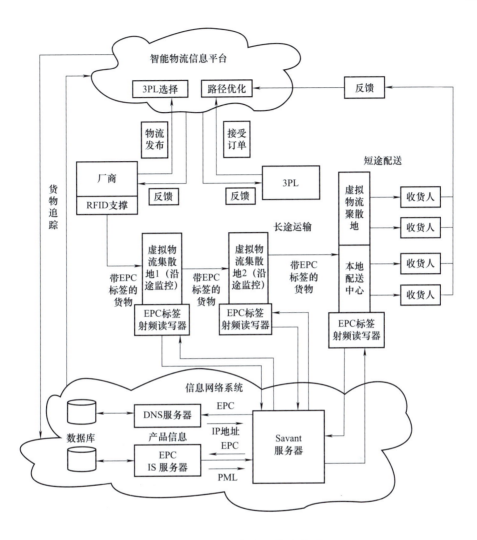

图 10-7　基于物联网的智能运输示意图

注：EPC 为电子商品代码，其载体为 RFID 标签

（1）运输计划定案。基于物联网的智能物流信息平台可有效提高物流企业内部及整个供应链的信息资源整合能力，实现物流信息的高效传递与共享。物联网的应用可减少订单计划、报价、分析、运输计划、安排运输、寻找合并订单机会等环节的人工投入。将收集到的数据信息进行计算、统计、挖掘与分析，可直接通过决策系统提供运输方案。

（2）仓储装卸等作业。运用 RFID、EPC 等物联网关键技术可对每个货物进行编码、识别及信息再录入等操作。在仓储装卸等作业中采用物联网技术体系为信息载体，可有效避免人工输入可能出现的失误，大大提高物流作业中入库、出库、验货、盘点、补货、装卸搬运等环节的工作效率。

（3）在途管理。通过 RFID 技术、GPS 技术与传感技术的结合，可在感知在途运输货物状态的基础上实施管理与控制。在运输线上安装 RFID 读写器设备和传感器设备，通过接收 RFID 标签信息来实现运输车辆及运输货物的识别、定位、跟踪及状态感知等。工作人员和用户通过输入货物编码和访问密码即可随时查询货物状态，如冷鲜货物的温度、易碎货物的压力、危险货物的密封性等，实现在途管理的可视化与透明化。在此基础上，工作人员根据货物状态可直接通过运输管理信息系统处理物流信息并进行必要的在途控制，从而保证货物运送的质量与安全。

（4）运输配送。物联网环境下的运输配送作业新增了配送信息自动更新、到达时间自动提醒、送货信息自动反馈等功能，可及时获取交通条件、价格因素、用户数量及分布和用户需求等因素的变化信息，并根据以上配送信息的更新编制动态配送方案，在提高配送效率的同时降低成本。最终配送方案确定后，系统计算出货物到达的具体时间，提前告知收货人获取配送许可，如收货人因故不能按时收货，可与业务员进行沟通，另行安排合理的送货时间，从而为用户提供人性化服务。配送完成后，系统自动向发货人发送货物送达的具体信息，并收取发货人与收货人的反馈信息，为再次合作提供资料备案。

（5）运费结算与审计。物联网环境下的货物标签存储着丰富的货物信息。计价系统对这些信息进行识别和处理，可实现智能结算，包括物流企业内部各业务环节的交接结算和供应链参与方之间的结算。智能结算后，审计确认后的运费可从与计价系统绑定的银行账户上自动扣除。运费的智能结算简化了资金交易的过程，提高了资金交易的准确性。

2. 智能仓储管理

物流企业仓储物流业务以供应商库存管理为基础，将服务作为其标准化产品。将物联网技术应用于仓储物流业务中，可实现仓储物流管理中的货物自动分拣、智能化出入库管理、货物自动盘点及"虚拟仓库"管理，从而形成自动仓储业务。通过智能及自动化的仓储物流管理，可有效降低物流成本，实现仓储物流作业的可视化透明化管理，提高仓储物流服务水平，最终实现智能化、网络化、一体化的管理模式。

（1）自动分拣。基于物联网感知技术的库存管理解决方案可通过快速自动识别来提高操作的节拍及工作效率，通过提供库存的实时与准确信息，实现快速供货并大幅度地降低库存成本。在仓储管理应用中，将供应链计划系统制订的采购计划、销售计划、物流装运计划等存取货物的业务与物联网感知技术相结合，可在实现自动化存货与取货等操作的基础上，高效地完成各种相关业务操作，如指定堆放区域、上架取货与补货等业务。同时，企业能够实时掌握商品的库存信息，从中了解每种商品的需求模式并及时进行补货，结合自动补货系统及供应商管理库存（VMI）解决方案，提高库存管理能力，降低库存水平。

（2）智能化出入库管理。在仓储管理中心的接货处设置 RFID 读写设备，当粘贴有 RFID 标签的货物或托盘通过门口时，RFID 读写器自动采集相关货物信息并与相关订单进行自动匹配，完成货物信息的扫描匹配确认后，将该信息自动存入主机系统的数据库。也可以在仓储中心出口处设置 RFID 读写设备，当粘贴有 RFID 标签的货物或托盘通过门口时，RFID 读写器自动采集相关货物信息并与销售订单进行自动匹配，完成货物信息的扫描匹配确认后，将出库信息存入主机系统的数据库。

（3）自动盘点。对于存货种类与数量较多的仓库，为减少人工盘点的记录时间，提高盘点效率，可应用智能传感器扫描每一个货架上的电子标签数据，并与系统数据自动比对。盘点自动化增强了作业的准确性和快捷性，节省了作业时间，也降低了由于人工识别和输入的错误造成库存管理中数据信息不一致的可能性。通过对货物、库位及操作人员的编码，可实现数字化的库存管理体系。

（4）"虚拟仓库"管理。传统的物流配送企业需要配置大面积的仓库，而电子商务系统可将散置在各地分属不同所有者的仓库通过网络系统连接起来，使之成为"虚拟仓库"，并进行统一管理和调配使用，从而拓展了服务范围，加大了货物集散空间。仓储管理人员及客户能够通过仓储管理系统对货物库存状态进行查询，并根据货物库存信息对仓库进行虚拟化管理，及时掌握货物的库存信息并最终将信息传递至仓储管理系统。相关人员可根据信息情况进行库存处理及优化。

3. 智慧配送

在传统的配送过程中，交通条件、价格因素、用户数量及分布和用户需求等因素的变化会对配送方案、配送过程产生影响，如何使信息及时、有效、精确地传递成为衡量配送服务水平最重要的标准。物联网的引入很好地解决了这一问题。利用物联网感知布点进行信息采集并有效反馈，可形成动态的配送方案，从而提高配送效率，提升服务质量。此外，物联网还可为客户提供实时的配送状态信息服务等。

（1）动态配送方案。在物联网环境下，配送方案的编制是实现配送动态化的最重要的一环。配送方案的实现首先通过对配送过程涉及的各种因素进行物联网感知网路布局，使信息的源头能够及时、有效地捕捉信息；其次是通过畅通的信息传输网络，实现物联网网络层的各项功能；最终信息在业务处理系统中通过一套系统、完善、科学的处理流程，更新配送方案，并通过传输层反馈给配送方案各实施部门。

（2）自动配装配载。在物联网环境下，物流企业处理的货物的各项属性都被录入了企业物流信息管理系统中。在配送的过程中，货物可能会在途经的物流中心经过一次或多次重新配装配载。引进物联网技术后，可从企业物流信息管理系统中获得货物属性数据，从配送环节物联网感知体系获得货物的各项状态数据，并利用这些数据实现自动分货、配装、配载，从而极大地提高配送过程中货物在配送中心的周转效率，可有效地控制配送总时间。

（3）客户动态服务。配送是物流过程的末端环节，是将输送的货物运达到客户手中的最终环节。在各项物流活动中，配送与客户的联系最为密切。在世界商业进入买方市场后，企业与客户接触的业务往往是企业最为重要的业务，配送环节与客户配合、接触过程中的表现甚至直接影响企业业绩。在此背景下，物联网体系为物流企业提供的与客户进行的即时化、准确化的信息沟通就显得极为重要。通过物联网对货物配送全程的监控，向客户动态地反馈监控信息，并动态接收客户的需求和信息变更，及时调整服务，可满足客户多变的要求，提升对客户的物流服务整体质量，塑造良好的企业形象。

10.4 区块链技术

10.4.1 区块链技术的概念

区块链技术实质上是维护一个不断增长的数据记录的分布式数据库技术，这些数据通过密码学的技术与之前被写入的所有数据关联，使第三方甚至是节点的拥有者都难以篡改数据。区块（Block）中包含有数据库中实际需要保存的数据，这些数据通过区块组织起来被写入数据库。链（Chain）通常指的是利用一定技术手段来校验当前所有区块是否被修改。

区块链 1.0 时代主要是指区块链诞生之初，其技术探索主要是货币和支付领域的去中心化，其主要应用就是比特币。因此，也可以简单地认为，区块链 1.0 就是指比特币系统。如果说区块链 1.0 实现了比特币交易中的去中心化，那么区块链 2.0 就是将这种去中心化延伸到其他资产领域。比特币是一种资产，在比特币网络中，去中心化运转得很安全，那么能否把这项去中心化的技术应用到其他资产的交易和转换中呢？这就有了区块链 2.0。伴随着区块链 2.0 的是智能合约的诞生，主要是指通过智能合约的方式将去中心化技术应用于注册、确认、转移各种不同类型的资产及合约。所有的金融交易都可以通过智能合约的方式在去中心化的情况下实现交易和转移，包括股票、私募股权、众筹、债券、对冲基金和所有类型的金融衍生品（如期货、期权）等。区块链 2.0 超越了货币范畴，延伸到所有的资产，包括有形资立（股票、基金等），也包括无形资产（知识产权等）。在区块链 2.0 时代，人们对区块链应用的构想，有智能资产和无须信任的借贷。

传统合约是指双方或者多方协议合作或者交易时，每一方必须信任彼此会履行义务，还需要有第三方监督的参与（通常是法律或者冲裁机构）。而智能合约无须彼此信任，因为智能合约不仅是由代码进行定义的，也是由代码强制执行的，完全自动且无法干预。到了约定的时间，机器就会自动执行。在这个基础上衍生出了智能资产这个概念。

使用区块链编码的资产通过智能合约就成为智能资产。智能资产是指所有以区块链为基础的可交易的资产类型，包括有形资产和无形资产。智能资产通过区块链控制所有权，并通过合约来使之符合现有法律规定。比如，预先建立的智能合约能够在某人已经偿还全部贷款后，自动将车辆所有权从财务公司转让到个人名下，这个过程是全自动的。在区块链上，让不认识的人把钱借给你，而你可以将你的智能资产作为抵押，这必然会大幅降低借贷成本，让借贷更具竞争力。同时，非人为干预的机制也会让纠纷率大大降低。

而在区块链 3.0 时代，其应用范围则超越了货币、超越了金融领域，甚至超越了商业领域，延伸到一切领域，渗透到我们生活的方方面面，包括政治、社交、教育、医疗等。按照业内人士的预测和构想，区块链 3.0 时代在未来 5 年将会得以实现，那时，区块链将变得和互联网一样被所有大众认知和接受，从而全面改变我们的生活。

10.4.2 区块链技术的分类与特点

区块链根据技术手段、开放程度的不同，可分为公有区块链、联合区块链和私有区块链。

1. 公有区块链

公有区块链是指世界上任何个体或者团体都可以发送交易且交易能够获得该区块链的有效确认，任何人都可以参与它的共识过程。公有区块链是最早的区块链，也是目前应用最广泛的区块链，几乎所有的数字货币都是基于公有区块链，每一个币种在世界上仅有一条与之对应的区块链。比特币区块链是公有区块链的始祖。

公有区块链的特点是：

（1）公有区块链通常被认为是"完全去中心化"的。

（2）在公有区块链中程序开发者无权干预用户。

（3）进入门槛低，几乎只要有一台能联网的计算机就可以进入。

（4）链中的所有参与者都是隐藏身份的，但链上的所有数据则是公开的。

2. 联合区块链

联合区块链，也称为行业区块链。它是由某个群体内部指定多个预选的节点为记账人，每个块的生成由所有的预选节点共同决定（预选节点参与共识过程），其他接入节点可以参与交易，但不过问记账过程。

联合区块链本质上是一种分布式的托管记账，预选节点的多少、如何决定每个块的记账者，成为此类区块链的主要风险点。其他任何人可以通过该区块链开放的 API（应用程序接口）进行限定查询。

联合区块链的特点有：

（1）如果说公有区块链几乎是"完全去中心化"的，那么联合区块链则可以理解为是"多中心化的"。

（2）联合区块链的可扩展性更强，可以完成更大规模的交易。

（3）对产业或国家的清算、结算有用，且容易进行控制权限限定。

3. 私有区块链

私有区块链仅适用区块链总账技术进行记账，可以是一个公司，也可以是个人，独享该区块链的写入权限。读取权限是否对外开放，由该私有链的所有者决定。

私有链的特点是：

（1）交易速度非常快。

（2）给隐私更好的保护。

（3）交易成本大幅度降低，理论上可以为零。

（4）如果说公有链是"完全去中心化"，联合链是"多中心化"，那么私有链是"部分去中心化"。

不同区块链的比较见表 10-1。

表 10-1 不同类型区块链比较

	公有链	联合链	私有链
参与者	任何人自由进出	联盟成员	个体或公司内部
共识机制	PoW/PoS/DPoS	分布式一致性算法	分布式一致性算法
记账人	所有参与者	联盟成员协商确定	自定义
激励机制	需要	可选	不需要
中心化程度	去中心化	多中心化	（多）中心化
突出特点	信用的自建立	效率和成本优化	透明和可追溯
典型场景	虚拟货币	支付、结算	审计、发行

10.4.3 区块链技术在物流领域的应用

1. 让物流和供应链更安全

区块链是一种高度容错式的分布式数据库。2015 年 11 月发表的《区块链项目白皮书》表明，区块链技术可以记录货物从发出到接收过程中的所有步骤。应用区块链技术，能直接找到物流中间环节的问题所在，也能确保信息的可追踪性，从而避免快递爆仓、丢包、误领等问题的发生，也可有效地促进物流实名制的落实。

例如，在快递领域利用区块链技术，在货物交接时需要双方私钥签名，每个快递员或快递点都有自己的私钥，是否签收或交付只需要查一下区块链即可。最终用户没有收到快递就没有签收，快递员无法伪造签名，从而可以杜绝快递员通过伪造签名来逃避考核的现象，减少用户投诉。同时，企业也可以通过区块链掌握产品的流量流向，防止窜货，保证线下各级经销商的利益。其运作过程如图 10-8 所示。

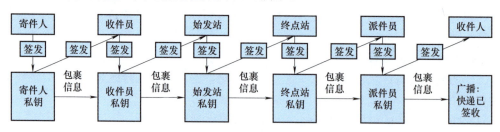

图 10-8　基于区块链的快递运作过程

2．追溯产品来源，杜绝假货

区块链技术能够对产品进行溯源。消费者能够使用他们的智能手机来扫描特定商品，查看这件商品从出厂到上架销售所经历的所有历程。例如，消费者可以查看"新鲜水果"从农场采摘后到上架销售的全过程，以及它们是否曾经冷冻保藏过。在奢侈品领域和二手交易市场，区块链溯源的意义就更为重大。它将会让制假贩假变得更加困难，同时也能让原产地标注和产品安全追踪变得更容易。

3．减少库存和产品过剩

在传统技术手段下，难以保证每一件产品的进库和出库都准确无误，经常因为商品压箱底而错过最佳销售时间；同时，市场供应和需求很难做到完全对等，即使有大数据的协助，要做到供求平衡依然是一件很困难的事。

区块链可以记录客户的消费习惯，并且这些数据是不可篡改且可以溯源的，因此准确度极高。通过这些准确的数据，就可以统计并分析出更为合理的客户需求，更为科学地了解市场，对市场的变化及时做出反应。区块链技术使信息透明化，可有效减小信息不对称带来的产品过剩。同时，销售商与生产商的直接联系也会大大降低中间成本。

思考题

1．大数据与云计算技术可以为物流管理提供辅助决策。试以一家电商企业为例，分析其可为物流管理提供的决策分析功能。
2．阐述物联网技术对物流智能化的作用。
3．试分析区块链技术应用于物流领域的必要性和可行性。

参 考 文 献

[1] 陈文. 物流信息技术 [M]. 2 版. 北京：北京理工大学出版社，2017.

[2] 林自葵. 物流信息系统管理 [M]. 2 版. 北京：中央广播电视大学出版社，2014.

[3] 熊静，张旭，喻钢. 物流信息管理 [M]. 北京：国防工业出版社，2017.

[4] 白兰，杨春河. 物流信息管理系统 [M]. 天津：南开大学出版社，2015.

[5] 何斌，张立厚. 信息管理：原理与方法 [M]. 北京：清华大学出版社，2006.

[6] 张元. 物流运输跟踪数据采集与可视化监控的研究与实现 [D]. 成都：西南交通大学，2015.

[7] 周英. 物流信息的采集和交换标准研究 [D]. 天津：天津工业大学，2007.

[8] 万涛. 基于客户关系管理的物流配送信息采集研究 [D]. 长沙：长沙理工大学，2005.

[9] 姜宏. 物流运输技术与实务 [M]. 北京：人民交通出版社，2001.

[10] 李波，王谦，丁丽芳. 物流信息系统 [M]. 北京：清华大学出版社，2019.

[11] 蔡淑琴，夏火松，梁静. 物流信息系统 [M]. 北京：中国物资出版社，2010.

[12] 祖巧红. 物流信息系统 [M]. 武汉：武汉大学出版社，2011.

[13] 傅丽萍. 物流管理信息系统 [M]. 北京：北京大学出版社，2014.

[14] 邵举平. 物流管理信息系统 [M]. 北京：北京交通大学出版社，2005.

[15] 黎群，汤小华. 战略管理教程 [M]. 北京：清华大学出版社，2012.

[16] 兰洪杰. 运营管理 [M]. 北京：机械工业出版社，2014.

[17] 李鹏飞. 物流信息系统 [M]. 北京：人民邮电出版社，2014.

[18] 琚春华. 物流信息系统 [M]. 北京：中国物资出版社，2010.

[19] 霍佳震. 物流信息系统 [M]. 北京：清华大学出版社，2011.

[20] 邵雷. 物流信息系统 [M]. 杭州：浙江大学出版社，2010.

[21] 姜方桃，李洋. 物流信息系统 [M]. 北京：清华大学出版社，北京交通大学出版社，2011.

[22] 陈次白. 计算机信息存储与检索 [M]. 北京：国防工业出版社，2003.

[23] 陈次白. 信息存储与检索技术 [M]. 北京：国防工业出版社，2006.

[24] 张江陵，冯丹. 海量信息存储 [M]. 北京：科学出版社，2003.

[25] 娄策群. 信息管理学基础 [M]. 2 版. 北京：科学出版社，2009.

[26] 刘英华，赵哨军. 信息资源检索 [M]. 北京：科学出版社，2010.

[27] 司有和. 企业信息管理学 [M]. 2 版. 北京：科学出版社，2007.

[28] 柯平，高洁. 信息管理概论 [M]. 北京：科学出版社，2007.

[29] 左美云. 信息系统项目管理 [M]. 2 版. 北京：清华大学出版社，2014.

[30] 谭志彬，柳纯录. 信息系统项目管理师教程 [M]. 3 版. 北京：清华大学出版社，2017.